나와 나의 관계를
전 해 주 는
3 3 개 메 세 지

70대의 독백

나와 나의 관계를
전 해 주 는
33개 메세지

70대의 독백

내가 좋아하는 것,
내가 사랑하는 것,
내가 가고 싶은 곳,
하고 싶은 것을 아는 것이
자신과 관계가 좋은 것

정범석 지음

차례

프롤로그 _006

01 나와 나의 관계 : 자신과의 소통 먼저 시작하라 _010

02 관계의 힘 : 인생을 결정짓는 연결의 미학 _026

03 공감의 시대 : 자신을 확장하는 길 _033

04 기준을 깨라 : 매일 새로운 시대의 시작이다 _058

05 중년의 사춘기 : 자신을 위한 새로운 시작 _066

06 스스로 하는 것만큼 파워풀(강력)한 것은 없다 : 실천의 힘 _077

07 욕망의 양면성 _084

- 08 열정 : 삶을 주도하는 주인이 되어 _095
- 09 업그레이드의 비밀 : 작은 일에 숨겨진 특별함 _104
- 10 인생의 차원을 높이는 비밀 _111
- 11 소통의 본질 _123
- 12 먼저 안부를 물어라 _141
- 13 이런 부모로 살아라 _154
- 14 죽음을 이해하라 _190
- 15 좋음도 없고 나쁨도 없다 _212
- 16 사람의 기상은 어디에서 오는가 _224
- 17 소비형 인간과 생산형 인간 _242
- 18 성공하는 자에게만 있는 능력 _256

차례

19 책임의 무게를 짊어지는 용기 _269
20 사랑이라는 이름의 비밀 _290
21 갈등은 치유할 최고의 기회다 _306
22 홀로서기 _329
23 삶의 변화된 정도가 곧 깨달음이다 _342
24 귀한 것에는 천한 것을 담지 않는다 _357
25 작은 것에 대한 집착과 그로 인한 고통 _371
26 믿음의 실체 _388
27 나 자신을 사랑하는 방법 _396
28 어떻게 살아야 하는가 _412
29 인격의 부재, 성공의 무덤 _439

30 상대가 있어야 내가 있다 _460

31 덫에 걸리는 가장 큰 이유 _480

32 집착의 사슬 _495

33 지금 당장 미래를 위해 단 한 가지만 준비해야 한다면 _517

에필로그_ 새로운 시작 _537

프롤로그

제 삶 속에서 '나와 나의 관계'를
탐구하며 자아를 발견하고,
'관계의 힘'을 통해 타인과의 연결을 발견하면서
느껴왔던 것들을 정리했습니다.

 왜 태어났는지 왜 살아야 하는지 알지도 못하면서 70년을 넘게 살아왔습니다. 살아오는 동안 수많은 사람과 만나고 헤어지기를 반복했고, 그렇게 인생의 희로애락을 겪으면서 살아왔습니다. 잡초 씨가 바람에 흩어나 산이나 들이나 강가에서 자라듯이 사람도 어떤 사람은 도시에서, 어떤 사람은 촌구석에서, 어떤 사람은 부잣집에서, 어떤 사람은 가난한 집에서 태어납니다. 저 역시 태어나보니 제가 원하지 않은 촌구석 가난한 농부의 자식으로 태어나서 잡초 같은 삶을 살았습니다. 하필이면 왜 시골에서 태어났는지 왜 가난한 농부가 내 부모였는지 알 수 없었습니다.

저는 20대도 안 된 어린 나이에 배고픈 것이 싫어서 아무 연고도 없는 서울로 무작정 떠났습니다. 어린 나이에 고향을 떠나 모진 고통과 수모를 겪으며 살았습니다. 세상이 불공평하다고 불평했지만, 감사하게도 공평한 것도 있기에 그것에 큰 위안을 받았습니다. 한번 태어난 사람은 그 누구라도 반드시 죽음을 맞이한다는 이 평범한 진리가 바로 그것입니다. 사람이 왜 태어났는지 이유를 모르듯이 왜 살아야 하는지도 모른 채 70년을 넘게 살아온 인생을 뒤돌아봤습니다. 이제 언제 죽어도 이상하지 않을 나이가 되었기에 살아온 인생살이를 주절주절 적어봤습니다.

새 생명이 태어날 때 주위 사람들은 기뻐 웃지만, 정작 아기는 울면서 태어납니다. 세상살이가 얼마나 힘든지 이미 알아차렸기 때문입니다. 죽음은 그 반대입니다. 주위 사람들이 슬퍼하며 배웅할 때, 자신은 웃으면서 떠난다고 합니다. 고달픈 인생이 끝났기 때문입니다. 제가 태어날 때 울었는지 웃었는지 알 수 없지만, 죽을 때 저는 웃으면서 가려고 합니다.

삶이란 작은 가게에 출근해 문을 열고 장사를 하는 것과 같습니다. 그리고 죽음은 하루의 일과를 끝내고 퇴근하듯이 인생을 마감하는 것입니다. '죽음'의 앞에서 누구든지 자신의 생애 살아온 계산서를 처음이자 마지막으로 받게 됩니다. 출근보다 퇴근이 즐겁듯이 죽음도 즐겁게 맞이해야 합니다.

이제 남은 생이 얼마나 남았는지 모릅니다. 열심히 아등바등 살았지만 죽으면 빈손으로 가야 합니다. 내가 주인처럼 살았지만 정작 주인은 따로 있는 것 같습니다. 내가 주인이 아니니 아무것도 못 가져가고 놓고 떠나야 합니다. 돈이 아무리 많아도 쓴 것만 내 것이고 지식이 아무리 많아도 실천한 것만 진정한 지식이고 아는 것입니다. 직장인의 퇴근 시간은 정해져 있지만 인간의 퇴근 시간은 아무도 알지 못합니다. 출근은 순서가 있으나 퇴근은 순서가 없는 것이 인생입니다.

죽음의 문턱에 서서야 인생길을 돌아봅니다. 이것은 제가 살아온 삶을 비춰본 33개의 작은 거울입니다. 저는 철학도 인문학도 배워본 적이 없습니다. 이것은 지식이 아니라 제가 살아온 삶의 독백입니다. 마치 제 몸을 괭이처럼 무지막지하게 써먹었지만 잘 견뎌주고 잘 참고 잘 살았다고 나에게 들려주는 독백입니다. 그동안 살아온 나의 삶을 돌아보며 제가 깨닫고 중요하게 여기며 살아온 화두를 다루었습니다.

자신보다 귀한 것은 세상에 아무것도 없습니다.

01 나와 나의 관계

자신과의
소통이 먼저다

◆ 자기 자신과의 관계가 좋다는 것은
내가 좋아하는 것,
내가 사랑하는 것,
내가 가고 싶은 곳,
내가 하고 싶은 일을 안다는 것입니다.

세상에는 관계 맺지 않은 것이 없습니다. 모든 것이 관계로 이루어져 있다고 해도 과언이 아닙니다. 인간의 행불행을 결정짓는 가장 큰 요소 역시 인간관계라고 합니다. 지금껏 인간관계가 쉽다고 말하는 사람을 본 적이 없습니다. 인간관계가 어려운 이유는 바로 자신과의 관계가 어렵기 때문입니다. 자신과 소통이 잘 되고 자신을 이해할 수 있다면, 타인과의 소통도 자연스럽게 이루어질 것입니다.

우리는 종종 타인과의 관계에서 많은 신경을 쏟고 엄청난 에너지를 소모합니다. 그러나 정작 자신과의 관계는 등한시하곤 합니다. 가족, 친구, 동료, 연인 등 다양한 관계 속에서 타인의 기대에 부응하려고 노력하는 동안 우리는 자신을 자주 잊어버립니다. 이는 현대 사회에서 흔히 볼 수 있는 현상이며, 우리 삶에 큰 불균형을 초래합니다. 타인의 시선과 평가에 너무 많은 가치를 두고 살아갑니다. '다른 사람들이 나를 어떻게 생각할까?'라는 질문에 사로잡혀 살다 보면, 자신을 잃어버린 채 타인에게 맞추기 위해 애쓰게 됩니다. 상대에게 선택권을 줄 수도 있어야 하지만, 나의 선택을 포기해서도 안 됩니다. 그렇다면 우리는 왜 자신을 신경 쓰지 않을까요? 나와 나는 어떤 사이일까요? 자신을 알기 위한 노력에서 모든 인간관계가 시작됩니다.

우리는 대부분 타인과의 관계에 엄청난 에너지를 소모합니다. 가족, 친구, 동료, 연인 등 다양한 관계 속에서 타인의 기대에 부응하려고 노력하는 동안 우리는 자신을 자주 잊어버립니다. 이는 현대 사회에서 흔히 볼 수 있는 현상입니다. 타인의 시선과 평가에 너무 많은 가치를 두고 살아갑니다. "다른 사람들이 나를 어떻게 생각할까?"라는 질문에 사로잡혀 살다 보면, 자신을 잃어버린 채 타인에게 맞추기 위해 애쓰게 됩니다. 상대에게 선택권을 줄 수도 있어야 하지만, 나의 선택을 포기해서도 안 됩니다.

자신과의 소통은 그리 어렵지 않습니다. 친구들과 식사하러 갈 때 무엇이 먹고 싶은지 묻듯이, 자신에게도 그렇게 사소한 것들부터 묻는 겁니다. 내가 좋아하는 음식, 내가 좋아하는 옷, 내가 좋아하는 색깔, 내가 좋아하는 장소, 내가 선호하는 자동차 브랜드, 나아가 내가 하고 싶은 것까지 알아가는 것이 자신과의 소통을 시작하는 방법입니다. 타인의 감정이 중요하다면, 나의 감정 역시 중요합니다. 타인은 나에 대한 배려 없이 하고 싶은 말을 거침없이 쏟아내는데, 그것을 무조건 들어주기만 한다면 나는 결국 타인의 감정 쓰레기통이 되어버리고 마는 것입니다. 소통은 일방적인 것이 아니라 쌍방향으로 이루어져야 합니다.

자신에게 이런 질문을 해본 적이 있으십니까?
'내가 이 말을 듣고 있어야 하나?'

'내가 이 사람을 계속 만나야 하나?'
'내가 이렇게 살아야 하나?'

왜 우리는 불편함을 느끼면서도 자신에게 묻지 않고 습관처럼 살아갈까요? 왜 자신에게 신경 쓰지 않을까요? 여기에는 여러 가지 이유가 있습니다. 우리는 어릴 때부터 타인에게 맞추는 법을 배워왔기 때문입니다. 부모님, 선생님, 사회가 타인과의 조화를 강조합니다. 이 과정에서 우리는 자연스럽게 자신보다는 타인을 우선시하게 되었습니다. 결과적으로 타인은 만족할 수 있겠으나, 정작 자신은 만족하지 못합니다. 타인이 만족하고 행복하다 해서 나까지 행복해지는 것은 아닙니다. 먼저는 내가 행복해야 타인에게도 행복한 영향을 줄 수 있습니다. 자신이 불행하면 타인에게 불행한 영향을 주게 됩니다. 또한 자신과의 관계를 돌아보는 것이 불편하므로 자신에게 신경 쓰며 살아가지 않습니다. 자기 내면을 직시하는 일은 절대 쉽지 않습니다. 약점과 결점을 마주하는 일이 두려움을 유발할 수 있기 때문입니다. 그 과정에서 자신을 미화하기도 하고, 정당화하기도 합니다. 자책하다 못해 자살하는 경우도 있습니다.

그 어떤 관계보다 자신과의 관계를 먼저 회복해야 합니다. '나'를 알고, '나'와 좋은 관계를 맺고 있습니까? 자신을 잘 아는 것이야말로 좋은 관계의 기본입니다. 자신을 알아야 좋아하고 싫어하는 것을 알게 되고, 인간관계도, 일도 제대로 할 수 있습니다. 돈을 얼마나 가졌는지 알아야 알맞게 쇼핑할 수 있듯이, 자신을 알아야 그에 맞는 인생을 살아갈 수 있습니다. 자신을 모르면 인생을 제대로 살기 어렵습니다. 자신부터 알아야 자신과 잘 맞는 사람을 찾아 소통할 수 있습니다. 이 질문은 우리가 자신을 이해하고, 사랑하고, 존중하는 데 중요한 첫걸음이 됩니다. 자신과의 관계가 건강해야만 다른 사람과의 관계도 건강해질 수 있습니다. 자신을 잘 알고, 스스로를 믿을 수 있어야 어려움이 와도 자신 있게 삽니다.

자신과의 관계를 회복하고 스스로에 대해 잘 알 수 있는 방법은 다음과 같습니다.

첫째, 자신을 있는 그대로 받아들이고, 있는 그대로 보여주며 살아가세요. 못생겼다고, 키가 작다고, 못 배웠다고, 가진 게 없다고 해서 위축될 이유가 없습니다. 이런 것들은 부끄러운 게 아닙니다. 못 배웠으면 배우면 되고, 없으면 벌면 됩니다. 우리는 종종 타인과 자신을 비교하며 열등감을 느끼거나, 실망합니다. 열등감이 많은 사람은 타인과 대등하게 건강한 소통을 할 수 없습니다. 지배당하기 쉬운 먹잇감이 될 뿐입니다. 스스로 열등하다고 생각하는 자와 누가 소통하고 싶어 하겠습니까? 타인보다 우수하다는 자만심도 위험하지만, 타인보다 부족하다는 열등감은 더 위험합니다.

신분에 관해 묻는 한 사람에게 부처는 말했습니다. "신분은 출생에 있지 않다. 아버지가 귀족이어도 네가 귀족이 아니며, 아버지가 천민이어도 네가 천민인 것은 아니다. 신분은 행위에 있다." 지위가 높은 정치인, 명망 있는 성직자, 많은 부를 쌓은 부호라고 해서 고귀한 인간이 아닙니다. 성직자라고 해서 반드시 인격이 고상한 것도 아니며, 운전사라고 해서 모두 운전을 잘하는 것도 아닙니다. 어른이라고 해서 다 어른 노릇을 하는 것은 아닙니다. 사람이라고 다 사람이 아니라, 사람 노릇을 해야 고귀한 인간이 되는 것입니다. 멀쩡한 사람이어도 길에 앉아서 구걸하면 거지라 부르고, 높은 지위를 가진 정치인이라도 막말하는 모습을 보이면 사람들은 바로 그를 욕합니다. 신분은 내가 만드는 것이니 스스로 못생겼다, 못 배웠다, 못 낫다고 자책할 것 없습니다. 이 모든 것은 비교에서 나오는 것입니다. 비교하지 말고 있는 그대로 나답게 살면 됩니다. 세상에 단 하나뿐인 나입니다. 비교할 대상은 아무도 없습니다. 이 세상에 존재하는 어떤 사람도 똑같은 사람이 없습니다. 사람들은 자신과 생각이 잘 맞지 않으면 특이한 사람이라고 합니다. 당연한 말입니다. 똑같은 외모와 똑같은 생각을 가진 인간은 존재하지 않기 때문에 모든 인간은 제각기 특이하고도 특별한 존재입니다. 사람은 잘나고 못난 것으로 가치가 좌우되지 않습니다. 천상천하에 오직 하나뿐인 '나'이기에 존재 자체로 귀한 것입니다. 지친 친구에게 잘하고 있다고 따뜻하게 격려해 본 적 있나요? 이제는 그 말을 스스로에게 건넬 차례입니다. "나는 잘하고 있다!" 크게 한번 외쳐보세요. 어깨에 힘이 들어가고, 가슴이 쫙 펴지며 살 만해질 겁니다.

둘째, 자신만을 위한 시간을 가져야 합니다. 타인에게 쏟는 시간만큼 자신에게도 시간을 투자하세요. 천하보다 귀한 자신에게 투자하는 것이 최고의 투자입니다. 천하를 구해도 나 자신을 잃는다면 무슨 소용이 있겠습니까? 믿어지지 않겠지만 자신이 능력 없고 가진 것이 없으면 부모도 형제도 자녀도 배우자도 친구도 무시합니다. 충격적이지만 현실입니다. 자신에게 투자하고 무한한 사랑과 신뢰를 주고 자신을 믿어야 합니다. 자신에게 투자하는 일은 어렵지 않습니다. 우선 혼자 있는 시간을 늘려보세요.

사람과 사람 사이에도 적당한 거리가 필요합니다. 사람은 너무 가까우면 서로 상처를 주고받고, 너무 멀면 외롭게 고립됩니다. 자유롭게 풀을 뜯던 사슴이 덩굴에 뿔이 걸리면 자유를 잃듯, 타인과 깊게 얽히면 시간은 자유를 잃고 마음껏 나아갈 수 없게 됩니다. 태양과 달이 거리를 적당히 유지하며 지구와 공존하듯, 사람 간에도 적당한 거리를 두어야 합니다. 좋아하는 일에 몰두하거나, 여유롭게 휴식을 취하거나, 취미를 즐기며 자신을 돌보는 시간을 가지세요. 이는 단순한 휴식이 아닙니다. 자신을 깊이 알아가고, 자신의 내면을 세심히 살피며, 자신과의 관계를 단단히 다지는 중요한 시간입니다.

셋째, 자신의 감정과 생각을 존중해야 합니다. 우리는 종종 자신의 감정을 무시하거나 억누르곤 합니다. 타인을 중시하다 보니 자신의 감정을 외면한 채, 습관처럼 타인의 감정에 맞추면서 살아갑니다.

분통을 터트리는 사람, 슬픔을 토해내는 사람, 신세타령을 늘어놓는 사람, 정치와 이념, 이런저런 사람들의 이야기를 들어주다 보면 자신은 어느새 타인의 모든 감정을 담아내는 쓰레기통이 돼버립니다. 그렇게 되면 나 역시 기분이 상하고 정신적인 스트레스를 받게 됩니다. 친구가 힘들다고 해서 모든 이야기를 들어주고 있을 것 없습니다. 또한 스마트폰으로 연예인들의 먹고, 입고,

애 낳고, 살 빼고, 여행 가는 잡다한 사생활을 들여다보는 데 시간을 쓸 만큼 인간은 그렇게 한가한 존재가 아닙니다. 내 인생과 무슨 관련이 있습니까? 그럴 시간에 자신의 삶을 들여다보고 자신과 대화해야 합니다.

자신의 감정을 잘 관리하는 것은 삶의 질과 자존감을 높이는 길입니다. 그렇기 때문에 감정을 잘 살펴야 합니다. 기쁨, 슬픔, 분노, 불안… 모든 감정은 우리가 살아있음을 증명합니다. 자신의 감정을 인정하고, 그 감정들이 왜 생겼는지 이해하려고 노력해야 합니다. 이는 자신을 알아가고 자신과의 관계를 깊게 만드는 방법입니다.

넷째, 자신의 꿈과 목표를 존중하세요. 우리는 종종 타인의 기대에 부응하기 위해 자신의 꿈을 포기하곤 합니다. 내가 걷는 길, 내가 하고 있는 일, 내가 꾸고 있는 꿈이 부모님이나 사회, 종교나 국가가 원해서 하는 것은 아닌가 생각해 봐야 합니다. 타인이 심어준 허망한 욕망을 머릿속으로만 되뇌며 자신의 꿈이라 착각하기도 합니다. 꿈과 목표는 자신의 삶을 더욱 의미 있게 만듭니다. 자신의 꿈을 향해 나아가는 것이야말로 자신을 최고로 존중하는 방법입니다. 꿈을 성취하기 위해서 반드시 하지 말아야 할 한 가지가 있습니다. 절대 자신의 꿈을 다른 사람에게 말하지 마세요. 당신의 꿈을 누군가에게 이야기했을 때 좋은 결과로 돌아오는 일은 극히 드뭅니다.

"그것이 되겠느냐?"
"지금은 때가 아닌 것 같다."
"요즘 세상에 맞지 않는다."
"돈은 있냐?"

이런 대답이 돌아오기 일쑤입니다. 충고해 주는 것 같지만 그렇지 않다는 것을 아셔야 합니다. 어떤 인간은 내가 짜낸 아이디어를 훔쳐 성공할 수도 있다는 것을 염두에 두어야 합니다. 나의 좋은 아이디어를 빼앗길 수 있습니다. 나의 꿈이 무엇인지 구체적으로 설명하기 위해서 귀한 시간을 낭비할 필요가 없습니다. 삶은 전쟁입니다. 전쟁에서 작전을 적에게 이야기하는 사람은 없습니다. 세상은 능력이 뛰어난 이들이 많아지는 것을 경계합니다. 사람들은 자신보다 더 많이 가지고 있는 타인을 시기·질투합니다. 대부분의 사람이 겉과 속이 다르다는 것을 알아야 합니다. 드물게 당신을 응원하는 사람도, 실상 속으로는 다른 마음을 품고 있을지 모릅니다. 꿈은 말로 드러내는 것이 아니라, 이루어놓은 결과물로 보여주는 것입니다.

꿈은 내가 꾸고 내가 이루는 것이지, 타인이 줄 수 없는 것입니다. 꿈은 크고 작은 것이 없습니다. 작은 꿈이라고 보잘것없다 생각하지 마세요. 천 리 길도 한 걸음부터 시작합니다. 꿈은 한 번에 이루어지지 않습니다. 한 걸음 한 걸음 내딛는 만큼 꿈이 이루어져 가는 것입니다. 한 걸음 내디딜 힘만 있으면 천 리 길도 갈 수 있듯이 성공할 수 있습니다.

자신과의 대화를 꾸준히 이어 나가야 합니다. 자신과의 대화 대신 타인과의 대화에 얼마만큼의 시간을 쓰고 있는지 인식해야 합니다. 외부의 소리를 듣는데, 하루에 몇 시간을 쏟고 있는지 따져봐야 합니다. 유튜브, SNS를 비롯해 인터넷에서 쏟아져 나오는 온갖 타인의 소리에 시간을 허비하지 마세요. 중요한 것은 현재 자신의 내면을 세밀하게 들여다보는 것입니다.

'내가 이렇게 살아도 되는가?' 이 질문 앞에서 한숨 쉬지 말고, 운동하고, 책을 읽고, 직장에서 필요한 것을 배워보세요. 내가 하려는 일에 관련된 정보도 찾아보세요. 그래야 일도 잘할 수 있고, 승진도 할 수 있습니다. 지금 당장 필요한 것이 무엇인지 스스로에게 물어보세요. 자신에게 던진 질문에는 바로 '실천'으로 답해야 합니다.

단 1분이라도 좋으니, 자신과 대화하십시오. 자신에게 다음과 같이 질문을 던지고, 그 질문에 답해보세요.

- 나는 지금 무엇을 원하는가?
- 나는 무엇을 두려워하는가?
- 나는 무엇에 감사하는가?

- 부족한 것은 무엇인가?
- 이렇게 살다가 죽어도 좋은가?

이러한 질문들은 자신을 이해하는 데 결정적인 도움이 됩니다.

모든 관계가 그러하듯, 자신과의 관계도 회복해 나갈 수 있습니다. 이는 단순히 자기중심적으로 살라는 것이 아닙니다. 자신을 잘 모르고 사랑하지 않으면서 타인을 사랑한다면 그것은 자신을 속이고 있는 것입니다. 자신을 사랑하지 않는 사람은 타인도 사랑할 수 없습니다. 그것이 더 나은 삶으로 가는 첫걸음이고 최고의 지름길입니다.

홀로 서는 법을 모른 채 누군가에게 의존만 하는 사람과 함께 살면 피곤합니다. 사르트르는 "타인은 지옥이다."라고 말했습니다. 남에게 의존하게 되면 의존한 만큼 더 큰 외로움에 봉착하게 됩니다. 외로움을 이기는 최고의 방법은 홀로 있음을 즐기는 것입니다.

> 자기 자신과의 관계가 좋다는 것은
> 내가 좋아하는 것,
> 내가 사랑하는 것,
> 내가 가고 싶은 곳,
> 내가 하고 싶은 일을 안다는 것입니다.

자신을 알아가는 그 과정은 분명 삶을 더욱 풍요롭게 만들 것입니다. 자신과의 관계보다 우선인 관계는 없습니다.

02 관계의 힘

인생을 결정짓는 연결의 미학

◆ 독립적으로 살기 위해 필요한 것은
단 하나,
고독을 견뎌내는 것입니다.

　　우리가 맺고 살아가는 관계에 따라 인생이 결정된다는 말은 결코 과장이 아닙니다. 인간은 인간관계를 통해 삶을 영위할 수밖에 없으며, 이는 필연적으로 우리의 인생에 깊은 영향을 미칩니다. 그만큼 인간관계에서 발생하는 문제들은 우리에게 많은 아픔을 남기곤 합니다. 일이 힘든 것보다, 돈을 버는 것보다 더 고통스러운 것은 가족이나 직장 상사, 동료와의 관계에서 오는 상처를 받을 때입니다.

　　문제는 나를 힘들게 하는 사람이 대개 가장 가까이에 있는 사람이라는 점입니다. 가장 가까운 사람이기에 버리기도 여간 힘든 게 아닙니다. 돈을 벌고 성공하기보다 훨씬 더 어려운 것이 인간관계입니다.

자연재해나 짐승으로 인한 피해는 물질적 손실이나 생명의 위험에 국한되지만, 인간으로 인한 피해는 재산도, 명예도, 생명도, 건강도, 권력도, 행복도, 배우자도, 자녀들까지도 인간의 모든 것을 빼앗아 갑니다. 그렇기에 물건을 보는 눈보다 훨씬 중요한 것은 사람을 보는 눈입니다. 사람 하나 잘못 선택하면, 가정도 기업도 무너집니다. 자원이 부족해도 훌륭한 지도자를 뽑으면 나라가 흥하지만, 지도자를 잘못 뽑으면 부강한 나라도 망합니다.

왜 우리는 이토록 인간관계에 좌지우지되는 걸까요? 그 이유는 인간이 사회적 존재이기 때문입니다. 인간관계는 우리 삶의 중심에 있으며, 인연은 거미줄처럼 복잡하게 얽혀 있습니다. 우리는 타인과의 상호작용을 통해 정체성을 형성하고, 존재의 의미를 찾습니다. 사람에게 상처받지 않으려면 인간의 본성을 알아야 합니다. 인간은 욕망의 덩어리입니다. 욕망이 있기에 친구가 먼저 승진하면 질투가 나고, 친구의 집값이 더 오르면 배가 아픕니다. 반면에 같은 상황이라도 나와 가깝지 않은 사람에게는 그다지 질투가 나지 않습니다. 내 재산보다 만 배 이상 가지고 있는 사람은 아무리 많이 번다고 해도 배가 아프지 않지만, 나와 비슷한 수준의 가까운 사람일수록 시기심이 생기는 것입니다.

인간관계를 너무 급하게 깊이 맺으면 상처받기 쉽고, 자기 갈 길 가는데 지장이 많습니다. 그러므로 타인의 영향을 받지 말고, 사람에게 의존하지 않으며, 홀로 독립적 인격체로 살아가야 합니다. 독립적으로 살기 위해 필요한 것은 단 하나, 고독을 견뎌내는 것입니다. 고독을 견딜 수 있을 때 외부 세계의 영향에서 벗어나 자신만의 중심을 세울 수 있습니다.

남의 집 머슴살이만 노예가 아닙니다. 정신적·정서적으로 타인에게 의존하는 것도 또 다른 형태의 노예입니다. 사랑도 의존하면 사랑의 노예가 됩니다. 또한 종교도 의지하고 추종하면 믿음이 아니라 노예일 수 있습니다.

많은 사람은 사회생활을 위해 다양한 공동체에 예속되어 삽니다. 재미도 없는데 억지로 골프를 치고, 즐겁지도 않은 술자리에 참석하고, 불필요한 동창회와 동호회에 끌려다닙니다. 홀로 있기를 두려워하기 때문입니다. 퇴근 후 가족과 약속이 있어도, 직장 선배들이나 친구들의 갑작스러운 부름을 쉽게 거절하지 못합니다. 그러나 그들과 어울린다고 해서 딱히 인생이 달라지지 않습니다. 과감하게 거절하고 집으로 가야 합니다.

"거절하면 나를 욕하지 않을까?"
"이대로 들어가면 나를 싫어하지 않을까?"
"승진에 지장이 있지 않을까?"

내 의견이 있어도 말하지 못하고, 타인의 의견에 동조해 끌려다니며 사는 것은 결국 예속된 삶, 곧 '심리적 노예의 삶'입니다.

사람들은 의외로 당당한 사람을 더 존중합니다. 성공한 이들은 모두 홀로 있는 것을 두려워하지 않았습니다. 남에게 의지하고 예속되어 산다면 자신의 삶을 사는 것이 아닙니다. 나를 행복하게 해줄 사람, 나를 지켜줄 사람은 결국 자기 자신뿐입니다.

타인과 관계를 맺되, 의존하지 마세요.
그러면 상대의 행동에 서운할 일도 없고,
상대가 떠나버린다 해도
전혀 영향받지 않습니다.

떠나는 사람을 잡으려면 그 사람의 욕망을 채워줄 수 있는 능력이 있어야 합니다. 그러나 내 욕망도 채우기 어려운데, 타인의 욕망까지 채워주기란 불가능한 일입니다. 차창 밖에 스쳐 지나가는 풍경을 잡을 수 없는 것처럼, 인간은 자신의 욕망에 따라서 살기 때문에 누군가를 잡을 수도 없고 잡혀서도 안 됩니다. 인간의 관계도 그렇게 스쳐 지나가듯이 가볍게 맺어야 합니다. 그래야 인생을 바람처럼 가볍게 살 수 있습니다.

누군가 가장 좋은 인간관계가 어떤 관계냐고 묻는다면 저는 이렇게 대답할 것입니다. 오면 반갑고, 떠나도 서운하지 않은 관계. 내가 베푼 것을 상대가 갚아주거나 기억해 주지 않을지라도 서운하지 않은 관계. 내가 상대에게 받았어도 부담 없이 잊을 수 있는 관계. 이렇게 지내도 서로 서운해하지 않는 관계. 이런 관계들이 가장 좋은 인간관계라고 생각합니다. 받은 만큼 주어야 하는 관계는 참으로 피곤합니다.

> 신과의 관계도 마찬가지입니다.
> 신은 의지하는 존재가 아닙니다.
> 신을 통해 나를 찾고,
> 자신을 변화시키고,
> 홀로 설 수 있는 독립적인 인간이 되어
> 세상을 밝게 하고 좋은 영향을 주는 것이
> 신앙의 본질입니다.

신은 방향을 가르쳐 주지만, 실천해서 변화하는 일은 인간의 몫입니다.

03 공감의 시대

자신을 확장하는 길

● 대화는 단순히 정보나 생각을 물건 던지듯
툭 던진다고 되는 것이 아닙니다.
감정이라는 것이 너무나 예민하기에,
서로의 감정을 건드리지 않도록
조심하며 대화해야 합니다.

여러분. 말이 전혀 통하지 않는 사람과 하루 종일 함께 있어 본 적이 있습니까? 그것만큼 괴로운 일이 또 없습니다. 예로부터 말이 통하지 않는 사람을 일컬어 '벽창호', '우이독경(牛耳讀經)', '마이동풍(馬耳東風)'이라 했습니다. 남의 말을 알아듣지 못하거나, 귀담아듣지 않는다는 뜻입니다. 상대의 말에 귀를 기울여야 공감도 하고 맞장구도 칠 텐데, 자기 생각에만 빠져 있으니 대화가 될 리 없습니다. 우산을 쓰고 있으면 비를 맞지 않듯이, 귀를 막은 사람에게는 어떤 말도 스며들지 않습니다. 그래서 말이 통하지 않을 때 답답한 쪽은 말하는 사람이지, 듣고 있는 사람은 오히려 아무렇지도 않은 것입니다. 이처럼 서로 말이 통하지 않으면 말하는 쪽에서 중단하고 자리를 떠나야 하는데, 대부분 그렇게 하지 못하고 계속 말을 이어갑니다. '내가 혹시 상대에게 이해가 안 되는 말을 하는 건가?' 하며 돌아봐야 하는데, 오히려 못 알아듣는다며 답답해하고 화를 내니 양쪽 모두 딱하기는 마찬가지입니다. 이는 마치 영어를 모르는 사람에게 하루 종일 영어로 말해놓고, 못 알아듣는다고 답답해하는 격입니다.

말하는 자신의 설명이 부족한 건지, 상대방이 정말 몰라서 이해를 못 하는 건지, 아니면 애초에 들을 마음이 없어 귀를 닫고 있는 건지 구분해야 합니다. 어려워서 이해를 못 했던 것이라면, 말하는 사람의 문제입니다. 반대로 듣는 이가 전혀 관심이 없는 상황에서 계속 말하는 것도 역시 말하는 사람의 잘못입니다. 예를 들어, 부모가 하나님을 믿는 자녀에게 불교로 개종하라 강요한다고 자녀가 순순히 듣고 있겠습니까? 겉으로는 듣는 것처럼 보여도, 속으로는 다른 생각을 합니다. 그런 자녀에게 계속 말을 이어가면 부모와 자녀 간의 사이만 멀어질 뿐입니다. 말이 통하지 않을 때, 우리는 흔히 상대의 이

해력이 부족하다고 판단하며 답답한 사람으로 몰아갑니다. "저런 애가 어떻게 우리 회사에 들어왔지?" 하며, 머리가 나쁜 사람으로 치부해 버립니다. 그러나 말이 안 통한다고 해서 상대의 머리가 나쁜 것은 아닙니다. 단지 듣지 않을 뿐입니다. 오히려 그런 사람 앞에 대고 계속 말하는 쪽이 어리석은 것입니다.

    말에는 두 종류가 있습니다. 하나는 자기 자신에게 하는 혼잣말이고, 다른 하나는 상대와 주고받는 대화입니다. 대화는 단순히 정보나 생각을 물건 던지듯 툭 던진다고 되는 것이 아닙니다. 감정이라는 것이 너무나 예민하기에, 서로의 감정을 건드리지 않도록 조심하며 대화해야 합니다. 사람의 마음은 드넓은 평야 같다가도, 순간 땀구멍처럼 조그맣게 변해 버리기도 하고, 심지어 성문처럼 굳게 닫혀버리기도 합니다. 그렇게 마음이 굳게 닫혀버리면 아무리 두드려도 좀처럼 열리지 않습니다. 서로 감정이 상하면, 어떤 것으로도 마음의 문을 열기가 쉽지 않습니다. 저는 사람의 마음을 열고 소통하는 것은 결국 감정의 문이라고 생각합니다. '마음이 통한다.'라는 것은 즉 '감정이 통한다.'라는 뜻입니다. 어떤 정보를 주고받더라도, 반드시 이 감정의 문을 통과해야 상대방에게 제대로 전달됩니다. 닫힌 마음을 열려면 감정을 먼저 풀어주어야 합니다. 오해했다고 하는 것도 따지고 보면 감정이 상한 것입니다. 상한 감정으로 굳게 닫힌 마음은, 감정이라는 열쇠 없이는 어떤 방법으로도 열 수 없습니다. 그렇기에 자신의 말을 전하고 싶다면, 먼저 상대의 감정을 잘 살피고 전달하고자 하는 말을 해야 합니다. 감정의 문이 닫혀있으면 아무리 좋은 말을 해도 소용이 없습니다. 마음의 문을 닫고 받아들이지 않기 때문에 어떤 말을 해도 말이 통하지 않습니다. 이 마음의 문이라는 것은 사람의 감정에 따라서 수시로 열리고 닫히기 때문에, 말하면서도 상대의 감정을 잘 살펴야 합니다.

예를 들어, 어떤 아이가 학교에서 선생님께 책망을 받고 기분이 상한 채 집으로 돌아왔다고 해봅시다. 아이는 아무 말 없이 방문을 '쾅' 닫고 방으로 들어가 버립니다. 이때 엄마도 기분이 나빠져서 "학교 갔다 왔으면 엄마한테 인사하고 들어가야지. 어서 나와서 인사해." 하지만 아이는 안 나옵니다. "야! 문 열어! 안 열어? 당장 열어." 아무리 소리쳐도 마음의 문은 이미 굳게 잠겨 있습니다. 아이가 평소 하던 인사를 안 하고 들어가면 정상이 아닙니다. 그럴 때는 감정을 잘 살펴야 합니다. "아들. 어디 아프냐? 아프면 병원에 갈까? 아니면 학교에서 기분 나쁜 일이 있었어? 어떤 놈이 우리 아들을 화나게 했을까? 엄마가 걱정된다." 이렇게 말하고 기다리면 뭔가 반응이 옵니다. 반면 "야! 버릇없이 뭐 하는 짓이냐? 빨리 문 열고 나와서 밥이나 먹어. 뭘 잘했다고 문을 쾅 닫고 들어가?" 이러면 방문을 더 열어주지 않을 것입니다. 기분이 상한 상태에서는 이런 말 저런 말을 해도 쉽게 문을 열지 않을 겁니다. 설령 문을 열고 나왔다 하더라도, 마음 문이 닫혀있기 때문에 귀로는 들어도 마음에 새겨두지 않고 흘려버리게 됩니다. '소귀에 경 읽기'입니다. 소는 시끄럽다고 반응할지도 모르지만, 사람은 요동도 안 하고 오히려 마음의 문을 더 굳게 닫습니다. 열려 있던 마음의 문도 상황에 따라 언제 닫힐지 모릅니다. 방문은 닫으면 소리라도 나는데, 사람의 속은 표가 안 나서 마음 문을 닫아도 말하는 사람은 모릅니다. 그렇기 때문에 말하면서도 상대를 살피며, 서로 조심해야 합니다. 그렇지 않으면 소통은 언제든지 막힐 수 있습니다.

사람은 같은 공간에 있어도, 생각과 마음이 꼭 같은 것은 아닙니다. 목탁을 치며 경을 읽어도, 마음은 잿밥에 가 있을 수 있습니다. 소통은 팩트보다 감정, 즉 속마음을 읽을 줄 알아야 합니다.

가족이 모여서 즐겁게 식사하는 자리. 20대 딸을 바라보는 엄마는 밥을 안 먹어도 배부를 정도로 흐뭇합니다. '내가 저렇게 예쁜 딸을 낳았구나.' 하며 뿌듯해하다가도, 문득 세월의 무상함에 자신이 늙었다는 생각이 들어 쓸쓸해지기도 합니다. 부인은 남편에게 묻습니다. "여보. 나 많이 늙었지?" 남편이 대답합니다. "그걸 말이라고 하나? 당연한 걸 왜 물어? 세월 앞에 장사 없어. 주름지고 흰머리 나고, 한해가 다르게 늙어간다니까." 하지만 부인은 팩트를 듣고자 했던 것은 아닙니다. 자신이 늙었다는 사실은 스스로가 더 잘 압니다. '그래도 같이 사는 남편은 나를 예쁘게 봐주겠지!'라는 기대감에 던진 질문입니다. 생물학적으로 늙은 걸 몰라서가 아니라, 여전히 남편이 자신을 예쁘게 보고 있는지 확인하고 싶었던 것입니다. 남편에게 그런 걸 물어보는 것도 참 안타까운 일이지만, 그냥 묻고 싶은 것입니다. 남편이 이렇게 사실을 대답하면 부인은 마음의 문을 닫아 버립니다. 수저를 놓고 자리에서 일어나거나, 밥상에 같이 앉아 있어도 입을 닫아버릴 것입니다. 속으로 '너는 나보다 더 늙었어. 내가 누구 때문에 이렇게 늙은 줄 아냐? 다 너 같은 놈 만나서 그래. 이 화상아! 내 눈이 썩었지. 어쩌다 저런 인간을 골랐을까?'하고 있을지도 모릅니다. 이처럼 마음의 문이 닫히면, 화기애애한 대화는 끝나기 십상입니다. 감정을 헤아릴 줄 아는 남편은 부인이 그런 말을 꺼내자마자 정색합니다. "무슨 말을 그렇게 해? 백세시대야. 이제 막 아름다움이 익어갈 때지. 결혼할 때는 풋풋해서 예뻤는데, 지금은 아주 잘 익은 사과같이 깊은 멋이 있잖아. 날이 갈수록 기품이 있어. 딸! 엄마 정말 예쁘지?" 이렇게 말하는 남편들이 많았으면 좋겠습니다. 이런 말을 듣고 진심으로 받아들이는 사람은 거의 없습니다. 그저 위로받고 싶었던 것이고, 분위기 타고 싶은 것입니다. 그런데 이런 감정을 알아서 맞춰 주는 남자가 많지 않으니, 가정이 위태롭습니다.

대체로 남자들은 팩트에 강하고, 여자들은 분위기와 감정에 민감합니다. 남자는 이성적이고, 여자들은 감성적인 경향이 있다는 말도 그래서 나오는 것입니다. 그래서 분위기 파악을 잘하라고 하는 것입니다. 어떤 모임에 가더라도, 가장 먼저 그 자리에 냉기가 흐르는지 따뜻한 온기가 흐르는지 파악해야 합니다. 그리고 그 분위기를 읽고, 바꿀 줄 아는 사람이야말로 말을 잘하는 사람입니다.

소통은 자신의 의사를 잘 전달하는 것도 중요하지만, 무엇보다 상대의 감정을 잘 살피며 정보를 전할 때 비로소 정확한 전달이 이루어집니다.

**대화를 잘하려면 감정을 잘 읽고,
공감대를 찾아 접점을 만들어야 합니다.
상대와 감정의 접점과 공감의 연결이 없다면**

대화는 시작조차 되지 않는 것입니다.

특히 바쁘거나 화가 나 있거나, 뭔가에 집중하고 있는 사람과는 우선 대화를 피해야 합니다.

공감이 얼마나 중요한지 모르시는 분은 없을 것입니다. 저는 세상의 흐름을 보며, 공감의 영향력을 실감하곤 합니다. 공감은 공감에서 끝나는 것이 아니라, 세상을 긍정적으로 혹은 부정적으로 움직이게 하는 힘이 있습니다. 영국 국회의사당 뒤편에는 19세기 영국을 이끌었던 정치인들뿐 아니라, 에이브러햄 링컨, 넬슨 만델라, 마하트마 간디의 동상도 세워서 있습니다. 그런데 아이러니하게도, 한때 노예무역의 중심축이었던 영국이 노예제 폐지의 상징인 링컨의 동상을 세워 놓은 것입니다. 마치 자신들이 노예제도에 반대했던 나라처럼 보입니다. 넬슨 만델라와 마하트마 간디의 동상도 마찬가지입니다. 만델라는 인종차별 철폐를, 간디는 비폭력 저항운동을 상징하는 인물입니다. 그리고 간디가 투쟁한 대상은 다름 아닌 식민 지배를 하던 영국이었습니다.

간디의 동상은 그야말로 압권입니다. 런던을 방문하는 인도인 중에 독립 영웅 간디의 동상을 찾지 않는 사람은 거의 없다고 합니다. 한번 일본 국회의사당 앞에 안중근 의사의 동상이 세워져있다고 상상해 보십시오. 우리도 얼마나 충격적으로 받아들이겠습니까? 아마 일본을 방문하는 우리나라 사람들이라면 꼭 한 번쯤은 안중근 의사 동상을 보러 갈 것입니다.

영국은 세계를 지배해본 경험을 바탕으로 사람들의 마음을 사로잡는 법을 알고 있습니다. 힘으로 사람의 몸을 잡아둘 수는 있지만, 마음까지 사로잡지 못하면 결국 혁명으로 이어집니다. 인간은 길들여지는 존재가 아니라, 외압에 저항하고 극복하려는 본성을 지닌 존재이기 때문입니다. 마음을 얻지 못하면 언젠가는 떠나기 마련입니다.

**중요한 것은 마음이 통하는 것이며,
그 마음을 이어주는 힘이 바로 '공감'입니다.**

넬슨 만델라가 죽었을 때, 오바마 대통령은 모든 일정을 취소하고 그의 장례식에 참석했습니다. 프랑스와 영국도 조의를 표하며 그를 기렸습니다. 이는 단순한 애도의 표현을 넘어, 세계를 움직이는 공감의 표현입니다. '나는 이런 인권운동가를 존경하기 때문에 만사를 제쳐두고 그의 장례식에 간다.' 이러한 공감 능력을 가진 지도자 한 사람이 그 나라를 '인권을 존중하는 국가'로 인식되게 하는 것입니다.

한비자는 "정적을 죽이고 싶다면 왕이 화가 났을 때 모함하고, 누구에게 상을 주고 싶다면 왕이 기뻐할 때 칭찬하라."고 했습니다. 그만큼 감정은 사람을 살리고 죽이는 힘이 있으며, 공감과 소통에 있어서 매우 중요한 요소입니다. 이러한 감정은 누군가가 말해줘서, 알려줘서 아는 것이 아닙니다. 눈앞에 일어나는 현상을 보고, 자연스럽게 감정을 느끼고 함께 공감하는 것이어야 합니다. 감정이 순간적으로 바뀌듯이 공감도 순식간에 이루어지며, 민심 역시 그 흐름을 탑니다. 특히 지도자는 단숨에 공감대를 형성해 대중을 통합할 수 있는 능력이 있어야 합니다.

　　인터넷으로 모두가 연결된 지금, 우리는 아프리카든 유럽이든 지구 반대편의 일이라도 즉시 알 수 있고 함께 공감할 수 있습니다. 앞으로 펼쳐질 문명은 '공감 문명'입니다. 공감 문명을 이끌어나갈 인재를 기르지 못하면 안 됩니다. 공감은 수학 문제처럼 공식이 있는 것이 아닙니다. 서로 어우러지고 함께하면서 사람을 이해하는 것입니다. 어려서부터 학원 다니고, 밤늦은 시간까지 공부하고, 좋은 대학 가고, 좋은 회사 다닌다고 해서 인간관계가 좋아지는 법은 아닙니다. 상대의 감정을 수용하고 공감할 수 있는 사람, 그런 인재를 양성해야 세계와 소통하고 세계를 선도해 나갈 수 있습니다. 국가도 마찬가지입니다. 사람은 힘만으로 지배하기 어렵습니다. 힘으로 억누르면 어느 정도는 지배할 수 있지만, 언젠가는 민중봉기가 일어납니다. 이것이 인간의 역사입니다. 아무리 과학이 발전하고 경제력이 커지며 군사력이 막강해져도, 사람을 완전히 지배할 수는 없습니다. 식민지의 문화와 종교를 존중하며 공감대를 형성해야만, 서로의 문화가 충돌하지 않고 공존할 수 있습니다.

칭기즈칸이 세계를 정복할 수 있었던 배경에도, 그가 종교의 자유를 철저히 보장했다는 점이 큰 몫을 했습니다. 프랑스 학자 프랑수아 페티스는 칭기즈칸 전기를 집필하며 이렇게 기록했습니다. "그는 자신의 종파가 아닌 사람을 처벌하거나 박해하지 않았으며, 종교가 다르다는 이유로 괴롭히는 행위를 명확히 금지했다. 또한 모든 사람이 자기가 원하는 신앙을 자유롭게 고백할 수 있기를 바랐다." 종교의 자유를 외친 지도자들은 많았지만, 칭기즈칸처럼 이를 철저히 실천한 이는 드뭅니다. 오늘날 종교다원주의와 근본주의가 충돌하며 갈등과 전쟁까지 벌어지고 있습니다. 칭기즈칸의 종교에 대한 관용과 통합 정신은 우리가 배워야 할 중요한 해법이 아닌가 합니다. 같은 나라에 살면서도 통합하지 못해 종교와 이념, 사회적 갈등으로 분열이 깊어지면 결국 서로를 갉아먹으며 공멸하게 됩니다.

공감 능력은 타인과의 소통을 통해

자신을 확장하는 것입니다.
이를 통해 우리는 더 넓은 세상에서,
더 많은 사람과 소통하며 살아갈 수 있습니다.

예를 들어, 파리에서 테러가 발생했을 당시 전 세계의 유명 건물들이 프랑스를 상징하는 색인 파랑, 흰색, 빨강 조명으로 물든 것은 프랑스를 향한 공감과 연대의 표현이었습니다. 이는 프랑스만의 문제가 아니라, 인류 전체의 문제로 여긴 세계인의 공감이었던 것입니다.

공감 능력이 부족한 이유는 자신이 만든 개념과 경험 지식의 울타리 안에서 이것만이 최고라는 자신감과 착각에 빠져 있기 때문입니다. 사람은 누구든지 각자의 환경 속에서 경험하고 배우기 때문에, 자신만의 독특한 울타리를 만들어갑니다. 경험은 삶에 많은 도움이 되지만, 반대로 경험이 많아질수록 그 울타리는 점점 두꺼워지고 견고해져서 새로운 관점을 받아들이기 어려워집니다. 그래서 나이가 들고 경험이 쌓일수록 젊은이들과 공감하고 소통하기 어려워지기도 합니다.

세상은 넓고 배울 것이 너무나 많습니다. 그러나 자신이 만든 개념에 갇히게 되면, 결국 더 넓은 세상을 보지 못하고 변화에 뒤처지게 됩니다. 상대와 소통이 안 되니 결국 스스로 만든 감정의 감옥에 갇혀서 외롭고 쓸쓸한 인생을 맞이하고 맙니다. 젊어서는 존경받고 엄청나게 잘나가던 사람들이 노년에 가정 내에서 지내는 경우가 많습니다. 자녀들과의 공감 능력이 떨어지기 때문입니다. 자신이 살아온 경험만이 옳다고 믿고, 자녀들에게도 그 방식을 강요하다 보니 결국 멀어지게 되는 것입니다. 인류 역사상 가장 잔혹했던 전쟁들 또한 '나는 옳고, 너는 틀렸다.', '나와 다르니 너는 없어져야 한다.'는 이분법적 사고가 전제된 종교 전쟁이 대부분이었습니다. 사랑과 평화를 전파하는 종교가 어째서 이토록 무자비한 전쟁을 일으킬 수 있었을까요? 공감 능력이 없으면 상대가 적으로 보일 뿐입니다. 하지만 인간은 서로 사랑해야 하는 존재이지 무찔러 없애버려야 하는 적이 아닙니다.

나와 너를 구분하고 편을 나누거나, 내가 너보다 더 차원 높은 존재라고 인식하게 되면, 당연히 압박과 무시, 통치가 시작되며 갈등은 불가피해집니다. 어떻게 해야 공감하고 소통할 수 있을까요? 상대를 이해하려 하지 말고, 있는 그대로 인정하고 받아들여야 합니다. 타인을 완전히 이해하는 일은 사실상 불가능합니다. 사과는 동그랗게 생겼고, 바나나는 길쭉하게 생겼습니다. 그 생김새를 두고 "이 과일이 왜 이렇게 생겼지? 이해가 안 된다. 먹지 않겠어" 하지 않습니다. '이런 과일도 있구나' 생각하고 그냥 사다먹지 않습니까? 사람도 마찬가지입니다.

자식을 이해하는 부모가 얼마나 되고, 부모를 이해하는 자식이 얼마나 되겠습니까? 오히려 이해하려고 드니까 싸우는 것입니다. 나와 다르더라도 서로 '이런 면도 있었네' 하고 받아들이면 됩니다. 좋은 것만 쏙 골라서 선택적으로 받아들이면 안 됩니다. 사이가 좋을 때는 부부이고, 나쁠 때는 남입니까? 공부 잘하면 자식이고, 못하면 자식이 아닙니까? 자식이기 때문에, 부부이기 때문에, 자기 마음에 안 들고 부족해도 있는 그대로 인정하고 받아들이는 것입니다. 우리 부모님들도 우리들이 다

맘에 들어서 키웠던 것이 아닙니다. 부족해도 내 자식이기 때문에 길렀던 것입니다. 부부간에도 부부이기 때문에 부족하고 잘못해도 받아들이고 사는 것입니다.

요즈음 나이가 많든 적든 외롭다는 사람들이 많습니다. 나이와 상관없이 자기 생각에 갇혀있기 때문입니다. 각자 살아온 경험으로 세상을 판단하고, 세상이 자기 생각대로 움직여지지 않자, 마음의 문을 굳게 닫아 버린 것입니다. '이제 이런 세상이 왔구나. 내가 맞추어 살아야지.' 이런 맘으로 살면 편안합니다. 그런데 '요즘 애들은 통 이해할 수가 없어. 내 돈 주고 사 먹는데 내가 직접 가서 주문해야 하고, 내가 가져다 먹고, 먹은 그릇까지 치워야 하고. 뭔 놈의 세상이 이렇게 변해 가나?' 한탄하고 아무리 떠들어도 소용없습니다. 커피 마시고 싶으면 하라는 대로 해야 합니다.

세대 간의 갈등은 심화되면서 젊은 세대는 기성세대를 '꼰대'라 비하하고, 기성세대는 젊은이들이 버릇없다고 분노합니다. 하지만 이는 결코 오늘날 갑자기 생겨난 문제가 아닙니다. 고대 이집트의 파피루스에도 '요즘 젊은이들은 버릇이 없다.'고 기록되었습니다. 세상은 결코 자신이 원하는 대로 돌아가지 않습니다. 자신이 늙었다는 사실 하나만 제대로 인정해도 대부분의 갈등이 해소됩니다. 한집에 같이 사는 부부도, 자기 몸같이 소중한 자녀조차도 마음대로 되지 않습니다. 그렇다고 자신은 마음대로 되던가요? 자기 마음대로 다 된 사람은 아무도 없을 것입니다. 세상을 바꿀 수 있는 단 하나의 방법은 내가 변하는 길뿐입니다. 문제는 세상이 얼마나 급격하게 변하고 있는지, 자신이 얼마나 나이를 먹었고, 얼마나 뒤처지고 굳어져 있는지를 인식하지 못한다는 데 있습니다. 자신은 변화하는 세상을 따라가지 못하면서, 세상이 빨리 변하는 것을 탓한들 아무 소용이 없습니다. 아무리 친한 친구라도 마라톤에 나가면 각자 자신의 페이스에 맞춰 달릴 뿐입니다. 예행연습 없는 인생이기에 인생살이가 힘든 것입니다. 그 누구도 미리 인생을 미리 경험하거나 연습할 수 없습니다. 누구나 처음 겪는 일입니다.

저를 자동차로 말하자면, 1953년식 차량이라서 이미 폐차했어야 합니다. 그 당시 아무리 좋은 차라도, 올해 생산되는 가장 값싼 자동차와 비교할 수 없이 형편없는 수준입니다. 그럼에도 불구하고, 과거에 머무는 사람들은 '그때가 좋았다.'고 이야기합니다. 1950년대에는 서울에서 부산까지 가려면 새벽에 출발해도 이틀은 걸렸습니다. 자동차 성능도, 도로 상황도, 지도도, 이정표도 70년 전에는 모든 것이 열악했습니다. 하지만 지금은 400km를 4시간 안에 달릴 수 있고, 고속도로 휴게소에서는 수십 가지 음식을 팔고, 내비게이션은 모르는 길을 척척 알려주며, 차 안에는 에어컨까지 나옵니다. 아무리 잘나갔던 사람이라 해도, 과거는 이미 과거입니다.

현재를 살아가려면 변화하는 세상에 자신을 맞추어야 공감할 수 있고, 소통할 수 있으며, 외롭지 않게 살아갈 수 있습니다. 시대는 바뀌었고, 정치·경제·사회·생활·의식·문화 모두 달라졌습니다. 그 변화를 인정하지 못하니 소통이 되지 않습니다. 아무리 화려했던 과거도 지금 이 시대만 못합니다. 시대가 주는 혜택은 그 어떤 혜택보다 큰 것입니다.

임금님 밥상은 본 적도, 먹어본 적도 없지만 지금 제가 먹는 음식만 못하다고 확신합니다. 세종대왕이 한겨울에 사과, 토마토, 바나나, 딸기를 먹어봤겠습니까? 아무리 궁전이 좋아도 요즘의 특급 호텔만 하겠습니까? 아무리 빠른 적토마가 달려 소식을 전했다고 한들 스마트폰보다 빠르겠습니까? 아무리 화려하고 안락한 수레를 타고 다녔다 한들, 요즘 국민차만 하겠습니까? 수개월 걸려서 배를 타고 가야 했던 해외도 이제는 비행기로 10시간 안에 갈 수 있습니다.

바다는 흘러 들어오는 모든 것을 받아들이기에 바다입니다. 사람 또한 자기 마음의 문을 열어놓고 들어오든 나가든 막거나 붙잡지 않으면 됩니다. 아무리 멋진 나무라도 보호수처럼 높은 울타리로 둘러싸여 있으면 찾아올 사람이 없습니다. 서낭당에 고목은 나그네가 쉬어가든 지나쳐 가든 간섭하지 않기 때문에 나그네의 좋은 휴식처가 되는 것입니다. 더 나은 세상을 경험하면서 살고 싶다면, 마음의 문을 열어놓으면 됩니다. 봄이 오면 봄을, 여름이면 오면 여름을 받아들이듯 저절로 찾아오는 변화의 때에 맞추어 잘 살면 됩니다. 계절을 자기 마음대로 오게 할 수 없는 노릇입니다. 자신이 만든 개념과 울타리 안에서 이것만이 최고라는 착각을 버려야 합니다. 세상이 얼마나 급변하고 있는지, 어떤 움직임이 시작되고 있고, 어떤 흐름이 만들어지고 있는지 봐야 합니다. 공감할 줄 모르니 눈앞에서 일어나는 일조차 그것이 무슨 일인지 알지 못합니다.

> **공감 능력을 키워야 하는 이유는 명확합니다.**
> **더 넓은 세상에서,**
> **더 많은 사람과 소통하며,**
> **더 멋지게 살아가기 위함입니다.**
> **공감을 통해**
> **우리는 자신을 확장할 수 있습니다.**

활동 범위가 100m인 사람이 1,000m로, 10km인 사람이 1,000km로 삶의 반경을 넓힐 수 있습니다. 그러한 확장은 곧 자신이 가진 지경, 영향력을 미칠 수 있는 범위, 경험할 수 있는 세상, 그리고 마음의 크기까지 모두 키우는 것을 의미합니다. 이렇게 넓어진 땅에서 다양한 경험을 하고, 많은 사람과 교류하며 살아간다면 어떻게 되겠습니까? 그렇게 확장된 공감 능력의 범위는 바로 내 삶의 질이 되고, 나의 크기가 되며, 나의 수준이자 나만의 제국이 됩니다.

공감은 기본적으로 나의 감정을 이해하고, 타인의 감정을 존중하며 인정하는 데서 출발합니다. 이는 깊고 의미 있는 관계를 형성하는 데에 결정적인 역할을 합니다. 공감이 있는 곳에서 정신적·정서적 안정감을 누릴 수 있습니다. 자신의 감정과 타인의 감정 사이에서 균형을 이룰 때, 우리는 긍정적인 만족감을 얻을 수 있기 때문입니다. 그렇다고 무작정 남의 감정만 소중하고, 내 감정은 포기하라는 말이 아닙니다. 내 감정이 중요하듯, 타인의 감정을 무시하지 말라는 말입니다.

지속 가능한 공감은 서로를 존중하고 인정해야

가능해집니다. 공감 능력이 높을수록 당연히 오해는 줄고, 명확하고 진실한 의사소통이 가능해집니다. 이는 인간관계뿐 아니라 사회적·직업적 성공, 더 나아가 사회적 공헌으로까지 이어집니다. 공감은 자신을 확장하는 데에 너무 좋은 도구입니다. 당신이 누구이든, 어느 위치에 있든 관계없이 더 큰 세상에서 살아갈 수 있게 해줍니다. 공감은 단순한 감정 표현을 넘어, 우리의 삶을 풍요롭게 하고 세상과 더욱 깊이 연결되는 길입니다. 냇물을 알면 냇물에서 놀 수 있고, 강을 알면 강에서, 바다를 알면 바다에서 놀 수 있습니다. 낚시도 바다낚시를 해야 큰 고기를 낚을 수 있습니다.

미국 영화배우 레오나르도 디카프리오의 오스카 시상식 소감 중 일부를 소개하려 합니다.

"그리고 마지막으로, 나는 이 말을 하고 싶습니다. <레버넌트(The Revenant)>를 만드는 건 인간과 자연 세계의 관계에 관한 것이었습니다. 우리의 역사가 기록된 이래 가장 뜨거운 해라고 느꼈던 2015년 말입니다.

우리의 작업은 지구의 최남단까지 옮겨가야만 했습니다. 단지 눈을 발견하기 위해서요. 기후변화는 현실입니다. 지금, 이 순간에도 일어나고 있습니다. 이것은 우리 인류에게 닥친 가장 시급한 위협입니다. 그러니 모두 힘을 합쳐 더 이상 미루지 말고, 해결해야 합니다. 우리는 거대한 오염 유발자들과 거대 기업들을 대변하는 게 아닌, 모든 인류를 대변하는 전 세계 지도자들을 지원해야 합니다. 전 세계 토착민들을 위해, 이 위협의 영향을 가장 크게 받을 수밖에 없는 수십억의 소외된 사람들을 위해, 우리 아이들의 아이들을 위해, 그리고 탐욕의 정치에 의해 목소리가 묻혀버린 저 어딘가의 사람들을 위해. 이 놀라운 상을 주셔서 감사합니다. 지구가 우리에게 그저 주어진 것으로 여기지 맙시다. 나는 오늘 밤을 당연하게 생각하지 않겠습니다. 정말 감사합니다."

04 기준을 깨라

매일이
새로운 시대의 서막이다

> ◆ 새로운 시대에 맞는
> 행동을 할 수 없다면,
> 새로운 시대에 맞는
> 사고방식이라도 갖춰야 합니다.

익숙한 관념에 갇혀서는 급변하는 현시대를 제대로 살아갈 수 없습니다. 익숙한 것을 버리지 않으면, 우리는 새로운 시작을 할 수 없습니다. 때로는 모든 것을 내려놓고 처음부터 다시 시작해야 합니다. 기존의 틀을 깨고 새로운 도전을 받아들여야 합니다.

중세 유럽에서 흑사병이 창궐했을 때, 당시 경제 질서는 완전히 뒤바뀌었습니다. 수많은 농노가 죽어 나가면서, 이전에는 상상할 수 없었던 변화가 일어났습니다. 농노들은 더 이상 지배 계층의 마음대로 부려질 수 없었고, 노동력의 가치는 급격히 상승했습니다. 현물을 노임으로 받던 농노들은 현금을 받기 시작했고, 이는 새로운 소비 계급의 탄생으로 이어졌습니다. 이러한 변화는 경제 질서뿐 아니라, 사회 구조와 인간관계까지도 재편하게 했습니다.

당시 종교의 절대적인 지배력도 도전받게 되었습니다. 전염병 앞에서 신의 힘이 무력해지는 것을 목격한 사람들은 점차 이성적이고 과학적인 사고방식을 받아들이기 시작했습니다. 신비로운 현상들에 의존하던 시대에서, 발전된 과학과 의학이 인간의 삶을 바꾸는 새로운 시대로 전환된 것입니다. 믿음만으로 병이 났던 시대는 지나가고, 의술이 병을 치료하는 시대가 왔습니다.

절대적이라고 믿었던 것들이 순식간에 깨어지고 뒤바뀌는 시대로 변한 것입니다. 과거에는 기도로 병을 치료하고 비를 멈추게 할 수 있다고 믿었지만, 이제는 과학을 통해 비가 오는 날을 정확히 예측할 수 있습니다. 인간은 더 이상 신의 영역에 의존하지 않고, 스스로의 힘으로 자연의 질서에 적응하며 살아가고 있습니다. 절대적인 신의 통치에서 인간이 스스로 판단하고 선택하는 시대가 되었습니다.

> **현실을 직시하고 변화하지 않으면
> 뒤처질 수밖에 없습니다.
> 오늘날의 세계에서 벌어지는 현실을
> 철저하게 분석하고,
> 나 자신과 세상에 대해 깊이 이해해야 합니다.**

현상 유지에 만족하고 안일하게 살아간다면, 그것은 이미 뒤처지고 있는 것입니다. 세상은 빠르게 변하고 있으며, 심지어 그 변화의 속도는 체감하기 어려울 정도로 빨라지고 있습니다.

대한민국의 BTS를 보십시오. 유튜브를 통해 전 세계를 놀라게 한 이들은, 기존의 언론과 방송국을 통하지 않고 직접 팬들과 소통하며 세계적인 스타로 성장했습니다. 과거에는 상상도 할 수 없었던 일이었지만, 이제는 현실이 되었습니다. 만들어진 스타로 대중에게 다가간 것이 아니라 스타로 만들어지는 과정에서 팬들과 함께 성장했습니다. 상상도 못 했던 방식입니다.

구글(Google) 같은 기업은 파는 물건도 없이, 공장도 없이 당당하게 세계 최고의 기업이 되었습니다. 광고도 안 하는데 어떻게 돈을 벌었을까요? 고객들이 스스로 찾아 들어오게 만든 것입니다. 우리나라가 도입할지 고민했던 우버 택시(Uber Taxi)는 2009년 시작한 지 8년 만에 80조 가치의 기업이 되었습니다. 말도 안 되는 일이 벌어진 것입니다. 방 한 칸도 가지고 있지 않은 에어비앤비(Airbnb)는 기존의 호텔 제국을 무너트리고 수십조 기업이 되었습니다. 예전의 방식으로는 도저히 상상할 수 없는 일이 일어나고 있습니다. 혁명과도 같은 문명의 교체는 이미 시작되었습니다.

은행도 마찬가지입니다. 텔레뱅킹과 인터넷뱅킹의 도입으로 지점이 폐쇄되고, 수익은 더 증가했습니다. 카카오뱅크와 같은 디지털 은행은 지점 없이도 막강한 성장을 이루었습니다. 중국은 이미 현금을 사용하지 않는 사회로 변화하고 있습니다. 혁명과 같은 변화가 매년,

매달, 매일 일어나고 있습니다.

이런 세상에서 자녀들의 진로를 예측하고 조언하는 것이 가능할까요? 그들은 우리와는 전혀 다른 세상에서 살아가고 있습니다. 겉모습은 닮았지만, 생각과 행동 그리고 사고방식은 완전히 다릅니다. 스마트폰을 쥐고 태어난 그들은 '포노 사피엔스(Phono Sapiens)'로 불리는 신인류입니다. 그들의 미래를 통제하려 하기보다는, 그들이 스스로 선택하고 도전할 수 있도록 지지해야 합니다.

> 새로운 시대에 맞는 행동을 할 수 없다면,
> 새로운 시대에 맞는
> 사고방식이라도 갖춰야 합니다.
> 뇌가 굳어 변화를 감지하지 못하고
> 자신이 속해있는 현실을 인지하지 못한다면
> 기존에 가지고 있던 기준이라도 깨야 합니다.

이 세상은 기준이 깨어진 세상이 되었습니다. 기

존에 있는 기준에 맞추어 살지 말고, 세상의 흐름에 맞추어야 합니다. 예전에 살던 방식대로 살면 여름에 솜바지를 입는 것이나 마찬가지입니다. 나에 대해 알기 위해서 기존에 자신이 자신에게 가지고 있던 개념을 깨고, 세상을 알기 위해서 기존에 자신을 지배했던 기준들을 내려놔야 합니다. 편안하게 현재 자리를 지키고 현상 유지나 하려는 안일한 생각을 한다면 유지하기는커녕 그 자리에서 침몰하게 될 것입니다. 사방팔방에서 빌딩을 짓는데 자신은 옛날 초가집이 좋다고 살고 있으면 나중에는 햇빛조차 받을 수 없는 음지에서 살게 됩니다.

자신의 관념을 깰 줄 아는 사람은 자신을 어디에도 매이게 하지 않습니다. 언제든지 떠날 준비가 되어있는 사람은 부당한 대우를 받았을 때 인격적 모욕감에 머물러 있지 않습니다. 남녀가 서로 사귀더라도 상대가 영원히 변치 않는다고 믿는 사람은 상대가 떠나가면 큰 상처를 받습니다. 그러나 사람은 언제든지 변할 수 있다고 생각하는 사람은 물이 흘러가듯이 흘려보냅니다. 또 다른 인연이 있음을 알기 때문에 자연스럽게 보냅니다.

이 세상에는 나의 마음에 딱 맞게 맞추어 살아줄 사람은 한 사람도 없습니다. 내가 인형이 되어주든지 상대가 인형이 되어 살아주지 않는 한 그런 일은 절대로 일어나지 않습니다. 회사는 내 머리카락 수처럼 많지만 나에게 딱 맞는 회사는 없습니다. 세상은 넓고 일도 많고 회사도 많고 강물이 흘러가듯이 돈도 기회도 인연도 많이 흘러 다닙니다. 다양한 세상이 온 것을 알아야 합니다. 나와 세상을 철저하게 분석하고 인식하고 대처하지 못한다면 내일의 삶은 오늘의 삶보다 현저하게 떨어질 수밖에 없습니다.

오늘은 어제와 완전히 다른 새로운 날입니다.

05. 중년의 사춘기

나를 위한 전환점

◆ 계획대로 되지 않는 일에
집착하지 말고,
지나간 인생 후회하고 낙심하지 말고,
남은 인생 쉬운 일부터 시작해 보세요.

 백세시대가 온다고 하더니 이미 백세시대가 되었습니다. 우리나라 100세 노인의 2021년 통계를 보면 7,900명이라고 합니다. 제가 어렸을 때는 60세 어른들도 보기 힘들었는데 지금은 70세가 노인정에서 커피 심부름하는 막내가 되었습니다.

 수명이 길어지면서 우리는 자동으로 두 번째 기회를 부여받았습니다. 중년의 나이에 우리는 새로운 종류의 사춘기를 다시 맞이하고 있습니다. 새로운 기회를 한 번 더 갖는다는 것은 분명히 축복입니다. 그러나 어떤 사람에게는 축복이지만 어떤 사람에게는 재앙이 됩니다. 이 시대는 10대의 사춘기 한 번으로 끝나는 것이 아닙니다. 백세시대가 되어 50세면 반평생 살았으니 새로운 사춘기가 되는 것입니다. 그동안 살아온 경험을 바탕으로 더 멋진 인생을 설계할 수 있는 좋은 나이입니다. 50대에도 10대 사춘기처럼 갈 길을 찾지 못하고 방황한다면 참담한 인생 말년을 보내게 됩니다.

명리학에서 가장 좋은 운은 초년 운보다 말년 운이 좋아야 한다고 합니다. 명리학은 인간은 항상 변한다는 것을 가정하고 있으며 운명 지어진 것이 아니라고 말하고 있습니다. 운명은 내가 만드는 것이지 확정 지어진 것이 아닙니다.

부모를 모시고 부양하던 우리와 달리, 우리는 자녀들에게 그런 것을 기대할 수 없는 시대가 되었습니다. 당연시하며 살아왔던 우리의 생각과 전혀 다른 자녀를 만나게 된 것입니다. 자녀에게 의지하고 자녀에게 노후를 맡기는 시대는 끝났습니다. 내 몸은 내가 챙겨야 하는 시대입니다. 자녀에게 병원 간다고 전화하면 자녀가 부담스러워하고 병원에 갔다 왔다고 해야 좋아하는 세상이 되었습니다. 자녀가 병원에 모시고 가기 싫어하는 것이 아닙니다. 그들도 먹고살기에 바쁘니 못 가는 것입니다. 자녀를 불편하게 할 것 없이 병원에 혼자 가는 방법을 찾아야 합니다. 오래 살다 보면 모두가 겪는 일입니다.

부모 세대는 은퇴 후 5년 정도 살다가 돌아가셨지만, 지금은 짧게 잡아도 20년 이상을 더 살아야 하니 노후를 더 많이 준비해야 하는 시대에 우리는 살고 있습니다. 세상이 급변하면서 점점 예상치 못한 방향으로 가고 있는 자녀들에게 기대하는 것이 무의미해졌습니다. 진리도 물리학도 바뀌는 세상입니다. 자녀들의 생각이 나와 다른 것은 당연합니다.

예전에는 국가에 대한 충성과 부모에 대한 효도를 중시하였습니다. 이제는 그런 단어조차 들을 수가 없습니다. 이제는 효도의 개념도 달라졌습니다. 그저 자녀를 기대하고 바라보는 것보다 더 어리석은 일은 없습니다. 더 이상 자녀에게 미련을 두지 말고, 자신을 스스로 돌봐야 합니다. 부모들의 가장 큰 부담은 자녀입니다. 자식을 키우고 가르치고 투자하는 것은 맞지만 자식에게 올인하는 것만큼 어리석은 것은 없습니다. 자식이 어느 정도 크면 자신에게 투자하는 것입니다. 길어진 인생을 어떻게 살 것인가 현실적인 고민을 해야 합니다.

'자신을 돌아보고 앞으로 무엇을 하며 무엇을 먹고 어떻게 살아야 할 것인가?', '내가 아플 때 혼자됐을 때 돈이 없으면 어떻게 살 것인가?', '준비된 것이 없다면 지금부터라도 무엇을 준비해야 하는가?' 이런 질문에 당장 대답할 수 있는 사람이 몇이나 될까요?

나이가 오십이 넘어서도 자식 걱정으로 머리가 꽉 차 있고 이상에만 갇혀있다면, 이는 정말 큰 문제입니다. 한 푼이라도 더 벌어서 자식에게 남겨 주려는 생각은 완전히 버려야 합니다. 자신을 위해서 살아야 합니다. 남은 인생을 생각해야 합니다. 자식에게 재산을 남겨주기보다 성실하고 근면한 정신을 심어주는 것이 낫습니다. 고기를 잡아서 주는 것보다 고기 잡는 법을 가르쳐 주는 것이 자식에게 더 유익합니다.

    재산은 자신을 위해서 깔끔하게 쓰고 떠나는 것이 좋습니다. 천하보다 귀한 자신에게 좋은 옷, 좋은 음식, 좋은 것을 보여주어야 하지 않겠습니까? 지금 입고 있는 옷, 먹는 음식, 지금 앉아 있는 자리를 한 번 바라보세요. 가진 것이 있다면 평생 수고한 나 자신을 위해 시원하게 써보세요. 형편이 된다면 주름진 얼굴에 좋은 화장품도 발라주고, 평생 일하느라 고생한 몸에게 좋은 것도 먹이고, 좋은 옷도 입혀주세요. 손만으로는 부족해 발까지 손이 되도록 살아온 자신을 위해 좋은 차도 태워줘 보십시오. 어설프게 재산을 남겨 주었다가는 오히려 자녀 간에 분쟁만 남겨주는 꼴이 됩니다.

> **이제는 자신의 문제를
> 깊이 생각해야 할 때입니다.
> 우리는 생각보다 더 많은 시간을
> 살아가야 할 것이기 때문입니다.**

지금껏 열심히 살아온 자신에게 휴가도 주어야 합니다. 마치 어릴 적 사춘기처럼, 숙제를 마치고 친구들과 신나게 뛰어놀던 그 마음처럼 여생을 즐겁게 살아가야 합니다. 스스로를 돌아보고 앞으로의 시간을 어떻게 살아갈지 자신에게 질문을 던져보세요. 사춘기 아이들이 부모를 의식하지 않듯, 이제 자식 걱정은 내려놓고 오롯이 자신을 더 생각해야 합니다.

아이들이 독립하면 자신은 노후를 어떻게 보낼지, 직장을 다시 구해야 할지, 언제까지 살 수 있을지 등 수많은 질문이 머릿속을 맴돕니다. 하지만 이러한 고민은 누구에게나 찾아오는 자연스러운 과정입니다.

과거에 누군가의 부모로서, 배우자로서, 또 자식으로서 살아왔다면 이제는 자신을 위한 투자를 시작할 때입니다. 그동안은 가족을 위해 사느라 정작 자신을 돌아볼 여유가 없었을지도 모릅니다. 자식에게 모든 것을 걸고 기대하기보다는 자신을 위한 새로운 목표를 세워야 합니다. 자식이 우리 생각대로 되지 않았고, 배우자도, 심지어 자신조차도 마음대로 되지 않았던 것처럼 앞으로도 모든 것이 내 뜻대로만 흘러가지는 않을 것입니다.

자식도, 부모도, 부부도 서로 기대고 의지하는 시대가 아니라 각자 독립체로 살아가는 시대가 왔습니다. 자식도 부모에게 기대지 말고, 부모를 놓아주어야 합니다. 지금까지 키워주셨으니 이제 자신의 인생을 살아가야 합니다. 이제 서로 내려놓아야 합니다. 어떤 동물도 자식을 10년 20년 먹여주고 재워주고 키워주지 않습니다. 부모는 자식에게 기대하지 말고, 자녀들도 부모에게 기대하지 말고, 서로 자신의 길을 걸어가야 합니다.

자신에게 남은 삶을 떠올려보세요. 예전에는 평생 살면서 사춘기를 한 번만 겪고 끝이 났습니다. 그런데 이제 이 시대는 오래 살다 보니 또 한 번 봄을 맞이하게 된 것입니다. 시대를 잘 만나서 봄을 한 번 더 맞을 기회가 온 것입니다. 끝난 줄 알았던 기회가 온 것입니다. 봄이 되면 모든 만물이 생동감 있게 솟아오르듯이, 우리도 인생 다 갔다며 잊고 포기하고 있었던 꿈을 다시 생각해 내야 합니다. 하고 싶었던 것을 할 수 있는 기회가 다시 주어진 것입니다.

한 가정의 주부로만 살기에는 인생이 너무 허무하지 않습니까? 신께서 우리의 생명을 연장해 준 것은 일찍 죽는 것이 너무나 허무하기 때문이 아닐까요? 생명의 연장은 신의 축복이지만, 잘 준비하지 않으면 화가 될 수도 있습니다. 이제는 남은 시간을 남이 아닌 나를 위해 써야 할 때입니다.

삶이 계획대로 되지 않는 경우가 많습니다. 하루의 일조차 마음대로 되지 않는 것이 인생입니다.

계획대로 되지 않는 일에 집착하지 말고,
지나간 인생 후회하고 낙심하지 말고,
남은 인생 쉬운 일부터 시작해 보세요.

남은 인생은 자신을 위해 투자해야 합니다. 나이

탓, 자식 탓, 환경 탓하지 마세요. 지금이 최고의 기회임을 인식해야 합니다. 할 것이 없습니까? 지금 당장 밖으로 나가서 걸어보십시오. 기분부터 좋아집니다.

나이 먹었다고 실망하거나 포기할 것 없습니다. 나이 먹으니 좋은 것도 많습니다. 대중교통, 극장, 입장료 다 깎아줍니다. 늙었으니 젊었을 때처럼 일 안 해도 욕할 사람 없습니다. 나이 먹은 사람들이 네 가지만 조심하면 욕 안 먹습니다.

첫째, 입을 다물 것. 둘째, 나이 먹은 티 내지 말 것. 셋째, 자녀들이 하는 일이 잘 되든 안 되든 충고하지 말 것. 넷째, 자기 몸으로 내 힘으로 할 것은 시키지 말고, 자신이 직접 할 것.

손자·손녀가 있어도 물 떠오라고 하지 말고 조용히 일어나 자신이 떠다 드세요. 누구에게든지 기대지 않고 스스로 하면 나를 싫어하지 않습니다. 이것만 지켜도 꼰대 소리 안 듣습니다.

지금까지 살아온 경험은 큰 힘이 되고 큰 자본입니다. 작은 돈이라도 자신을 위해 사용해야 합니다. 시작이 반이라는 말처럼 자신을 위한 새로운 시작을 두려워하지 마세요. 걷고 운동하고 일 있으면 일하는데 손해 볼 것 없지 않습니까? 구원이 따로 없습니다. 일이 구원이고, 행동이 구원입니다.

자신을 위해 배우고 싶은 것을 배우고, 하고 싶은 것을 하십시오. 우리의 인생은 아직 많이 남아 있습니다. 지금 시작하지 못하는 사람은 인생이 얼마 남지 않았다고 늦었다고 생각하기 때문입니다.

언제 시작할지 망설이지 마세요. 지금 바로 시작하면 됩니다.

06 스스로 하는 것만큼 강력한 것은 없다

실천의 힘

◼ 자신에게 맞는 삶의 길을 찾고
스스로 그 길을 걸어가야만,
진정으로 아름다운 인생을 만들 수 있습니다.
진짜 인생을 사는 겁니다.

 많은 사람이 훌륭한 지도자는 동기부여를 하는 사람이라고 말합니다. 하지만 동기부여를 제대로 할 수 있는 사람이 과연 얼마나 있을까요? 동기부여를 위해 가정, 학교, 교회, 직장 등 곳곳에서 가르침과 잔소리와 교육이 이루어지고 있습니다. 아무도 게으르게 살라고 가르치지 않습니다. 공부하지 말라고, 내키는 대로 막 살라고 하는 사람은 없습니다. 모든 부모와 성직자, 선생님들이 성실히 노력하고 성공하라고 가르칩니다.

 성공을 위한 책들이 지금도 수없이 쏟아져 나옵니다. 그런데 그 유명하다는 책을 읽고 실제로 성공한 사람은 거의 없습니다. 왜일까요? 그 이유는 성공한 사람과 환경이 다르고 시대도 다르기 때문입니다. 아프리카에서 스티브 잡스의 책을 읽고 스티브 잡스처럼 생각한다고 성공하지 못합니다. 스티브 잡스는 미국에서 그에게 맞는 환경이 있었기 때문에 가능했던 것입니다. 또 하나 이유를 들자면 단순히 책을 읽고 끝났기 때문입니다. 책을 읽고 감명받아 결심하고 동감하지만, 저자와 환경이 다르고 실력이 다르고, 실천하지 않았기 때문입니다.

배우고 실천하지 않는 사람은 배우지 않은 사람이나 마찬가지입니다. 면허증 따고 나서 운전 안 하면 운전 못 하는 것이나 마찬가지입니다. 만권의 책을 읽고 실천하지 않는다면 만권의 책을 읽은들 무슨 소용이 있겠습니까? 마치 만권의 책을 짊어지고 사는 것이나 마찬가지입니다. 실천하지 않고 읽기만 하면 아는 것은 많아서 머리는 더 복잡해지고 말만 많아집니다.

성공한 사람들이 책만 읽고 성공한 것은 아닙니다. 그들은 책에서 얻은 지식을 바탕으로 자신만의 방법과 환경, 길을 찾아 실천했습니다. 오늘 강의를 듣는다고 해서 바로 깨우치고 변하는 것이 아닙니다. 듣고 실천하지 않으면 아무런 유익이 없습니다. 이는 시간 낭비일 뿐입니다. 심지어 책을 읽으면서 자신이 성공을 위해서 노력하고 있다고 착각합니다. 책을 읽고 그 말에 끄덕이며 동조하는 행위를 실천이라 여기기 때문입니다.

> **자신에게 맞는 삶의 길을 찾고**
> **스스로 그 길을 걸어가야만,**
> **진정으로 아름다운 인생을 만들 수 있습니다.**
> **진짜 인생을 사는 겁니다.**

인간은 겉으로 드러난 것만으로는 알 수 없습니다. 교회에 열심히 출석한다고 해서 신앙의 깊이를 판단할 수 없고, 화려한 스펙만으로 사람의 진심을 알 수 없습니다. 보이는 것 뒤에 있는 진실을 볼 수 있는 능력을 가진 사람이 진정으로 복된 사람입니다. 비싼 옷을 입은 사람과 값싼 옷을 입은 사람을 겉모습만으로 판단할 수 없습니다. 옷 안에 감춰진 사상·실력·진정성을 볼 수 있어야 합니다.

표면만 보고 판단하지 말고, 늘 그 이면을 보려고 노력해야 합니다. 물건도 포장지만 보고 결정하는 게 아니라, 흔들어보고 들어보고 냄새 맡아보며 무게를 가늠해 보면 어느 정도 판단이 서듯이, 타인도 겉모습과 말만 믿지 말고 이리저리 살펴봐야 합니다. 사람과 사귈 때는 말과 행동이 일치하는지, 약속을 지키는지, 타인을 무시하지 않는지, 마음의 여유가 있는지를 살펴야 합니다. 내 인생도 마찬가지로 곰곰이 생각하고 고민하며 살아야 합니다.

사람은 자신이 잘돼야 여유가 생기고, 다른 사람을 바라볼 수 있습니다. 내가 배고파 죽을 지경인데 남의 허기를 걱정하기는 어렵습니다. 도와줄 수도 없습니다. 자신의 상황이 여유로워야 타인의 상황을 이해하고 도울 수 있습니다. 그렇기에 우리는 먼저 자신의 삶을 단단히 세운 뒤에야 다른 사람을 도울 수 있습니다.

세상에 알려진 성공학 책에 소개된 인물을 유심히 살펴보십시오. 그들에게서 공통점이 보이십니까?

자신이 좋아서 스스로 했다는 점입니다. 스스로 하는 능력만큼 강력한 것은 없습니다. 자발적인 움직임은 자립성과 독립성을 증진시킵니다. 이는 타인의 시선이나 의견에 의존하지 않고 자신의 삶을 스스로 관리할 수 있는 힘입니다. 독립적인 사람은 자신이 필요한 것을 알고 그것을 충족시킵니다. 스스로 판단하고 선택하며 그 결정을 책임지는 삶은 자율성과 자존감을 높여 만족한 삶으로 이끕니다.

우리의 문제는 두 가지뿐입니다.
첫째, 내가 원하는 것을 실천하고 있는가.
둘째, 아니면 계속 생각만 하며
세월을 보내고 있는가.

나의 삶, 나의 정신, 나의 사랑, 나의 지식, 나의 실천이 어제와 다르게 변화하고 있습니까? 만약 변화로 이어지지 못한다면, 그것은 배움이 부족해서가 아니라 실천력이 부족하기 때문입니다. 실천력은 하고자 하는 강력한 의지에서 나옵니다. 지금 부족한 것은 가르침이나 지식이 아닙니다. 생각은 움직임이 동반될 때 결과를 만들어 냅니다. 인생은 상상이 아니라 실천이며, 현장에서 이루어집니다.

07

욕망의 흑과 백

◆ 욕망을 다스린다는 것은
더 큰 것을 얻기 위함입니다.
벼룩과 개구리는 더 멀리 뛰기 위해
몸을 최대한 움츠립니다.
활시위도 뒤로 많이 당길수록
화살이 멀리 날아갑니다.

    인류에게는 수없이 많은 스승이 있었습니다. 4대 성인이라 불리는 소크라테스, 공자, 석가모니, 예수님 외에도 수많은 철학자가 인간이 가야 할 방향을 제시했습니다. 오늘도 많은 사람이 어떻게 살아야 최고의 삶을 사는 것인지 고민합니다.

    노자는 "최고의 선(善)은 물과 같다."라고 말하며, 물처럼 낮은 자세로 살아가라고 가르쳐줍니다. 물은 만물을 이롭게 하나 다투지 않으며, 낮은 곳으로 향합니다. '물이 생명이다.'라는 말처럼 인간은 물 없이 단 한 순간도 살 수 없습니다. 사람뿐 아니라 모든 생명에게 필요한 물은 흘러가다 장애물을 만나도 다투지 않고, 멈추지 않으며, 자랑하지 않고 더 낮은 곳으로 무심히 흐를 뿐입니다.

인간이 물과 사람이 다른 점이 있다면, 인간은 길을 막으면 다투고, 유익을 주면 자신을 내세우며, 높은 자리를 향해 끝없이 노력한다는 사실입니다. 인간의 역사는 투쟁의 역사라고도 합니다. 사람은 타인의 작은 실수도 용납하지 않고, 개인이든 나라든 너나 할 것 없이 더 많이 가지려고 끊임없이 경쟁하며 피곤하게 삽니다. '더 높이, 더 빨리, 더 멀리' 이 짧은 구절에서도 인간의 욕망이 보이지 않습니까? 인간만이 보이지 않는 세계를 갈망하고, 능력이 없는데도 소유하려 애씁니다. 우리는 은행 계좌에 돈을, 옷장에 옷을, 머릿속에 지식을, 마음속에 사랑과 미움을 쌓아 둡니다. 하지만 쌓아 두기만 하면 문제가 생깁니다. 다 사용하지 못하는데도 자꾸 소유하고자 합니다.

법정 스님은 "무소유란 아무것도 갖지 않는 것이 아니라 필요 없는 것을 갖지 않는 것"이라고 했습니다.

왜 인간은 필요 없이 많은 것들을 소유하려고 가장 소중한 시간을 낭비할까요? 쓰지 않고 쌓아두는 것은 결국 쓰레기입니다.

인간은 욕망덩어리입니다. 욕망을 관리하지 못하면 함정에 빠집니다. 소유하려는 욕망이 과한 사람은 쓰지 않는 물건도, 인간관계도 정리해 버리지 못하여 쓰레기 더미에 묻혀 살 듯싶습니다. 욕망을 채우면 채울수록 갈증은 커지고, 충족되지 않으면 불안·스트레스·고통을 느낍니다. 이러한 고통을 벗어나기 위해 더 소유하려 애쓰지만, 욕망에는 끝이 없습니다. 강물이 바다를 채울 수 없듯이 인간의 욕망은 채울 수 없습니다. 하고 싶은 것, 먹고 싶은 것, 갖고 싶은 것이 끝도 없이 많이 있습니다. 더 좋은 직장·집·차, 더 높은 지위·권력·평판을 갈망합니다. 욕망을 채우지 못하면 불안해하고, 집착하고, 분노하고, 무리하다 파탄에 이르기까지 합니다. 더 큰 문제는 그렇게 원하던 것을 소유하게 됐어도 타인이 더 나은 것을 가지면 다시 갈망이 시작된다는 것입니다.

그렇다면 욕망이 나쁘기만 할까요? 욕망은 우리를 계속해서 움직이는 원천입니다. 욕망이 아예 없다면 세상은 발전하지 못했을 것입니다. 문제는 욕망의 양과 질입니다. 물 없는 세상을 상상할 수 없듯, 욕망 없는 인간도 없습니다. 그러나 과도한 비는 산사태를 일으키고, 화분에 물을 너무 자주 주면 뿌리가 썩듯, 욕망이 과하면 삶을 무너뜨립니다. 인간은 왜 끝없이 욕망을 채우려 하는 걸까요? 행복해지고 싶어서일까요? 그렇다면 얼마나 가져야 진정으로 행복해질 수 있을까요? 솔직히 저 역시 이 질문에 명확한 대답을 내놓을 수 없습니다.

문제는 우리가 맹목적으로 욕망을 채우려고만 한다는 데 있습니다. 흔히들 하는 말로, 죽을 때 아무것도 가져가지 못하는데 그걸 알면서도 왜 자꾸 소유하려고 할까요? 이상하지 않습니까? 저도 이상하다고 생각합니다. 더 많이 소유한다고 과연 진정한 행복을 누릴 수 있게 되는 건지 곰곰이 생각해 볼 필요가 있습니다.

아무리 힘이 센 반려견이라도 주인이 제대로 훈

련시켜 관리한다면 산책할 때 끌려다닐 일은 없습니다. 욕망도 이와 같습니다. 인간이 욕망에서 벗어나려면, 먼저 욕망을 관리하고 제어할 수 있는 능력을 길러야 합니다. 우리는 실제로 가진 것이 부족해서 소유하고 싶은 것이 아니라, 가진 것에 만족하지 못한 채 더 크고 좋은 것으로 채우려고만 하기 때문에 욕망에 빠지게 됩니다. 그 욕망을 다스리지 못하면 욕망의 노예로 살다가 생을 마감하게 됩니다.

> **욕망을 채우는 것은
> 좁은 방 안에 계속해서
> 물건을 들이는 것과 같습니다.**

　　욕망으로 가득 찬 방에는 정작 내가 편히 앉을 자리도, 누워 쉴 공간도 없습니다. 무엇인가를 소유하고 싶은 욕구가 생길 때, 정말 필요한 것인지, 그 마음이 어디서 비롯되었는지 깊이 생각해 봐야 합니다. 남들이 가지고 있다고, 유행이라고 해서 나도 가져야겠다는 마음은 결국 자신을 망가뜨릴 뿐입니다. 내게 정말로 필요한 것인지, 아니면 그저 누군가에게 보여주기 위한 욕망인지 솔직히 따져봐야 합니다. 자신의 능력과 현실을 냉정하게 돌아보고, 욕망이 어디에서 비롯됐는지 알아야 합니다. 욕망을 잘 관리하면 가진 것에 만족하게 되고, 불안은 줄어들며, 마음에 여유가 생기고 자존감이 높아집니다.

흔히 사람들은 '소유하고 싶은 것을 갖지 못해 괴롭다.'라고 말합니다. 갖고 싶은 물건을 샀을 때 잠깐 행복할 수는 있습니다. 하지만 그것도 잠시, 곧 더 좋은 물건이 나타나 나의 욕망을 자극합니다. 20년 동안 열심히 노력해 25평 아파트를 샀는데도, 친구가 산 35평 아파트와 비교하는 순간 내 집은 초라하게 느껴지고 맙니다. 세상에는 나보다 더 많이 가진 사람, 더 많이 배운 사람, 더 멋진 사람이 수도 없이 많습니다. 그런 사람들과 나 자신을 끊임없이 비교하기 때문에 우리의 삶이 고통스럽고 불행한 것 같습니다.

하지만 때로는 타인과의 비교가 오히려 위로

가 되고 힘을 주는 경우도 있습니다. 제가 몸 상태가 좋지 않아 연습도 못 한 채 마라톤에 나간 적이 있습니다. 10km쯤 뛰었을 무렵 숨이 턱턱 막혀 포기하고 싶었습니다. 앞을 바라보니 많은 사람이 가뿐히 잘 뛰고 있었습니다. 그때 문득, 돌아가신 어머니께서 하셨던 말씀이 떠올랐습니다.

"사람은 위만 보고 살면 평생 힘들다. 아래를 보고 살면 훨씬 편안해진다." 저는 제 뒤를 바라보았습니다. 놀랍게도 제 뒤에는 앞에 가는 사람들보다 훨씬 더 많은 사람이 오만상을 찌푸리면서 힘겹게 뛰어오고 있었습니다. 순간 제 마음에 큰 위안이 되었고, 다시 힘이 났습니다. 저는 어머니의 말씀 덕에 결국 완주를 할 수 있었고, 삶의 중요한 깨달음을 얻었습니다.

가장 큰 부자는 이미 가진 것에 만족할 줄 아는 사람이라고 합니다. 자신이 가진 것에 만족하지 못하고, 더 많이 갖거나 소유 불가능한 것을 가지려 할 때 사람은 욕망의 노예가 되어 불행해집니다.

'있는 것에 만족하라.'는 말은
단순히 포기하라는 뜻이 아닙니다.
만족하는 마음이 있을 때
비로소 마음이 안정되고,
마음이 안정된 상태라야
현실과 사물을 제대로 바라볼 수 있습니다.

불안한 상태에서는 어떤 것도 제대로 보이지 않습니다. 아무리 배가 고파도 사람이 되어서 개밥을 먹을 수는 없는 일 아닙니까?

주식 투자로 돈을 벌었다는 사람들의 이야기를 듣고 있으면 나만 혼자 뒤처지고 거지 되는 것 같습니다. 아파트값이 끝도 없이 치솟으면 나 혼자만 평생 집 없이 살 것 같아 불안해집니다. 이런 때일수록 급하게 생각하면 올바른 판단을 할 수 없습니다. 투자하겠다고 무리해서 대출을 받아 자금을 영끌해서 주식을 사들이면 심각한 문제가 생길 수 있습니다. 하지만 가진 것에 만족하며 사는 사람은 편안한 마음으로 현실을 관망하기 때문에 섣불리 실수하지 않습니다.

사람들은 자신이 이미 가진 것도 잃을 수 있다는 사실을 잊고 삽니다. 굽이 닳아서 버리고 싶은 신발도 막상 쓰레기통에 던지면 맨발로 걸어야 합니다. 지금 살고 있는 작은 집, 골골거리며 겨우 굴러가는 자동차, 지금 입고 있는 옷, 당장 그만두고 싶은 직장, 내 인생에 별 도움이 안 될 것 같지만 매일 얼굴 보는 주변 사람들, 말을 안 듣고 매일 속 썩이는 자식. 이 모든 것이 사라져 버린다고 상상해 보십시오. 얼마나 끔찍한 일입니까?

> 욕망을 다스린다는 것은
> 더 큰 것을 얻기 위함입니다.
> 벼룩과 개구리는 더 멀리 뛰기 위해
> 몸을 최대한 움츠립니다.
> 활시위도 뒤로 많이 당길수록
> 화살이 멀리 날아갑니다.

가진 것을 귀하게 보기 시작하면 마음이 한결 가

벼워집니다. 이미 가진 것을 더 많이 갖기 위해 죽으라고 일하는 사람들이 우리나라에 수도 없이 많습니다. 가진 것에 감사하고 만족하면 오히려 여유롭게 더 큰 것을 얻을 수 있고, 편안한 마음으로 살 수 있습니다.

돈은 물과 같아서 한곳에 억지로 가두려 하면 둑이 터지는 사고가 일어납니다. 욕망을 채우는 데만 집중하면 결국 삶이 파괴됩니다. 집단적 욕망은 국가 간의 침략과 전쟁을 일으켰습니다. 인류의 발전이 욕망에서 시작되었지만, 이제는 그 욕망이 환경을 파괴하여 결국 인류 전체를 괴롭게 합니다.

이제 우리는 소유물을 늘리는 데 집착하는 대신, 현재 가진 것에 감사하며 그것을 소중히 여길 줄 알아야 합니다. 자신의 내적인 성장과 발전을 위해 욕망을 사용하는 사람만이 가볍게 살아갈 수 있습니다.

08 열정

삶을 주도하는 주인이 되어

🔹 지금 하고 있는 일이 어떤 일이든,
스스로 어떻게 생각하느냐에 따라
결과는 달라집니다.

'내가 왜 이렇게 살고 있는 걸까?'
'이 나이쯤이면 이보다는 훨씬 잘 살고 있을 줄 알았는데….'

혹시 이런 생각을 해 본 적 있으신가요? 그런 생각이 들면서도 여전히 시작하지 못하고 망설이는 이유는 무엇일까요? 돈과 실력이 없어서일까요? 아닙니다. 식지 않는 열정이 없기 때문입니다. 하지만 뜨거운 열정이 있다고 해서 다 되는 것도 아닙니다. 열정이 있더라도 지속성이 없으면 헛된 욕심으로 끝날 수 있습니다. 반대로 지속적인 열정은 불가능을 가능하게 만듭니다. 실력은 시간과 돈을 투자해 쌓은 결과물입니다. 열정이 있다면 얼마든지 배우고 돈을 벌며 실력을 키울 수 있습니다. 고로 성공은 하고자 하는 열정이 식지 않고 얼마나 오래 지속되느냐에 달려있습니다. 열정은 행동으로 증명됩니다. 하고 싶은 일이 있다면 시작해야 하고, 시작했다면 끝까지 해내야 합니다. 지루함을 참지 못하고, 행동이 오래가지 못한다면 어떤 것도 이룰 수 없습니다. 열정이 있으면 무엇이든지 시작할 수 있는 힘이 있습니다. 시작하는 힘, 행동의 힘이야말로 가장 큰 능력입니다.

　　장사를 해보고 싶은데 밑천이 없다면, 지금 바로 돈을 벌러 가야 합니다. 하루 일한다고 해서 되는 것이 아니라 적어도 백일은 일해봐야 합니다. 백 일 동안 빠지지 않고 일하면 돈이 모이는 가능성이 보이니 일하러 가는 것이 즐겁습니다. 아침 6시에 일어나고 싶다면, 당장 가족에게 6시에 깨워달라고 해야 합니다. 하루이틀 해서 일찍 일어나는 버릇이 들지 않습니다. 적어도 백일은 같은 시간에 일어나야 버릇이 되어 자동으로 일어나게 됩니다. 뭐든지 시작하면 백번은 해봐야 합니다. 라면도 처음에 끓이면 맛이 별로입니다. 백 봉지 끓여보면 언제 끓여도 맛있습니다. 저는 뭐든지 시작하면 백번을 해보라고 권합니다. 저마다 좋은 루틴이 몇 가지 있어야 나름대로 멋지게 살 수 있습니다.

많은 이들이 더 나은 환경이나 완벽한 상황을 기다리며 시작을 미룹니다. 하지만 완벽한 조건은 결코 오지 않습니다. 세상 어디에도 완벽해서 시작한 사람은 없습니다. 우리는 불완전한 현실 속에서도 첫걸음을 내디뎌야 합니다. 어린아이가 일어서려 할 때, 자신이 준비되었는지조차 모릅니다. 그저 일어서고자 하는 열망이 그 아이를 움직이게 하는 것입니다. 배우는 사람도 마찬가지입니다. 모르기 때문에 배우는 것이지, 다 알고 시작하는 사람은 없습니다. 시작한다고 모두 다 이루는 것은 아니지만, 원하는 것을 이루고 싶다면 오랫동안 실천하고 반복할 수 있는 힘이 꼭 필요합니다. 지루함을 견디며, 무한히 반복해 나가야 원하는 결과를 만들어 낼 수 있습니다.

누가 시켜서 하는 것은 오래가지 못합니다. 억지

로 하면 하기 싫어지고, 설령 성공하더라도 스스로 해낸 것이 아니기에 기쁨도 없습니다.

꾸준함만이 인간이 원하는 것을 얻는 유일한 길입니다. 수많은 사람이 시작은 하지만, 끝내지 못하는 이유는 꾸준히 하지 못하기 때문입니다. 꾸준히 하는 사람은 결국 모든 것을 가능케 합니다. 그 힘은 사람을 감동시키고, 예상치 못한 결과를 만들어냅니다. 사실 꾸준히 해야 한다는 걸 모르는 사람은 없습니다. 하지만 왜 우리는 작심삼일에 그치고 마는 걸까요? 지루하고, 힘들고, 끝이 보이지 않기 때문입니다. 마치 매일 아침 눈 뜨듯, 단 하루도 빠지지 않고 반복해야 하기에 견디기 어렵습니다. 그 과정이 답답하고 지겹게 느껴지는 건 당연합니다.

마라톤은 지루함의 끝판왕 운동입니다. 같은 걸음으로 42,195km를 달립니다. 끝까지 완주한 사람은 수없이 발걸음을 내디딘 사람입니다. 뭔가 이루고 싶다면 반복하는 힘이 있어야 하고 지루함을 참고 견뎌내야 합니다. 반복과 인내 없이는 어떤 결과도 만들어지지 않습니다.

후회하지 않는 인간은 없다고 합니다. 지나간 날들을 돌아보면, 얼마든지 할 수 있는데도 최선을 다하지 않고 끝까지 하지 못했기 때문입니다. 최선을 다한다는 건, 있는 힘을 다 써서 쓰러질 때까지 해보는 것입니다. 처음 시작할 때의 마음으로 끝까지 밀고 나간다면, 성공하지 않을 수 없습니다.

**지금 하고 있는 일이 어떤 일이든,
스스로 어떻게 생각하느냐에 따라
결과는 달라집니다.**

현재 주어진 일에 최선을 다할 줄 아는 사람은 어떤 일에도 그렇게 임합니다. 일이 크든 작든 상관없이 지금 맡은 일에 최선을 다하지 않는다면, 그 어떤 일도 제대로 이룰 수 없습니다.

어떤 이는 지방대를 나와 유엔에서 일하며 자신의 이름을 알렸고, 어떤 이는 장애를 안고도 철인 3종 경기를 완주했습니다. 말도 안 되는 상황에서 기적을 만든 사람들의 이야기를 우리는 이미 수도 없이 들어왔습니다. 희망을 품은 사람에게 늦은 때란 없습니다. 봄에 피는 꽃이 있고, 가을에 피는 꽃이 있습니다. 젊은 날 성공했다가 방황 끝에 요절하는 이도 있고, 환갑이 넘어 인생의 전성기를 맞이하는 이도 있습니다. 인생에는 정답이 없습니다. 우리 각자 안에는 분명 고유한 개성이 있고, 아직 숨 쉬고 있는 열정이 있습니다. 망설이지 마십시오. 기회는 늘 '지금'뿐이니 지금 바로 시작해야 할 때입니다. 그렇다면 지루하지 않고 꾸준히 할 수 있는 방법은 무엇일까요?

무엇을 하든 주인처럼 일해야 합니다. 주인처럼 일하면 지루하지 않습니다. 그리고 언젠가는 진짜 주인이 될 수 있습니다. 주인과 직원은 시계를 보는 눈부터 다릅니다. 주인은 "벌써 마감 시간인가?"하고, 직원은 "마감하려면 아직도 시간이 이렇게 남았네…"라고 합니다. 이 차이가 직장 생활을 지루하게 만들고, 삶을 힘겹다고 느끼게 합니다. 작은 일이라도 주인의 자세로 임해 보십시오.

카페 아르바이트를 하더라도, 단순히 일을 하는 게 아니라 '어떻게 하면 손님을 기분 좋게 맞이할까?', '어떻게 하면 커피를 더 정성스럽게, 청소는 더 깔끔하게, 매출은 더 많이 올릴 수 있을까?' 하는 마음으로 임해야 합니다. 단순한 아르바이트가 아니라, 카페 경영 수업이라고 생각하면 지루하지 않고 오히려 즐겁습니다.

제 아들 녀석이 학창 시절 아르바이트를 하겠다고 했을 때, 제가 해준 말이 있습니다. "편의점 아르바이트를 하더라도, 아르바이트가 아니라 주인의 입장에서 일해라. 지금 진열된 것보다 물건이 손님들 눈에 잘 띄게 바꿔보고, 인건비를 줄이면서도 매출을 올릴 수 있는 방법을 생각해 봐라. '내가 운영한다면 더 잘할 수 있겠다.'라는 마음으로 일해야 한다."

한 시간에 받는 시급만 생각하며 일하면, 그 아르바이트비가 마치 내 인생의 가치인 것처럼 느껴져 자존감이 낮아집니다. 그러나 주인처럼 일하는 사람은 자신을 성장시키고, 언젠가 반드시 주인이 됩니다. 저는 어린 시절, 건설 현장에서 막노동을 하면서도 '언젠가는 나도 건설 회사를 하고 싶다.'라는 희망을 품고 일했습니다. 결국, 저는 작지만 건설 회사도 운영해 본 사람이 되었습니다.

주인이 되고 싶다면, 먼저 주인처럼 일하십시오. 그 마음으로 살아가다 보면, 언젠가 삶은 분명 여러분을 주인으로 만들어줄 것입니다.

(09) 업그레이드의 열쇠

작은 일에 숨겨진 특별함

◆ "한가지 생각이 일어나면
갖가지 마음이 일어나고,
한가지 생각이 사라지면
갖가지 마음이 사라진다."

같은 일을 계속하다 보면, 자신이 하고 있는 일의 의미를 잊어버릴 때가 있습니다. 그래서 어떤 일을 하더라도 내가 지금 어떤 마음으로 이 일을 대하고 있는지를 자주 돌아봐야 합니다.

우리가 마주하는 대상은 거울처럼 나를 비춰주는 잣대입니다. 그것이 사람이든, 상황이든, 일이든 모두 마찬가지입니다. '지금 내가 어떤 마음으로 이 일을 마주하고 있는가?' 이 질문은 결국 나의 내면 상태를 비추는 거울입니다. 내가 하고 있는 일, 함께하는 사람, 지금 먹고 있는 음식, 입고 있는 옷, 타고 있는 차, 살아가는 집 등, 이 모든 것에 내가 어떤 태도로 대하고 있는가에 따라 인생이 달라집니다. 현재 만나는 사람에게 진심으로 잘해주고, 주어진 일은 '내 일'처럼 해야 합니다.

가장 중요한 사람은 지금 내가 마주하는 사람이고, 가장 귀한 시간은 지금 이 순간이며, 가장 맛있는 음식은 지금 먹는 음식입니다. 그리고 지금 다니는 직장이 곧 최고의 직장이라 생각하면, 삶의 태도가 달라집니다. 지금 마주한 사람에게 최선을 다해 진심으로 대해준다면, 누구와도 멋진 소통을 나눌 수 있습니다.

어느 중학교 교장 선생님으로 일하다 정년퇴직하신 분이 계셨습니다. 퇴직 후 오랜 시간 일거리를 찾던 중, 어르신들과 시간을 보내는 아르바이트를 알게 되었습니다. 직접 찾아가서 일하고 싶다고 말했지만, 너무 늙었다고 젊은 사람들을 쓰겠다고 하더랍니다. 그래서 그저 아르바이트일 뿐인데 한 번만 써달라고 했답니다. 그렇게 일을 시작하게 되었습니다. 다음날 그는 일찍 출근해 청소를 마친 뒤, 들어오는 어르신들을 밝은 얼굴로 반갑게 맞이했다고 합니다. 노래도 가르치고, 대화도 나누고, 장기도 함께 두며 온 마음을 다해 어르신들과 놀아주었답니다. 모두를 친형님 대하듯 진심을 다해 모셨다고 했습니다. 이렇게 하니 며칠 지나지 않아, 사장님이 계속 나와 달라고 부탁하더랍니다.

그 후 어르신들이 하나둘 늘어나기 시작했습니다. "새로 오신 선생님이 정말 잘 가르친다."라며 입소문이 났고, 마침내 사장님은 그에게 이곳의 운영을 맡아달라며 파격적인 제안을 했습니다.

> **자신이 어떠한 위치에 있든
> 중요하지 않습니다.
> 설령 불리해 보이는 환경이라 해도,
> 다시 치고 올라갈 길은 늘 열려 있습니다.
> 하늘에도 끝이 없듯, 성장에도 끝은 없습니다.**

그렇다면 자신을 업그레이드하는 가장 확실한 방법은 무엇일까요? 지금 하고 있는 일에 최선을 다하는 것입니다. 지금 하고 있는 일이 작은 것 같지만, 결코 작은 일이 아닙니다. 일이든 직책이든 크고 작음에 연연하지 말고, 그 일과 직책을 어떤 마음으로 대하느냐가 중요합니다.

성경 말씀에 "작은 일에 충성하였으니, 주인의 즐거움에 참여할 것"이라고 하셨습니다. 작은 일에 충성하고, 작은 약속을 잘 지키면서 지금 있는 자리에서 최선을 다해야 합니다. 성공은 최선이라는 이름 위에 세워집니다. 재능보다 먼저는 태도입니다. 우리 눈에는 별것 아닌 것처럼 보일 수 있지만, 작은 것 속에 무궁무진한 특별함이 숨겨져 있습니다.

사과는 제가 가장 좋아하는 과일입니다. 그런데 가만히 생각해 보면, 인류 문명에 가장 큰 영향을 끼친 과일도 바로 사과가 아닌가 싶습니다. 뉴턴이 사과가 떨어지는 것을 보고 만유인력의 법칙을 떠올렸고, 뉴턴 하면 사과가 먼저 떠오를 정도로 순간의 사과 하나가 법칙이 되어 역사에 길이 남았습니다.

> 우리가 마주하는 모든 것은
> 결국 우리의 마음가짐을 비추는 거울입니다.
> 무엇을 하든 어떤 마음으로 하느냐에 따라
> 인생이 달라집니다.
> 지금 내가 몸담은 현장에서
> 변화와 성장이 시작됩니다.

많은 사람이 '특별한 인생'을 찾습니다. 하지만 인생의 특별함은 특별한 순간에 있는 것이 아닙니다. 칼국수에 칼이 없고, 붕어빵에 붕어가 없듯이 특별함 속에는 특별한 것이 없습니다. 누구에게나 주어진 일상 속에 특별함이 숨어있는 법입니다.

원효대사는 더 큰 깨달음을 얻기 위해 중국으로 가던 중 밤이 늦어 산중에서 노숙을 하게 됐습니다. 자다가 심한 갈증에 깨어나 주위를 더듬다 우연히 손에 잡힌 바가지의 물을 시원하게 마셨다고 합니다. 그러나 날이 밝고 나서야 자기가 잠을 잔 곳이 움막이 아닌 무덤 속이고, 자기가 마신 물은 해골에 고인 썩은 물이었다는 사실을 알게 되었습니다. 그는 구토를 하며 충격을 받았지만, 동시에 깊은 깨달음을 얻었습니다.

> "한가지 생각이 일어나면
> 갖가지 마음이 일어나고,
> 한가지 생각이 사라지면
> 갖가지 마음이 사라진다."

같은 비를 맞아도 어떤 사람은 슬픔을 느끼고, 어떤 사람은 시원하다고 느낍니다. 비 자체가 감정을 만들어내는 것이 아니라, 자신의 마음이 그 모든 의미를 지어낸 것입니다.

일체유심조(一切唯心造)

모든 것은 마음먹기에 달렸습니다.

10

인생의 차원을 높이는 비법

🔸 말보다 실천입니다.
　열심히 실천한 뒤에 말해야 합니다.

　　어떤 상황에서도 내가 우선입니다. 부모도, 자식도, 친구도 아닙니다. 무조건 내가 먼저입니다. 비행기를 타면 비상시 산소마스크를 '자신'이 먼저 착용하라는 안내방송이 나옵니다. 자기 먼저 호흡을 유지해야 다른 사람들을 도울 수 있기 때문입니다. 이것은 이기적인 행동이 아니라, 자신과 주변의 안전을 위한 가장 합리적인 방법입니다. 자신에게 충실해야 합니다. 자신을 사랑하고 존중하며, 자신을 냉정하게 돌아보십시오. 자신을 진정 사랑하고 있습니까? 정말 존중하고 있습니까? 자신을 진심으로 귀하게 여긴다면, 함부로 말하지 않고 함부로 행동하지 않게 됩니다.

품격 있는 행동은 서야 할 자리와 앉아야 할 자리를 아는 데서 나옵니다. 정치인들이 사진 찍을 때 힘 있는 사람 옆에 서려고 경쟁하는 모습을 보면 거북할 때가 많습니다. 퍼스트 클래스를 탈 수 있는 사람이 이코노미 석에 앉으면 오히려 존경받습니다. 쉬운 일로 좋은 인상을 줄 수 있는데도, 한 계단이라도 더 올라서려고 기를 쓰기만 하니 오히려 욕을 먹습니다.

낄 때와 안 낄 때를 구분하지 못하면 환영받지 못합니다. 속이 빈 그릇일수록 소리가 요란하고, 속이 꽉 찬 사람은 조용합니다. 잘 모르는 사람이 오히려 말이 많고, 행동이 가볍습니다. 태산은 바람이 불어도 요동하지 않습니다. 앞만 보고 내달리지 말고, 좌우도 잘 봐야 합니다. 혼자만 앞서가지 않고, 함께 걷는 사람의 속도를 살피는 사람이 현명한 사람입니다. 운전도 마찬가지입니다. 앞만 보는 것이 아니라, 양옆과 뒤를 함께 살피며 조심스럽게 가는 사람이 운전 잘하는 사람입니다. 이렇듯 내가 어떻게 말과 행동을 하는지, 그 언행으로 주변에 어떤 영향을 주는지 늘 돌아봐야 합니다.

자신을 진정으로 존중하고 사랑하는 사람은 자신에 대해서 잘 압니다. 자신의 부족함 또한 잘 알기 때문에 겸손할 줄 알고, 배우려는 자세를 갖습니다. 겸손한 사람은 모르는 것을 부끄러워하지 않고, 오히려 알지 못하면서 아는 체하는 것이 부끄러운 일임을 압니다. 모르는 것을 아는 것이 배움과 변화의 출발점입니다. 자신이 부족함을 인정하고 겸손하게 배우려는 사람은 다른 사람에게도 존중받고 삽니다.

사람들은 자신에게 대략 세 가지가 없다고 한탄하기 일쑤입니다.

첫째, 못났다.
둘째, 못 배웠다.
셋째, 못 가졌다.

하지만, 이 세 가지는 마음먹기에 따라 극복할 수 있는 것들입니다. 태어난 모양새는 어찌 할 수 없지만, 잘생겼다, 못생겼다는 기준 자체가 타인이 만든 것이기 때문입니다. 비교하지 않으면 나는 작지도, 못생기지도 않습니다. 기준을 내 안에 두면, 초라해질 이유도 없습니다.

부처님은 "천상천하 유아독존(天上天下 唯我獨尊)"이라 말씀하셨습니다. 천상천하 유아독존. 하늘과 땅 위에 나 홀로 존귀한 존재라는 뜻입니다. 부처님 당신만이 존귀한 존재라는 의미일까요? 저는 '인간은 누구나 존귀한 존재'라는 뜻으로 해석하고 싶습니다. 사람 이상 귀한 존재가 있을까요? 사람이라는 이름보다 더 큰 이름이 또 있을까요? 예수님께서도 말씀하셨습니다. "사람이 만일 온 천하를 얻고도 제 목숨을 잃으면 무엇이 유익하겠느냐. 사람이 무엇으로 제 목숨과 바꾸겠느냐." 이 말씀을 깨달으면 비교의 굴레를 금세 벗어날 수 있습니다. 오랜 세월이 지난 오늘날까지도 이 말씀이 귀한 이유는, 스스로를 못나고 가난하다고 여겨 위축되는 사람에게 희망을 주기 때문입니다.

손에 잡히는 물질과 돈에만 가치를 두면 인간은

초라해집니다. 그러나 생명과 인간의 본질에 가치를 두면, 천상천하에서 가장 귀한 존재가 됩니다. 제 경우를 이야기해 볼까 합니다. 제 학력은 중학교 졸업이 전부이지만, 손에서 책을 놓아본 적이 거의 없습니다. 어릴 때는 신문 배달을 했고, 20대부터는 건설 현장에서 일했습니다. 현장 숙소 함바에서 여럿이 지낼 때도 항상 책을 읽었습니다. 어른들은 저를 보고 고시 공부하느냐고, 무슨 대학을 나왔냐고 묻곤 했습니다. 중학교 졸업이 전부라고 하면 졸업장도 안 주는데 뭣 하러 그리 책을 읽느냐고들 하셨습니다. 누가 무슨 말을 해도 저는 책을 내려놓지 않았습니다. 차를 탈 때도 책이 없으면 신문이라도 읽었습니다. 이 습관이 루틴이 되어 지금도 매일 책 한 줄은 읽습니다. 왜 그렇게 책을 읽었을까요? 무지에서 벗어나려는 최소한의 몸부림이었습니다.

대화하다 보면 사람들이 제 고향과 출신 대학을 묻곤 합니다. 중학교 졸업이 전부라 해도 잘 믿지 않습니다. 타인이 평생 연구해 적어 둔 책을 읽는 일은 농사짓지 않고도 열매를 먹는 것과 같습니다. 읽다 보니 깨달은 것이 있습니다. 배움은 학교와 책 안에만 있는 것이 아니라, 배운 것을 삶의 현장에서 실천할 때 더욱 깊어진다는 사실입니다. 철학도 종교도 머리로 아는 것보다 삶 속에서 쓰는 것이 중요합니다. 사랑을 모르는 이는 없지만, 사랑을 실천하는 이가 많지 않아서 세상이 삭막합니다. 저는 가진 것이 없었기에 돈을 어떻게 벌어야 하나 늘 고민했지만, 가르쳐 주는 이가 없었습니다. 어느 날 함께 일하던 어른이 저축하라고 조언해 주셨습니다. 20대 초반에야 처음 통장을 만들었고, 그때부터 수익의 10%를 무조건 저축했습니다. 생활비를 정해 두고, 남는 돈은 전부 저축했습니다. 일용직이라 수입이 들쭉날쭉했지만, 생활비를 못 벌면 생활비를 줄였습니다. 직장에 다니는 사람들은 보너스를 받으면 여행도 가고 외식도 하지만, 저는 야간 근무를 자처했습니다. 추가 수입이 생기거나, 노임이 올라 돈을 더 벌어도 생활비로 쓰지 않고 무조건 저축했습니다. 같이 일했던 어른 한 분은 "은행이 망해도 너는 망하지 않겠다."라고 하셨습니다. 그렇다고 인색하다는 소리는 듣지 않았습니다.

돈을 모으다 보니 돈이 물과 같다는 것을 깨달았습니다. 쓰지 않고 저축해 두기만 하면, 마른 모래가 손가락 사이로 빠지듯 새어 나갔습니다. 댐의 물도 조절 없이 가두면 둑이 터져 물이 순식간에 없어지듯이, 돈도 마찬가지입니다. 적당히 써야 사람 노릇을 하고, 돈도 달아나지 않습니다. 돈을 가장 보람 있게 쓰는 길은 사람에게 투자하는 것입니다. 자선사업이나 장학사업처럼 큰일은 아무나 할 수 없지만, 누군가에게 밥을 사고 작은 선물을 건네는 일도 충분히 기쁨을 주는 투자입니다. 돈은 많이 가진 사람도, 적게 가진 사람도 늘 부족하다고 느낍니다. 그런 돈을 아껴 타인을 위해 쓴다면 그보다 더 좋은 일은 없습니다. 사람들은 돈 때문에 세상이 불공평하다고 하지만, 사실 돈만큼 공평한 것도 없습니다. 부자가 10달러짜리 햄버거를 주문해도 부자니까 돈을 더 내라고 하지 않고, 가난한 사람이 주문해도 불쌍하니 절반만 내라 하지 않습니다.

누구든 똑같이 10달러를 냅니다. 돈은 신이 쓰든 인간이 쓰든 가치가 동일합니다. 돈을 어떻게 써야 할지

고민된다면, 자기 주머니 사정에 맞게 쓰면 됩니다. 자기 주머니 사정은 자신만이 압니다. 가진 돈을 생각하지 않고 체면 때문에 무리하게 써버리면 거덜 나고, 반대로 지나치게 아끼면 인색하다고 손절당합니다. 감정에 휩쓸리지 말고, 냉정하게 형편에 맞춰 쓰고, 없으면 안 쓰면 됩니다.

**내가 어떻게 생각하느냐에 따라
나 자신이 만들어집니다.**

타인의 평가에 신경 쓸 필요는 없습니다. 하루의 10%, 즉 2시간 24분 만이라도 자신에게 투자해 보십시오. 운동하고 책을 읽으며 몇 달만 꾸준히 이어 가면, 삶이 달라지는 것을 몸으로 느낄 수 있습니다. 1년만 해보십시오. 상상하지 못한 세계가 펼쳐집니다. 우리가 미디어에서 접하는 많은 성공인은 바로 이것을 해낸 사람들일 겁니다. 하루에 7시간, 10시간, 15시간씩 수년 혹은 수십 년을 투자해 모두가 우러러보는 결과물을 만들어 낸 것입니다.

전설의 복서 무하마드 알리는 윗몸일으키기를 할 때 "고통을 느끼기 전까지는 숫자를 세지 않는다. 아프기 시작하면 숫자를 센다."라고 했습니다. 아프기 시작한 뒤부터 세는 횟수가 진짜 훈련이라는 뜻입니다. 열심히 한다는 것은 이렇게 고통 이후에도 계속하는 것입니다. 누구든지 열심히 하는 사람을 이길 수 없습니다. 어떤 일을 두고 불가능하다고 생각하는 직원들에게 정주영 회장은 "해봤어?" 하고 질문했다고 합니다. '한번 해봤느냐.'라고 물어본 것이 아닐 겁니다. '수백 번 해봤느냐.'라는 질문일 겁니다. 말보다 실천입니다. 열심히 실천한 뒤에 말해야 합니다. 시간이 없다고 말하면 안 됩니다. 시간은 내면 되고, 돈은 벌면 되고, 모르면 배우면 됩니다. 배운 것을 실천하지 않으면, 배운 것이 아닙니다.

**인간은 자기 생각대로 만들어지니,
생각의 힘을 믿고 반복해서 실천해야 합니다.
여기서 중요한 것은
무엇이 내게 가장 필요한 것인지
선택하고 집중하는 일입니다.**

10

　　우리는 모든 것을 할 수는 없습니다. 시간은 한정적이고 할 것은 많습니다. 그렇기 때문에 가장 필요한 것을 먼저 선택하고 집중해야 합니다. 하나를 하더라도 완성도를 높이고, 끝까지 멋지게 마무리해야 합니다. 잘 못해도 포기하지 말고, 꾸준하게 반복해서 하면 됩니다. 무슨 일이든 하면 할수록 늘기 때문입니다. 처음 자전거를 탔을 때의 두려움을 기억하십니까? 처음 자동차 운전대를 잡았을 때를 기억하십니까? 처음에만 그렇지 조금씩 반복하다 보면 감이 생기고 요령이 생깁니다. 점차 무의식적으로 핸들을 돌리고, 주차공식을 생각하지 않아도 주차를 합니다. 수학 문제도 자꾸 풀다 보면 틀린 답과 맞는 답인지 보입니다. 내가 잘하고 있는 건지 잘 안되고 있는 건지 바로 느낌이 옵니다. 자꾸 하다 보니 시간이 지날수록 완성도가 올라가는 겁니다. 넘어지지 않는 것이 중요한 게 아니라 넘어져도 다시 일어나 걷는 것이 중요합니다. 계속 운동하다 보면, 운동 시간을 잊어도 몸이 먼저 운동하러 나가게 됩니다. 이것이 반복의 힘입니다.

**삶에는 연습이 없고, 정해진 답도 없습니다.
내가 주인인 만큼, 하고 싶은 일이 있다면
그냥 지금 바로 실천하면 됩니다.
스스로에게 물어보십시오.
'이렇게 살다가 죽어도 괜찮은가?'**

이대로 살다가 죽어도 좋다면 계속 가면 됩니다. 하지만 이렇게 살다가 죽는 것이 아쉽고 억울하면 지금 당장 실천하십시오. 못난 것, 못 배운 것, 못 가진 지옥에서 벗어날 수 있습니다.

11

소통의 본질

◆ 둘이 만나 하나를 이루는 것이 아니라,
서로를 인정한 두 독립된 존재가
상호작용을 하며 함께 살아가는 것입니다.

2021년 통계청에 따르면 우리나라 혼인 건수는 193,000건, 이혼 건수는 101,700건입니다. 결혼한 절반이 이혼하는 셈입니다. 이혼 사유로는 단연 '성격 차이'가 압도적 1위입니다. 결국 소통의 문제입니다. 서로의 감정과 생각을 제대로 전하지 못하면 오해와 갈등이 쌓입니다. 시간이 흐를수록 응어리가 커져, 관계는 돌이키기 어려워집니다. 대화를 통해 서로에 대한 이해를 높여가야 하는데, 오히려 자기주장만 내세우다 참지 못하고 화를 내니, 결국 파국으로 끝나 버립니다. 비슷하거나 같은 생각을 하는 사람들끼리 모이는 것을 유유상종이라고 합니다. 생각과 스타일이 비슷한 사람을 만나야 대화가 편하지만, 다른 사람과는 쉽지 않으니 소통이 잘 되는 사람들끼리 자연스레 뭉쳐지게 되는 겁니다. 그런데 기묘한 것은 소통이 가장 어려운 대상이 정작 자신과 가장 가까운 배우자와 자식이라는 점입니다. 왜 소통이 안 되는 걸까요? 사랑해서 만나고도 왜 헤어질까요? 그 이유는 서로에게 기대하기 때문입니다. 결혼하면 상대가 변치 않고 사랑해 주고 잘 해줄 것이라 기대합니다. 변하지 않을 사랑이 그토록 쉽다면 얼마나 좋겠습니까?

결혼 사유는 사람마다 다릅니다. 사랑, 중매, 결혼정보회사, 소개팅, 우연한 만남 등 각양각색입니다. 과연 정말 사랑해서 결혼했던 걸까요, 아니면 사랑한다는 착각으로 결혼했던 걸까요? 한번 깊이 생각해 봐야 합니다. 누군가는 상대의 스펙이나 가문을 보고, 누군가는 외로움에서 벗어나기 위해, 누군가는 현실 도피를 위해, 심지어는 신분 세탁을 위해 사랑을 꿈꿨을지도 모릅니다. 정말 사랑으로 결혼했다면, 사랑의 본질을 다시 떠올려야 합니다. 예수님은 사랑에 대해서 다음과 같이 말씀하셨습니다. "사랑은 오래 참고, 온유하며, 투기하지 않고, 자랑하지 않으며, 교만하지 않고, 무례히 행동하지 않으며, 쉽게 성내지 않고, 악한 생각을 품지 않고, 불의를 기뻐하지 않으며, 모든 것을 참으며…" 사실 아직도 몇 가지가 더 남았습니다. 여기까지만 들어도 사랑이 얼마나 힘든 일인지 깨닫게 됩니다.

우리는 깊은 사랑의 본질을 잘 모르기 때문에, 쉽게 사랑한다고 말하는 걸지도 모릅니다. 한 가지 분명한 건, 그 누구도 내 기대만큼 변치 않는 사랑을 주지 못한다는 점입니다. 그럴 수 있는 사람은 세상에 한 명도 없습니다. 왜일까요? 자신은 충분히 사랑해 주지 않으면서, 상대에게는 기대하기 때문입니다. 나 역시 상대가 기대한 만큼 잘해주지 못했는데, 상대에게만 큰 기대를 걸어 두니 실망도 클 수밖에 없습니다. 사랑받고 싶다면 먼저 사랑해야 합니다. 사랑하지 않았다면 애초에 기대하지 말아야 실망도 없습니다. 사랑은 은행 통장과 같습니다. 저축하지 않고는 찾을 돈이 없듯, 예치 없는 기대는 낙심만 남깁니다. 사람이 큰 기대를 품은 까닭은, 자신이 베푼 일은 크게 기억하면서 받은 은혜는 쉽게 잊어버리기 때문입니다. '받은 은혜는 물에 새기고, 준 은혜는 돌에 새긴다.'라는 말까지 생겨났을 정도입니다. 욕심을 버리지 못하고 끝없이 더 채우려 합니다. 심지 않은 밭에서 거두려 하고, 투자한 것보다 더 많은 것을 바라니 갈등이 생길 따름입니다. 부부·자식·친구 사이의 사랑과 우정도 주고받음이 있어야 합니다. 오고 가는 게 없이 한쪽만 주는 사랑은 짝사랑입니다. 짝사랑은 오래가기 어렵습니다. 서로 기대만 품은 채 만났으니, 기대에 어긋날 때 실망하고 헤어질 수밖에 없습니다.

> 인간은 기대에 의지해 사는 존재가 아니라,
> 홀로 살아가는 존재입니다.
> 둘이 만나 하나를 이루는 것이 아니라,
> 서로를 인정한 두 독립된 존재가
> 상호작용을 하며 함께 살아가는 것입니다.

마치 주권 국가가 협력하면서도 독립성을 유지하듯 말입니다. 따라서 상대에게 기대하지 않는 방법은 자신을 믿고 자신에게 의지하며 사는 방법입니다. 상대에게 무언가를 바라려면 먼저 내가 씨를 뿌려야 합니다. 베풀지 않고 거두기를 기대하는 것은 헛된 기대입니다. 게다가 인간은 받은 만큼 돌려줄 것이라는 보장도 없습니다. 오히려 더 달라고 할 수도 있는 것이 인간입니다.

인간의 본성을 이해하면, 실망도 기대도 줄어듭니다. 처음 만날 때는 서로 좋은 면만 드러내며 자신이 원하고 기대하는 것을 감춘 채 신사처럼 굴지만, 시간이 지나면 본래 성격과 욕망이 드러나 헤어지는 경우도 생깁니다. 성격 차이라고들 하는데 정말 성격이 변한 걸까요? 사람 성격은 쉽게 변하지 않습니다. 본래 그런 성격을 가진 사람들이 만났던 것입니다. 생각과 스타일이 똑같은 사람은 세상에 없습니다. 만약 두 사람이 똑같다면 둘 다 인형일 것입니다. 대개 두 사람의 성격이 같으면 잘 맞는다고 생각하지만 저는 오히려 성향의 차이가 균형을 이룬다고 생각합니다. 부부가 둘 다 씀씀이가 크면 가계가 기울고, 둘 다 인색하면 집안이 메말라 버립니다.

**사람은
각자 고유한 생각과 가치관이 있습니다.**

> 상대방을 자기식으로 바꾸려 하기보다,
> 서로 다름을 인정하고 존중해야 합니다.
> 내 것을 인정받고 싶다면,
> 먼저 상대 것을 인정해야 합니다.

    상대가 나에게 맞추어 변해 주길 바라는 것은 봄에 겨울이 오기를 바라는 격입니다. 정작 자신도 배우자에게 맞추지 못하면서 배우자에게만 변화를 요구할 수는 없습니다. 사람은 스스로 품은 결심조차 사흘을 못 간다고 하여 '작심삼일'이라는 말이 생겼습니다. "오늘부터 운동하겠다, 살을 빼겠다, 공부하겠다, 약속을 지키겠다…." 스스로와 맺은 약속도 수없이 어기는데, 어떻게 타인을 바꿀 수 있겠습니까? 자신도 자기를 마음대로 못 하지 않습니까? 원하는 것을 이루려면 마음과 몸을 단련해, 생각대로 몸을 움직일 수 있도록 훈련해야 합니다.

    예수님도 제자들에게 함께 기도하자고 하셨지만, 제자들은 모두 잠을 잤습니다. 그것을 보시고 예수님은 "마음은 원이로되 육신이 약하다."라고 하셨습니다.

마음 수련과 몸 수련이 안 돼서 마음과 몸이 따로 놀면, '나'라는 기계는 제대로 작동하지 않습니다. 제대로 작동하지 않는 '나'를 가지고서는 원하는 목표를 이뤄내기 어렵습니다. 내 마음 수련이 제대로 되었는지 확인해 보려면 마음먹은 것을 꾸준하게 하는지 봐야 합니다. 술을 끊겠다 마음먹고 바로 끊을 수 있는 사람이라면 마음 수련이 된 사람입니다. 자기 손으로 물건을 들어 올리려고 하는데 손이 제대로 움직이지 않으면 손에 문제가 온 것입니다. 마음도 마찬가지입니다. 저도 제 몸을 마음먹은 대로 못 하는 것을 죽기 전에 고쳐야 하는데 아직도 못 고치고 있습니다.

살아온 환경이 전혀 다른 두 사람이 만나 '우린 잘 맞을 것'이라 기대하는 것부터 대단한 착각입니다. 봄이 오면 봄을 탓하지 않듯, 상대를 고치려 하기보다 받아들이며 살아야 합니다. 중요한 점은 그 '상대'가 누구냐는 사실입니다. 상대가 나와 전혀 상관없는 타인이 아니라 평생을 함께할 배우자이고, 내 자녀라면, 더더욱 있는 그대로 존중해야 합니다.

세상을 바꾸려면 먼저 나부터 만들어야 합니다. 머리띠를 두르고 개혁을 외쳐도 정작 자신이 개혁되지 않으면 세상은 꿈쩍도 하지 않습니다. 먼저 자신을 수양하고, 수신(修身)해야 합니다. 혼자 살다가 전혀 다른 둘이 만나 사는데, 본인 하던 대로 100% 누리고 살려는 사람은 제정신이 아닙니다. 그럴 바에는 차라리 혼자 사는 게 마음 편합니다. '남편이니까, 부인이니까, 자식이니까 당연히 내 마음을 잘 알겠지?' 이런 마음이 소통을 막습니다. 타인과는 큰 문제 없이 잘 지내는 이유는 기대가 없기 때문입니다. 가족이 아니니 일부의 시간만을 공유합니다. 만나도 그만, 안 만나도 그만인 관계도 있습니다. 그에 반해 가족은 천륜의 관계입니다. 평생 같은 공간에서 대부분의 시간을 공유하는 특수한 관계이니, 더 조심하고 감정을 잘 살펴야 합니다.

소통은 단순한 정보 전달이 아닙니다. 택배는 물건만 전달하면 끝이지만, 말은 감정이 함께 실려 갑니다. 그러니 말 한마디를 하더라도 조심해야 합니다. 화가 치밀 땐 평상시보다 감정 전달이 확연하게 드러나기 때문에 만남을 미루거나, 감정이 가라앉은 뒤 말해야 합니다. 인간은 단순하지 않습니다. 같은 선물이라도 두 손으로 공손히 주면 기뻐 받는데, 한 손으로 툭 내밀면 불쾌해지듯, 말 역시 존중의 태도로 전해야 합니다.

> **자신의 감정을 조절하는 동시에
> 상대의 감정도 세심히 살펴야 합니다.
> 진정한 소통은
> 상대의 마음을 알아주는 것입니다.**

부부가 성격이 안 맞는다고 하는 것은 마음을 알아주지 않는다는 것입니다. '함께한 세월이 이렇게 긴데 내 마음쯤은 알겠지.'라는 생각은 착각입니다. 하지만 타인의 생각을 알아낸다는 것은 쉽지 않습니다. 사람은 말해주지 않으면 모릅니다. 자신이 원하는 바를 정확히 말해야 상대가 압니다. 자신이 말한다고 상대가 다 이해하고 받아들이지 않을 수도 있지만, 어쨌든 표현은 해야 합니다. 봄이 가면 여름이 오고, 꽃이 피면 지고, 꽃이 지면 열매가 열립니다. 그러나 인간은 절대 그렇게 순리대로 돌아가지 않습니다. 사랑하면서도 미워하고, 충성하면서도 반역을 생각하는 것이 인간입니다. 그렇기 때문에 열 길 물속은 알아도 한 길 사람의 마음은 알기 어렵다고 하는 것입니다. 좋은 소통을 하기 위해서는 먼저 상대의 감정을 살핀 후 나의 의사를 전달해야 합니다. 배불리 밥을 먹은 사람에게는 진수성찬이 필요 없듯이, 화가 나 있는 사람에게 좋은 말을 해봤자 마음의 문은 열리지 않습니다.

> 말은 음식과 같습니다.
> 사람마다 못 먹는 음식이 있듯,
> 상대가 싫어하는 말은 삼가야 합니다.
> 세상에 상처 없는 사람은 없습니다.
> 누구에게나 마음속 상처는 하나씩 있습니다.
> 그 상처를 건드리면 안 됩니다.

등잔 밑이 어둡다고, 우리는 정작 가까운 사람을 의외로 잘 모릅니다. 이 점이 소통의 큰 걸림돌이 됩니다. 게다가 남녀는 생물학적으로 구조가 달라 절대로 하나 될 수 없는 구조임을 알아야 합니다. 남자를 트럭, 여자를 승용차에 비유해 생각해 보십시오. 트럭과 승용차는 겉모습만 다른 것이 아니라, 엔진과 용도까지 전혀 다릅니다. 이렇듯 근본부터 다르기 때문에 서로 바꾸라고 한다고 바뀌지 않습니다. 서로를 그대로 인정하지 않고 고치려 들면 문제는 커질 뿐입니다. 태양이 떠 있어도 눈을 감으면 보이지 않습니다. 아무리 깜깜한 밤이어도 눈을 뜨고 바라보면 작게 빛을 내는 반딧불이 보이는 법입니다. 내가 원하는 것, 하기 싫은 것, 좋아하는 것을 스스로 알고, 이를 상대와 이야기하며 인정해 줄 때 마음의 문이 열려 소통이 원활해집니다.

내가 추우면 상대도 춥고, 내가 더우면 상대도 덥고, 내가 배고프면 상대도 배가 고픕니다. 자신이 싫어하는 일은 남에게도 시키지 않으면 됩니다. 사실 그리 어려운 일도 아닙니다. 맛있는 음식을 먹을 때 맛있으니 먹어 보라고 권하고, 함께 식사하러 갈 땐 밥 무슨 음식을 좋아하는지 물으면 됩니다. 어딘가 좋은 곳을 데려가더라도, 왜 그곳이 좋은지, 어떤 의미가 있는 곳인지 설명해야 상대가 수긍합니다. 만약 자식에게 의대에 가라고 권한다면, 왜 의대를 가야 하는지 납득할 만한 이유를 들려주어야 합니다. 그런데 그런 설명을 하지 않고 무조건 의대에 가라고 하면 이해하지 못합니다. '의사하면 돈 많이 번다. 편하게 안전하게 살 수 있다.' 그렇게 이야기하면 절대 안 통합니다. 왜냐하면 세상은 바뀌었기 때문입니다. 오늘날에는 의사보다 더 높은 소득을 얻는 직업이 많고, 돈보다 다른 가치에 의미를 두고 사는 사람들도 많아졌습니다. 사람이 태어나 잘 먹고 편안하게 사는 것만을 목표로 삼는다면, 짐승과 다를 바 없습니다. 더 이상 못 먹고 못 살던 시대가 아닙니다. 인류 문명의 생태계는 바뀌었고, 디지털 네트워크 시스템이 촘촘하게 연결되어 작은 아이디어 하나가 엄청난 파급력을 일으키는 시대가 되었습니다. 현대인은 무에서 유를 창조하며, 눈에 보이지 않는 인프라를 끊임없이 구축하고, 인공지능은 일상이 되었습니다.

스티브 잡스는 "나는 돈을 벌려고 창업하는 것이 아니라 세상을 바꾸고 싶어서 창업했다."라고 했습니다.

한 철학자도 "사람은 자기가 사는 세상을 변화시키려고 애쓰다 죽어야 한다."라고 했습니다. 무한한 상상력과 창의력으로 세상을 이롭게 바꾸려는 노력, 그 자체가 위대한 삶입니다. 사람이라면 자신이 하는 일과 믿음, 가치관을 먼저 스스로에게 설명할 수 있어야 합니다. 그래야 타인도 설득할 수 있습니다.

'왜 이 길을 택했는가?'
'왜 이 종교를 믿는가?'
'왜 이 신념을 지키는가?'

인류에게 새로운 길을 열어줬던 사람들은 혼자서 외롭더라도 당당하게 자기 길을 열어갔습니다. 나도 같은 인간인데 그렇게 못할 이유가 없습니다. 자녀에게 의사라는 직업을 권하고 싶다면 먼저 자신에게 물어야 합니다. '내가 좋자고 의사를 하라 권하는가?', '못 이룬 꿈을 대신 이루어 달라는 마음은 아닌가?', '자식이 진정으로 원하는 길은 무엇인가?'

자녀가 원치 않는 길을 강권하면, 결국 부모의 인생을 자식에게 강요하는 꼴이 됩니다. 셰익스피어는 "훌륭한 부모는 자식을 잘 아는 부모"라 했습니다. 무엇을 해주려 하기보다, 알아주려 애쓰는 부모가 소통에 성공합니다. 내가 원하는 것을 얻는 것이 아니라 상대가 원하는 것을 해주겠다는 생각으로 상대를 대하면 소통은 훨씬 쉬워지기 때문입니다. 원만한 소통은 자신과의 소통으로부터 시작됩니다. 내 감정을 먼저 알고, 그다음 가장 가까운 사람과 소통해야 합니다. 현실을 바꾸는 일은 어렵지 않습니다. 보는 각도를 바꾸면 새롭게 보입니다. 삼각형을 뾰족한 꼭짓점으로만 보면 날카롭지만, 시선을 넓은 밑변 쪽으로 돌리면 너른 삼각형 평원입니다. 보는 생각의 방향을 조금만 바꾸어도 소통은 훨씬 쉬워집니다. 가족과 소통하기 전에, 내가 가족을 대해서 얼마나 알고 있는지 돌아보아야 합니다. 무엇보다도 자녀가 무엇을 좋아하고 무엇을 싫어하는지 세심히 살펴야 합니다. 세상이 어떻게 변해 가며, 직업은 어떻게 하루가 다르게 바뀌어 가는지도 알아 두어야 합니다. 그리고 내가 자녀에게 정말로 바라는 것이 무엇이며, 동시에 내 삶의 목표까지 명확히 해야 합니다.

　세상에 공짜는 없습니다. 노력해야 압니다. 상대를 알기 위한 최선의 방법은 결국 귀 기울여 듣는 것입니다. 내가 상대의 말을 얼마나 들어 주었는지, 들으려 얼마나 노력했는지 먼저 점검해 보아야 합니다. 부모는 1시간 이야기하면서 자녀에게 말할 기회는 한 10분쯤 내 줄까요? 부모들은 대개 일방적으로 지시하듯이 말합니다. "밥 먹어라, 공부해라, 열심히 해라, 일찍 일어나라, 청소 좀 해라." 모두 옳은 말씀입니다. 어떤 부모가 자식 잘못되도록 가르치겠습니까? 그러나 부모는 올바른 말을 잔소리로 바꾸는 데 탁월합니다. 그래서 자녀들이 듣기 싫어하는 것입니다. 그 좋은 말이 왜 잔소리로 들릴까요? 자녀가 지금 무슨 생각을 하는지 헤아리지 않은 채, 같은 말을 기계처럼 반복하기 때문입니다.

**감정은 말을 담아내는 그릇입니다.
말에 감정이 스미면 표정이 달라지고,
목소리 톤도 달라집니다.**

화가 나면 얼굴과 목소리가 변해 진심이 왜곡되기에, 이런 상태에서 아무리 좋은 말이라도 상대는 마음의 문을 닫습니다. 좋은 말은 사랑이라는 감정의 그릇에 담아야 합니다. 화라는 그릇에 담겨 나온 말은, 어떤 훌륭한 내용일지라도 아이들의 마음을 걸어 잠그게 만듭니다. 아무리 맛있는 음식도 개밥그릇에 담아 두면 먹을 사람이 없고, 귀한 꿀도 요강에 담아 두면 아무도 손대지 않습니다. 좋은 말을 하는데도 애들이 잘 안 듣는다면, 우선 나의 말에 불필요한 감정이 들어가 있지는 않았는지 생각해 봐야 합니다. 부부 사이도 같습니다. 사랑이라는 감정의 그릇에 담아서 전달하면 거의 듣게 되어 있습니다. 예쁜 그릇에 담긴 음식은 맛이 없어 보여도 한 번쯤 찍어 먹어보게 됩니다. 이처럼 인정해 주고, 칭찬해 주며 수고를 알아주고, 고마움까지 곁들여 건네는 말을 사랑이라는 예쁜 그릇에 담아 전달하면 호감으로 받아들여지게 되어있습니다.

어떤 부모는 '우리 애는 잘하는 게 하나도 없다.' 단정하고, 어떤 부부는 배우자를 '도움이 전혀 안 되는 인간'이라 말하기도 합니다. 그러나 사람은 하기 나름이라고, 인정과 칭찬을 주면 잘하게 되어있습니다. 어리기 때문에 배우는 시간이 필요할 뿐, 배우지 않고 바로 잘할 수 있는 사람은 없습니다. 아이를 탓하기 전에, 그 나이의 나 자신은 부모님 말씀을 얼마나 들었는지 먼저 떠올려야 합니다. 자신을 돌아보면 자녀를 탓할 일이 아니라는 것을 알게 됩니다. 부모님 말씀 안 듣고 공부 못했어도 자식이라고 참고 잘 키워주신 것입니다.

우는 아이도 생각이 있어 웁니다. 아이들 역시 각자의 생각과 계획이 있습니다. 그것을 존중해주어야 말을 합니다. 무시하면 소통은 막힙니다. 배우자든, 자식이든, 지인이든, 동료든 모든 관계가 마찬가지입니다. 자기 말에만 몰두해 상대의 말을 듣지 않는 순간 관계의 문제가 시작됩니다. 소통이 잘되지 않는다고 느낀다면, 상대가 왜 듣지 않는지, 나는 무엇을 주장하며 왜 그렇게 생각하는지 먼저 스스로에게 물어보십시오.

그러면 소통은 한결 수월해집니다.

12

먼저 안부를 물어라

◆ 존재와 존재 사이의 연결은 '마음'입니다.
인사는 마음의 안부를 묻는 것으로 충분합니다.
마음을 알아주는 것만큼 큰 위로는 없습니다.

상대에게 무엇인가를 전달하고 함께하고자 할 때, 핵심부터 전하면 오히려 실패하기 쉽습니다. 가령, 아버지가 갑자기 시간이 생겨 아이들에게 밥 먹으러 가자고 하면, 어릴 때는 잘 따라옵니다. 하지만 스스로 메뉴를 고를 나이가 되면, 더는 부모를 따라오지 않습니다. 부모에게는 먹었다고 말한 뒤, 친구와 밥을 먹으러 나갑니다. 부모님과 갈지 친구와 갈지를 선택하라고 하면, 주저 없이 친구를 택합니다. 친구보다 부모님과 함께 가면 더 맛있는 음식을 먹을 수 있을 텐데, 왜 그럴까요? 부모님과 함께 가면 자유가 없기 때문입니다. 부모는 보통 자녀에게 시간이 되는지 묻지도 않고, 명령하듯 이야기합니다. 메뉴를 고를 자유도 없습니다.

인간은 누구나 자유롭기를 원합니다. 자유란 자기 마음대로 말하고 자기 하고 싶은 대로 행동하는 것이 아닙니다. 내가 자유롭고 싶은 만큼 자유를 주어야 합니다. 그렇다면 인간이 가장 원하는 것이 무엇일까요? 돈, 권력, 명예, 사랑일까요? 원하는 것을 모두 얻었더라도 자유가 없다면, 무슨 의미가 있을까요? 돈과 명예, 권력, 사랑을 가졌다고 자유롭고 행복할까요? 자유민주주의 국가에 산다고 해서 자유로울까요? 천만에요. 사랑하는 사람, 돈, 명예, 권력, 대인관계, 사회, 종교, 죽음의 문제에서조차 자유로운 사람이 있을까요? 예수님은 말씀하셨습니다. "너희가 진리를 알지니 진리가 너희를 자유케 하리라." 예수님을 믿는 사람은 정말 예수님으로부터 자유로울까요? 주일에 교회를 안 가면 마음이 편할까요? 부처님을 믿는 신도들은 부처님에게서 자유로울까요? 사랑하는 사람에게 자유로울 수 있을까요? 사랑하는 사람과의 약속을 어기면 마음이 괜찮을까요? 막대한 부를 가진 사람도 주가가 대폭락하면 마음이 편할까요? 진정한 자유는 가지고 있으면서도 자유로운 것입니다. 권력자는 권력을 잃을까, 사랑하는 사람과 이별하게 될까, 자식이 잘못될까 봐 불안해하며 마음이 편치 못합니다. 진정한 자유는 이 모든 것에서 벗어난 상태입니다. 자유로운 사람은 어떤 일을 당해도, 바람이 스쳐 지나가듯 평온합니다. 돈, 명예, 사랑, 권력 등 자신이 가지고 있던 모든 것을 잃는다고 해도, 그물 사이로 바람이 스쳐 지나가듯, 시냇물이 흐르듯 흘려보냅니다. 자유로운 사람은 죽음조차 두려워하지 않고, 계절을 맞이하듯 담담하게 받아들입니다.

젊은 사람들은 왜 나이 든 사람들과 함께하기를 꺼려할까요? 어른들과 함께 있으면 자유롭지 못하니, 그 자체로 불편하기 때문입니다. 불편한데도 함께하려 하니, 결국 '꼰대'라고 조롱받는 것입니다. 자녀와 식사하고 싶다면, 자녀에게 시간과 메뉴의 선택권을 주고 자유로운 분위기를 만들어주어야 합니다. 대뜸 "야! 고기 먹으러 가자." 하면 좋아하지 않습니다. 자녀가 짜장면이 먹고 싶다고 하면, 그냥 따라주는 게 간단합니다. 그렇게 하기 어렵다면, 자신의 입장을 설명해야 합니다. "아들. 아빠는 오늘 고기를 먹어야 힘을 내서 내일 일을 할 수 있을 것 같은데, 오늘은 고기 먹어주면 안 될까?" 이렇게 솔직하게 설명을 잘하면, 자녀는 부모가 자신을 존중한다고 느끼며 마음을 엽니다. 자녀에게 선택권을 주고, 상황을 솔직히 설명해야 부모도 존중받고 자녀도 부모를 믿게 됩니다. 그런 과정 없이, "짜장면 몸에 안 좋아! 그런 거 먹지 마!"라고 말하면 반감을 삽니다. "내 친구들은 다 잘만 먹는데? 몸에 안 좋은데 왜 중국 식당은 많지?" 이런 의문을 품게 되는 겁니다. 가장 큰 문제는, 자신이 존중받지 못하다는 느낌이 누적되면 부모가 싫어지고 자존감이 떨어진다는 점입니다. 부모에게 존중과 사랑을 받지 못하면 자신감이 줄고, 마음의 문은 서서히 닫히게 됩니다. 부모가 명령하듯 말하면, 부모에 대한 이해와 신뢰를 잃게 되고, 점점 자존감까지 낮아집니다. 마음의 문은 저절로 열리지 않습니다. 소통을 위해서는 노력이 필요합니다. 상대의 마음을 먼저 생각해야 합니다. 상대에게 먼저 묻는 것은, 그를 존중하기에 선택권을 주는 행위입니다. 상대와 무언가를 함께하고자 한다면 "요즘 어떻게 지내세요? 하시는 일은 잘 되시나요?"하고 안부를 물어보면 됩니다. 안부는 그냥 단순한 인사가 아니라 상대의 현재 상태를 알아보는 가장 간단한 방법입니다.

　　옛날 아랍의 상인들은 사막 한가운데서 사람을 만나도 인사 시간이 길었다고 합니다. "어디서 오셨는가? 먼 길 오시느라 힘들지 않았는가? 어떻게 이 험한 길을 오시게 되었는가?" 그렇게 가족 이야기를 하다가, 더 할 말이 없으면 "집에 개가 있으신가? 개는 어떻게 생겼나? 새끼는 있는가?"까지 이어집니다. 모두 장사와는 무관한 이야기들입니다. 사막을 건너오며 외로웠을 수도 있지만, 이 사람이 강도인지, 믿을 만한 사람인지, 어떤 사람인지 알고 싶기 때문입니다. 내가 전하고 싶은 핵심만 딱 전달한다고 해서 소통이 되는 것은 아닙니다. 성공한 사람들은 팩트를 전하기에 앞서, 자질구레한 말들로 상대의 기분을 부드럽게 한 뒤에 비로소 핵심을 말한다고 합니다. 배가 고프다고 반찬 없이 밥만 먹을 수는 없습니다. 날씨가 덥다고 핵심적인 곳만 가리고 거리로 나가면 정신병자 취급을 받을 것입니다. 선물 포장지가 아무리 예뻐도 포장을 뜯고 나면 결국 쓰레기통에 들어

가지만, 선물할 때는 정성껏 포장해야 받는 사람의 기분이 좋아집니다. 미팅을 할 때 겉옷을 잘 갖춰 입듯이, 말도 단순히 필요한 말만이 아니라 디저트 같은 말이 곁들여져야 합니다. 귀한 보석을 포장하듯이 말도 정성껏 포장해야 합니다.

> 내 말을 가장 효과적으로
> 전달할 수 있는 포장은,
> 바로 상대의 안부를 묻는 인사입니다.
> 말도 포장을 잘해야
> 내가 원하는 것을 얻을 수 있습니다.

말도, 생활도, 삶도 포장이 없으면 아무리 좋은 것도 초라해 보입니다. 말도 행동도, 쇼윈도의 물건처럼 삶 속에서 보기 좋게 진열해야 합니다. 멀리 떨어져 있는 자녀든, 친구든, 누구든지 일보다 먼저 잘 지내는지, 건강한지, 행복한지 인사를 건네야 합니다. 어떻게 사는지 궁금해서 연락하는 겁니다. 밥은 먹었는지, 잠은 잘 자는지, 마음은 어떤지, 혹시 힘든 일은 없는지 그 마음을 전하면 충분합니다. 인사하고 안부를 묻는다는 건, 결국 상대의 현재 마음 상태를 묻는 것입니다. 안부 인사를 받은 사람은 '이 사람이 나를 기억하고, 관심을 가지고, 한결같은 마음으로 자신을 바라보고 있구나.'라는 감정을 느끼게 됩니다. 누군가가 나를 바라봐주고, 관심이 있다는 것만으로도 위로가 됩니다. 내 마음을 알아주는 사람이 있다는 걸 아는 사람은, 결국 그 사람을 다시 찾게 됩니다. 부모라면 자녀에게 늘 마음이 연결되어 있다는 걸 느낄 수 있게 해주면 됩니다. 아침에 자신에게 안부를 묻는 사람이 있다면, 그것만으로도 행복한 일입니다. 한 달이라도 아침마다 빠짐없이 안부 문자를 보내주는 사람이 있다면, 그 사람은 꼭 붙잡으세요. 그런 사람이 있다면, 뭘 더 바라겠습니까?

'잘했니, 못했니', '좋으니, 나쁘니' 묻지 마십시오. 사업이나 건강을 묻는 건 존재에 관한 질문이 아닙니다. 마음은 인간 존재의 핵심입니다. 마음이 무너지면 모든 것이 무너집니다.

**존재와 존재 사이의 연결은 '마음'입니다.
인사는 마음의 안부를
묻는 것으로 충분합니다.
마음을 알아주는 것만큼 큰 위로는 없습니다.**

자신을 포함해, 주변 사람들과의 관계를 유심히 바라보십시오. 다툼이 생기고 갈등이 생길 때, 무엇이 문제였습니까? 가장 큰 문제는, 마음을 몰라주는 것입니다.

뇌는 하루에 가동할 수 있는 양이 정해져 있습니다. 머리를 쓰는 것도 일종의 노동이자 수고입니다. 우리가 하루를 살고 밤이 되면 잠이 들듯이, 뇌에도 휴식이 필요합니다. 낮 동안 과부하가 걸린 뇌는 일정한 쉼이 있어야 합니다. 학교에서 공부한 내용을 기억하고 가공하기 위해서도, 일정 시간 쉬는 과정이 반드시 필요합니다. 보통의 아이들은 하루 종일 공부에 시달리다 집에 오면, 책가방을 던지고 소파에 벌렁 누워버립니다. 그런 모습을 보고 가만히 놔두는 부모가 얼마나 될까요? "너

지금 뭐 하는 거야? 책가방 던져놓고 왜 정리를 안 해? 게임 그만하고, TV 꺼! 핸드폰 내려놔. 숙제해, 씻어, 공부 좀 해라. 이러니 성적이 이 모양이지. 속 터진다." 모두 100% 맞는 말씀이지만, 아이는 이미 지쳐 있고 마음도 힘든 상태입니다. 아이의 마음에는 그 말들이 어떻게 들릴까요? 결국 잔소리를 피해 문을 닫고 방으로 들어가 버립니다. 반대로, 벌렁 누워있는 아이에게 "오늘 많이 힘들었구나? 특별히 힘든 일이 있었니? 내가 도와줄까?" 이렇게 말을 건네면, 아이의 마음 문이 열리기 시작합니다. 이런 상황은 비단 자녀에게만 해당하는 것이 아닙니다. 남편에게, 부인에게도 마찬가지입니다. 대개 어머니들은 아침 일찍 일어나 하루 종일 몸과 머리를 쉴 틈 없이 사용합니다. 자녀는 등교하고, 남편은 출근하고, 부인은 주방에서 하루 전쟁을 시작합니다. 저녁이 되면 자녀는 자녀대로, 아버지는 아버지대로, 가족 모두가 지친 몸을 이끌고 집에 돌아옵니다. 대중교통의 안내 방송, 카톡 소리, 핸드폰 벨소리, 친구들의 소음, 직장에서의 경쟁, 학교 선생님들의 가르침, 수많은 집안일들. 어느 누구도 마음이 여유롭고 편안한 상태가 아닙니다. 마음이 이미 가득 차 있습니다. 이런 상태로 돌아왔는데 다시 끊임없는 잔소리가 시작된다고 생각해 보세요. 자녀도, 어머니도, 아버지도 몸과 마음이 쉴 수가 없습니다. 이러니 좋은 말이 나가겠습니까. 마음이 가득 차 여유가 없으니, 다른 사람의 말을 받아들일 공간도 없는 것입니다. 그런데도 부모는 자녀에게, 부부는 서로에게 잘되라고 하는 말들을 멈추지 않습니다. 하지만 서로의 마음은 이미 꽉 차 있습니다. 아무리 좋은 말도 어떤 말도 들리지 않습니다.

분노 조절이 되지 않는 것도 결국은 마음에 여유, 공간이 없기 때문입니다. 마음이 그릇이 가득 찬 사람은 어떤 말을 듣더라도 받아들이지 못하고 곧바로 쏟아냅니다. 그래서 사람에게는 누구나 혼자만의 시간이 필요합니다. 혼자 가만히 있으면, 펄펄 끓던 물도 불을 끄면 서서히 식듯이 마음도 가라앉습니다. 제 생각에 명상은 특별한 게 아닙니다. 편안하게 혼자 앉아 차를 마시거나, 조용히 누워 몸과 마음을 식혀주는 시간, 그게 명상입니다.

> 고속도로 휴게소에서 잠깐 쉬어가듯,
> 삶에서도 멈춤이 필요합니다.
> 마음에 공간이 생기고 여유가 생기면,
> 그제야 다른 것들이
> 눈에 들어오기 시작합니다.

그러니 '이러니저러니' 말할 필요 없습니다. 충분히 시간을 주면, 스스로 자기 할 일을 하고, 제자리로 돌아갑니다.

타인에게 그리 큰 선물이 필요한 것은 아닙니다. 그저 잘 지내는지, 마음의 안부를 물어주면 됩니다. 마음의 문은 열쇠가 없는 문입니다. 가장 열기 힘들 수도 있지만, 어떤 때는 가장 쉽게 열리는 문이기도 합니다. 상대가 마음을 열고 속이야기를 하게 하려면, 상대의 마음을 먼저 알아주어야 합니다. 그러려면 상대의 상황을 제대로 이해하고, 그가 관심을 가질 만한 말을 해야 합니다. 그래서 제일 먼저 해야 할 일은 상대의 입장에서 생각해 보는 것입니다.

부모가 자녀의 입장을 알려면, 자녀가 되어보아야 합니다. 인간관계는 복잡하게 생각할 것 없습니다. 어른들 말씀처럼, "입장을 바꿔 생각해 보라." 그것이면 충분합니다. 모든 일은 결국 마음먹기에 달려 있습니다. 그만큼 마음이 중요하다는 뜻입니다. 마음을 알아주는 것만큼 큰 것은 없습니다.

13

이런 부모로 살아라

◾ 무엇이든 일방적인 것은
오래 지속될 수 없습니다.
부모와 자녀, 부부, 친구, 어떤 인간관계든
서로 주고받는 흐름이 중요합니다.

'10년이면 강산도 변한다.'라고 했지만, 요즘의 10년은 마치 1세기가 흐른 것만큼이나 많은 변화가 일어납니다. 지금의 사춘기는 우리가 겪던 그것과 전혀 다르고, 지금의 행복은 우리가 추구하던 행복과는 완전히 다릅니다. 부모의 역할도 달라졌고, 양육 방식도 달라졌습니다. 예전에 상식이었던 것이, 지금은 몰상식이 되어 있습니다. 이렇게 급변하는 시대에 부모들은 자녀를 전혀 말이 통하지 않는 외계인처럼 느끼고, 자녀 역시 부모를 그렇게 여기곤 합니다.

『포노 사피엔스』의 저자, 성균관대 최재붕 교수

는 4차 산업혁명의 주역이 '포노 사피엔스'라고 말합니다. 스마트폰을 신체의 일부처럼 사용하는 새로운 인류, 그것이 바로 포노 사피엔스입니다. 말하자면 전혀 다른 종(種), 새로운 인류가 등장한 것입니다.

부모와 자식은 겉모습만 비슷할 뿐, 전혀 다른 사고방식을 가진 서로 다른 인종입니다. 자식은 내 몸에서 나온 일부라 생각하지만, 리모컨대로 조종되는 TV가 아닙니다. 생각도, 식습관도, 생활 방식도, 사물을 바라보는 시각도 완전히 다릅니다. 제가 학교 다닐 때는 '복습하라'는 선생님 말씀을 귀에 못이 박히도록 들었습니다. 하지만 현실은 달랐습니다. 저처럼 시골에 사는 아이들은 학교에서 돌아오면 곧바로 일을 해야 했습니다. 소 풀을 뜯어 먹이고, 다시 소 먹일 풀을 베어 와야 했습니다. 전기조차 없던 시절이니, 하루 종일 일하신 아버지는 피곤해서 일찍 불을 끄고 주무셨습니다. 한 방에 온 가족이 함께 자는데, 공부하고 싶어도 할 수 없는 환경이었습니다. 어느 날, 초등학생이던 제 아들이 학교에서 돌아오자마자 가방을 던지고 TV를 켰습니다. 저도 예전에 배운 것이 있으니, 이렇게 말했습니다. "학교에서 돌아왔으면 배운 걸 복습해야지. TV부터 켜냐?" 그랬더니 아들이 이렇게 말했습니다. "아버지. 집은 편안하게 쉬는 곳이지, 일하는 곳이 아니에요." 저는 마치 망치로 머리를 얻어맞은 듯, 큰 충격을 받았습니다. 할 말을 잃은 저는, "그래. 맞다. 집은 편히 쉬는 곳이지. 편히 쉬어라."하고 말했습니다. 그 순간, 단순한 세대 차이를 넘어 마치 구석기와 신석기만큼의 간극을 느꼈습니다.

시간이 흘러, 아들이 군대에서 휴가를 나와 저와 함께 제주도로 여행을 갔습니다. 저는 습관대로 새벽에 조깅하고 씻은 뒤, 자고 있는 아들을 밥 먹자고 깨웠습니다. 아들이 졸린 눈을 비비며 지금 몇 시냐고 묻기에 7시라고 이야기했습니다. 그러자 아들은 말했습니다. "아버지. 제주에 노동하러 오셨어요? 아버지와 아들이 여행 왔으면 느긋하게 푹 쉬세요." 두 번째 충격이었습니다. 맞습니다. 우리는 여행을 온 것입니다. 그 말이 정상이고, 사실입니다. 하지만 지금까지 살아온 나의 삶과 너무 다르기에, 그것을 수용하고 존중하는 것은 결코 쉽지 않았습니다. 내 방식대로 살고 싶다면 혼자 여행을 가면 됩니다. 꼭 같이 가서는 내 마음대로 하려고 하니 문제입니다. 자식과 함께 여행을 하고 싶다면, 지금까지의 나를 잠시 내려놓고 자식의 방식을 따라가야 합니다. 그런데 그게 쉽지 않으니, "아이고, 세상 참 많이 변했다. 요즘 애들은 알 수가 없다."하고 한탄하게 되는 것입니다.

이런 시대에, 부모는 어떤 역할을 해야 할지 고민이 많을 것입니다.

**저는 부모가 '해야 할 일'보다,
'하지 말아야 할 일'이
더 중요하다고 생각합니다.**

행복은 많은 것을 가졌을 때 오는 것이 아닙니다. 오히려 갖지 못한 것으로부터 자유로울 때, 진정한 행복이 찾아옵니다. 자동차도 액셀보다 브레이크가 더 중요합니다. 브레이크 없는 자동차는 흉기입니다.

13

제가 자식을 키우며 지키고자 애쓴 4가지가 있습니다.

그 중 첫 번째는 '무한한 사랑'입니다.

사랑은 모든 문제를 해결하는 열쇠라고 믿기 때문입니다. 사랑이 없으면 나무도 반려동물도 돌볼 수 없습니다. 사랑은 대가를 바라지 않기에, 모든 것을 수용할 수 있습니다. 자녀는 사랑의 대상이지, 교육의 대상이 아닙니다. 자녀는 부모의 삶을 보고, 자연스럽게 배우는 존재입니다. 부모가 원하는 대로 키우고, 부모가 원하는 삶을 살게 해야 하는 대상이 아닙니다. 사랑의 본질을 제대로 이해해야 합니다. 자유 없는 사랑은 사랑이 아닙니다. 사랑한다는 이유로 "내가 성공했으니 이렇게 살아야 한다.", "이게 옳은 길이다."하고 자기 방식만을 강요하는 것은 훈련이지 사랑이 아닙니다. 사랑은 내 방식이 옳다며 강요하는 것이 아니라, 상대가 스스로 판단한 것을 존중하고 인정해 주는 것입니다. 사랑은 하나 되는 것이 아닙니다. 하나가 되려면, 누군가는 복종하거나 자신의 독립성을 포기한 것이기 때문입니다. 서로가 각자 삶의 주인이고, 말하자면 영화 속 '주인공'입니다. '그 사람을 진심으로 사랑하니, 내 삶을 포기하고 하라는 대로 살아야지,' 이건 사랑이 아니라 복종입니다. 복종은 사랑을 가장한 종속일 뿐입니다. 좋은 주인이 시키는 대로 아무 생각 없이 따릅니다. 진실한 사랑은 내 것을 강요하는 것이 아니라, 상대의 선택을 존중하고 스스로 결정할 자유를 인정해 주는 것입니다. 사랑에는 언제나 선택할 수 있는 완전한 자유가 있어야 합니다. 사랑은 지배와 복종이 되어서는 안 되며, 희생이 되어도 안 됩니다. 자녀가 주연이 되고 부모는 조연이 되어도 안 되고, 부모가 주연이 되고 자녀가 조연이 되어도 안 됩니다. 서로 독립된 인격체로서, 각자 삶의 주인공으로 살아가야 합니다. 사랑한다고 해서 부모의 품 안에 가두어서는 안 됩니다. 새를 잡아다 새장에 넣어놓고, 사람이 먹기에 맛있는 진수성찬을 차려준다고 해도, 새는 그것을 좋아하지 않고, 며칠을 넘기지 못해 죽고 맙니다. 그것은 사랑이 아니라 자기 욕심입니다. 부모와 자녀 사이가 멀어지는 것은, 자녀가 부모의 말을 따르지 않기 때문이 아닙니다. 부모가 원하는 대학, 원하는 삶을 자녀가 살아주기를 바라기 때문입니다. 그것은 사랑이 아니라, 부모의 욕심입니다. 사람은 저마다 타고난 성격과 재능, 욕망과 생각을 지닌 독립된 인격체입니다. 각 개인이 지닌 존엄성과 자유를 함부로 훼손해서는 안 됩니다. 자기 생각이 분명히 있는 자녀에게, 그 생각을 버리고 부모가 원하는 사람이 되라고 하면 부딪힐 수밖에 없습니다.

둘째, 무한한 용서입니다.

사람으로 태어나, 한 번도 실수하지 않고 완벽하게 사는 인간은 없습니다. 하루를 마무리하며 잠자리에 누워 생각해 보면, 후회되는 일들을 되돌아보게 됩니다. '나무는 좀 더 늦게 옮겨야 했는데.' '돌을 먼저 가져다 놓고 잔디를 심었더라면 좋았을 텐데.' 수십 년 같은 일을 해도, 날마다 실수가 생깁니다. 그게 바로 인간입니다. 자녀도 마찬가지입니다. 실수하고, 잘못하는 것은 대부분 의도적인 게 아닙니다. 누가 공부 못하고 싶어서 못하겠습니까? 공부를 못하면 운동을 잘할 수도 있고, 세상에는 잘할 수 있는 일이 무수히 많습니다. 저는 우리 아이들을 전혀 걱정하지 않습니다. 저는 대학도 나오지 못했지만 잘 살아가고 있습니다. 대학까지 졸업한 아이들이 못 먹고 살 이유가 없다고 생각합니다. 그래서 걱정이 없습니다. 자녀와 편안하게 지내려면, 눈을 감고, 입을 닫고, 귀를 닫고 살아야 합니다.

"너 왜 야자 빼고 PC방 갔니?"
"풋살했어? 이유가 뭐야? 잘못 했지?"

이렇게 추궁하듯 따져봐야 아무 소용 없습니다. 아이들도 왜 그런 행동을 했는지 명확히 알지 못합니다. 그냥 하고 싶어서 한 것입니다. 아이들도 철든 어른처럼 행동한다면, 그건 아이가 아닙니다. 어른도 마찬가지입니다. 예전에는 남자들이 친구에게 소주 한 잔 얻어먹고 기분 좋아져서 2차 가자며 큰돈을 쓰고 오곤 했습니다. 부인이 화가 나서 "살림도 어려운데 왜 그랬냐."라고 물으면, 대답을 못 합니다. 오랜만에 친구 만나서 기분 좋아서 그랬던 것입니다. 살림살이를 생각했다면 절대 하지 못할 일이지만 그 순간만 놓고 보면, 그것이 인간입니다. 집안이 평화로워지려면, 눈 감고, 입 닫고, 귀 닫는 것, 그게 비결입니다. 남편이 실수해도, 자녀가 잘못해도, 모른척하면 됩니다. 뺨을 맞으면 맞을 때는 불처럼 아픕니다. 하지만 시간이 조금 지나면, 그 아픔도 사라집니다. 세상의 모든 일은 그렇습니다. 조금만 지나면 사라지고 흐려집니다. 집안을 망치려고 일부러 술을 마시는 남편은 없습니다. 다만 그 상황을 말로 설명하지 못할 뿐입니다. 어른도 실수하는데, 아이들은 하루에도 몇 번씩 실수합니다. 예수님께서 말씀하셨습니다. "일곱 번씩 일흔 번까지라도 용서하라." 아마 부모가 그렇게까지 용서하시면, 부모는 성인군자가 되었을 것이고, 자녀는 반드시 훌륭한 사람으로 자랄 것입니다. 용서란, 용서받는 사람보다 용서하는 사람이 더 큰 기쁨을 얻게 되는 일입니다.

셋째, 무한한 기다림입니다.

세상의 모든 일은 시간이 필요합니다. 아이가 어머니 뱃속에서 아이가 세상 밖으로 나오기까지는 10개월이라는 시간이 걸립니다. 그것이 가장 자연스럽고 안전한 출산입니다. 아무리 성격이 급해도 그 시간을 단축

할 수는 없습니다. 사람은 저마다 성장 속도가 다릅니다. 어떤 아이는 돌이 되기 전에 걷고, 어떤 아이는 한참이 지나서야 겨우 걷기 시작합니다. 어떤 이는 나이가 들어서야 철이 들고, 어떤 아이는 어릴 때부터 어른 같습니다. 육체적 성장도, 정신적 성장도 사람마다 제각각입니다. 공자께서는 "사십이 되면 미혹되지 않는다.(四十而不惑)"라고 하셨습니다. 그러나 누구나 마흔이 되었다고 유혹에서 벗어나는 것은 아닙니다. 예순이 되어도, 일흔이 넘어도 여전히 흔들리는 사람이 있습니다. 공자님은 자신이 살아보니 마흔쯤에 비로소 흔들리지 않더라는 경험에서 그렇게 말씀하셨을 것입니다. 공자님도 사십이 되어서야 흔들리지 않는다고 했는데 그렇다면 저 같은 사람은 도대체 언제 철이 들겠습니까? 공자가 그렇게 살았다고 해서 모두가 그렇게 될 수는 없습니다. 더구나 자녀는, 부모가 원하는 시간에 원하는 만큼 성장하지 않습니다. 부모는 자녀가 스스로 자기 길을 가도록 묵묵히 지켜보아야 합니다. 자식들이 빨리 성장하고 독립하길 바라지 않는 부모가 어디 있겠습니까? 하지만 인간은 천차만별입니다. 봄은 제때 옵니다. 기다릴 수밖에 없습니다. 자녀가 빨리 철들기를 바란다고 해서 뜻대로 되지는 않습니다. 인내심을 가지고 기다렸다는 것도 잊을 만큼 기다리다 보면, 어느새 각자의 길을 가고 있습니다. 계절이 바뀌듯 자녀의 변화는 느끼지 못할 만큼 자연스럽게 찾아옵니다. 긴 시간처럼 보이지만, 그리 길지 않은 시간 안에 자녀는 부모가 상상한 것보다 훨씬 멋진 사람이 되어 있을 것입니다.

넷째, 무한한 신뢰입니다.

부모는 자식을 끝까지 믿어주어야 합니다. 인류는 구석기와 신석기 시대를 지나 산업혁명을 거쳐, 이제는 4차산업혁명 시대를 살아가고 있습니다. 우리가 이렇게 차원이 다른 문명을 누리며 살아가는 것은, 오래된 전통을 지켜서가 아닙니다. 어른들이 철없다고 책망했던 그 자녀들이 세상을 일으켜 세웠습니다. 기성세대의 생각과 현실에서 벗어나고자 했던 그들의 욕망이 새로운 세상을 만들어낸 것입니다. 어른들이 "안 된다."라고 말렸던 일들을 아이들이 결국 해냈습니다. 하늘을 나는 비행기를 만든다고 했을 때 어른들은 "미쳤다."라고 말했습니다. 그 '미친 아이들'이 만들어낸 세상이 바로 오늘의 4차 산업혁명입니다. 저는 미쳤다는 소리를 들어가면서 새로운 길을 개척한 사람들에게 진심으로 감사하며 살아갑니다.

52년 전, 맨손으로 서울에 올라왔을 때를 생각하면 지금은 황제처럼 사는 기분입니다. 그때는 쪽방에서 칼잠을 자며 신문을 돌렸습니다. 배가 고파도 밥 한 끼 사 먹을 여유가 없어서, 남대문 시장에서 몇십 원짜리 국수 한 그릇으로 하루를 버티기도 했습니다. 지금 생각하면, 그 모든 일이 꿈만 같습니다. 어릴 적, 시골에서 더는 살 수 없다며 집을 나가겠다고 아버지께 말씀드렸습니다. 아버지는 "네가 철이 없어서 모르는데, 집 나가면 고생이다." 하시며 붙잡으셨지만, 저는 결국 집을 떠났습니다. 그리고 11년 뒤, 집도 사고 차도 사고, 회사도 창업했습니다.

인류 최고의 문명을 만들어낸 것은 외계인이 아니고, 철든 어른들이 아닙니다. 철없는 애들이라고 무시당하던 바로 그 아이들입니다. "공부는 안 하고 매미처럼 노래만 부른다."며 책망받던 아이들이 K-pop을 만들고, 스마트폰을 만들고, 게임 산업을 이끌고 있습니다.

저는 제 자식이 저보다 백배는 더 잘 한다고 믿습니다. 실제로 저보다 잘하는 게 많습니다. 외국어도, 운동도, 공부도 그렇습니다. 자녀를 불안한 눈으로 바라보는 이유는, 부모가 이미 지나가 버린 쓸모없는 경험의 거울로 자녀를 보기 때문입니다. 지금의 세상은, 이미 지나간 경험으로 살아갈 수 있는 세상이 아닙니다. 부모는 많은 경험이 있고, 그 경험이 때론 성공으로 이어졌기에 경험을 믿고 의지하려 합니다. 하지만 부모가 성공했던 그 경험도 이제는 지나간 일, 낡은 방식일 뿐입니다. 그래서 자꾸 자신이 가진 것을 물려주려 하고, 모든 걸 대신 해주려 합니다.

논산훈련소에는 군대에 간 자식이 걱정돼 근처에서 하숙하며 자녀를 챙겨주는 어머니들이 있다는 말도 들었습니다. 자식에게 모든 걸 해줄 수 있다고 믿는 것입니다. 얼마 전부터 생긴 신조어 '캥거루족'은 자립할 나이가 되었는데도 경제적, 정신적으로 부모에게 의지하며 독립하지 않는 성인을 일컫습니다. 거기서 나아가 부모의 등골을 빼 먹는 '등골족', 부모의 연금을 빨아 먹는 '빨대족'이라는 표현도 생겨났습니다. 부모와 함께 살면서도 독립적 생활을 하지 않는 성인 자녀를 지칭하는 말들입니다. 그런데 이 캥거루족을 누가 만들었을까요? 부모들입니다. 자식을 믿지 못하고, 자식에게 모든 것을 해줘야 한다는 신념을 가진 부모들이 만들어낸 것입니다. 그래서 자녀가 20대, 30대, 심지어 40대가 되어도 부모는 걱정을 놓지 못합니다. 자녀가 성년이 되었어도 떠나지 못하고 부모에게 의존하려는 이유는 자녀만의 문제가 아니라 부모가 놓아주지 않기 때문이기도 합니다. 자녀에게 무엇인가를 '주어야 한다.'라는 고정관념부터 내려놓아야 합니다. 부모는 재산을 물려주기보다는 무한한 사랑과 용서를 주어야 합니다. 자식을 믿어주는 것보다 더 큰 재산은 없습니다. 자녀가 독립적인 생활을 시작할 때 느끼는 불안과 두려움은 자녀 스스로가 극복해야 할 몫이지, 부모가 해결해 줄 수 있는 문제가 아닙니다. 이러한 장벽은 자녀의 사회적 고립을 불러옵니다. 의존이 길어질수록 자존감도 떨어집니다. 스스로 자꾸 무언가 도전해 보지 못했기에 자신에 대한 믿음도 떨어질 수밖에 없습니다. 대인 관계의 질 역시 함께 무너집니다.

우리 부모 세대는 자녀를 잘 키우면 자녀가 나의 노후를 책임져주고 조상 제사를 잘 지낼 거라 믿었습니다. 그래서 아들을 낳으려고 목숨까지 걸었던 것입니다. 하지만 이 시대는 물리적으로도 부모를 모시고 살 수 없는 현실입니다. 백세시대가 도래한 지금, 은퇴하고도 20년을 더 살아야 합니다. 부모도 자식도 환갑을 넘겼다면, 두 사람 모두 노인입니다. 자식이 부모를 모시고 싶어도 은퇴 후 수입이 없는 상황에서 그것은 매우 어렵습니다. 본인 형편도 어려운데 부모가 부담을 주면, 자식은 오히려 연을 끊고 싶어질지도 모릅니다. 저는 엉뚱한 상상을 하곤 합니다. 국회에서 '요양원법'을 만들어, 일정한 나이가 되면 요양원에 강제로 보내는 '신 고려장 법'이 생기는 날도 올지 모릅니다. 국회의원들이 젊은 층의 표를 얻기 위해서라면, 무슨 법이든 못 만들겠습니까? 그런 법이 만들어지기 전에, 부모는 자식에게서 독립해야 합니다. 여유가 있다면 대학까지 보내주고, 조금 더 여유가 있다면 결혼할 때 약간 도와주는 선에서 그쳐야 합니다. 남은 시간과 재산은 오직 자신을 위해 써야 합니다. 결혼한 자식에게 김치 싸서 찾아가봤자 환영받지 못합니다. 자녀가 연락하기 전에 연락할 필요도, 찾아올 때까지 먼저 찾아갈 필요도 없습니다.

손자·손녀를 봐달라고 해도 스케줄을 바꾸지 마십시오. 자신의 시간이 있고, 하늘에서 오라고 손짓하고 있는데 아이 볼 여유가 어디 있습니까? 모든 것은 냉정하게 끊고 자신의 마음 건강을 살펴야 합니다. 전신거울 앞에 서서 자신을 자세히 들여다보십시오. 머리는 희어지고, 얼굴과 목에는 굵은 주름이 깊은 계곡처럼 패였습니다. 꼿꼿하던 허리는 휘고, 초롱초롱하던 눈은 떴는지 감았는지 헷갈릴 만큼 흐릿해졌습니다. 스스로 봐도 썩 볼품없다 느껴질 수 있습니다. 수십 년을 자식 키우고 먹고살기 위해 아등바등 몸부림쳤던 인생을 돌아볼 때, 스스로가 불쌍하지 않습니까? 이제는 자식 걱정 내려놓고, 주름진 얼굴에 좋은 화장품도 발라주시고, 좋은 옷도 입고, 맛있는 음식도 드시고, 가고 싶던 곳 가면서 살아야 합니다. 자식들은 더 좋은 세상에서 살게 될 것입니다. 그리고 절대 잊지 마십시오. 가진 돈에 대해 말해서는 안 됩니다. 있어도 있다고 하지 말고, 없어도 없다고 하지 마세요. 돈이 없다고 하면 무시당하고, 있다고 하면 탐내며 부모가 한 푼이라도 덜 쓰고 빨리 죽어서 물려받길 바랄 수도 있습니다. 내 자식은 안 그럴 것이라고 생각하지 마세요. 믿는 도끼에 발등 찍히는 일은 흔합니다. 도끼에는 눈이 없고, 욕심에는 끝이 없습니다. 돈이 있다는 걸 알게 되면, 친구든 형제든 경제적으로 도움을 요청하기도 하고 밥 한번 사라고 들러붙을지도 모릅니다. 부모는 자녀를 도와주는 것보다, 스스로 근면하고 도덕적으로 잘 사는 모습을 보여주는 것이 더 중요합니다. 자녀의 성공을 자신의 성공으로 여기는 태도는 매우 위험한 착각입니다. 자녀의 성공은 부모와 전혀 상관없는 것입니다.

**부모가 자식에게 멋지게
작별할 줄 아는 것이야말로**

가장 지혜로운 성공입니다.

자식이 잘돼야 나도 잘된다는 생각을 버리십시오. 오히려 부모가 잘돼야 자식도 부모를 따라오게 됩니다. 부모 스스로 자신에게 물어보십시오. "나는 부모님 말씀대로 살았는가?" 저도 부모님 말씀대로 하지 않았습니다. 그래서 자식도 제 말대로 살지 않을 거라는 걸 잘 압니다. 그래서 아예 기대하지 않습니다. 부모가 기대를 걸면 자식은 부담을 느낍니다. 자식이 성공해도 부모와는 멀어질 수 있습니다. 지나친 기대는 부모와 자녀 사이 경계를 흐리고, 자녀에게 무거운 책임감과 압박감을 줍니다. 자녀는 실패와 성공을 경험하며 자신의 길을 걸어가야 합니다. 그 과정 자체가 가치 있는 것입니다. 자녀의 성공은 부모의 성공이 아닙니다. 그렇게 키우면, 자식도 부모의 재산 또한 자기 것이라 착각하게 됩니다. 서양에서는 아버지가 사별 후 재혼하려 하면 자녀가 오히려 권합니다. 그러나 한국에서는 반대합니다. "아버지 재산 보고 시집오는 것 아니냐."라며 온갖 이유를 댑니다. 물론 일리가 있는 말입니다. 하지만 정말 부모를 걱정해서 반대하는 것일까요? 천만의 말씀입니다. 겉으론 그럴

듯해 보여도 속내는 전혀 다릅니다. 아버지 재산이 자기 것이라 생각했는데, 새어머니가 오면 전부 뺏긴다고 생각하는 것입니다. 아버지든 어머니든 늙은 부모는 새로운 인연을 만나지 말고, 쭉 혼자 살다 가기를 원하는 것입니다. 재혼이 꼭 행복하다고 이야기하려는 것이 아닙니다. 단지 부모의 재산은 엄연하게 부모의 것이라는 점을 분명히 하고 싶습니다. 그것에 대해 자녀가 욕심을 부려서는 안 됩니다. 이런 현상은 자식과 나를 동일시해서 생기는 사회적 부작용입니다. 부모와 자식의 관계는 때로 타인처럼 선을 그어야 할 때가 있습니다. 서로의 삶에 관여하지 않고, 선을 넘지 말아야 합니다. 재산 관계이든 인간관계이든 선을 넘어버리면 서로 마음의 상처만 줄 뿐입니다. 그래서 자녀가 성인이 되면, 결혼, 인간관계, 직장, 삶에 대해 말수를 줄여야 합니다. 자식에게는 자식의 인생이 있고, 부모에겐 부모의 인생이 있으며, 배우자에겐 배우자의 인생이 따로 있는 것입니다. 좋은 관계를 유지하려면, 다르다고 비난하지 말고, 이해하려 노력해야 합니다. 죽과 밥이 섞이면 죽도 밥도 아닙니다. 내 삶은 내 것이고, 자녀의 삶은 자녀의 것입니다. 부모와 자녀의 관계가 뒤섞이면, 죽도 밥도 아닌 이상한 관계가 되고 맙니다. 자식에게 노후를 맡기고 의지하려는 생각은 이제 완전히 버려야 합니다. 내 노후는 내가 책임지는 것입니다.

파리 올림픽에서 금메달을 딴 젊은 선수들의 인터뷰를 들어보셨는지요? 제가 어렸을 때는 챔피언이 되고 메달을 따면 "대통령님, 부모님, 코치님께 감사합니다."라는 말을 해야 예의 바른 사람처럼 보였습니다. 사실 대통령이 도와준 것 없습니다. 그런데 그 시절은 그렇게 말해야 싸가지 있어 보였습니다. 그 시절엔 내가 성공했어도 내가 한 일이라 말하기 어려웠습니다. 삶의 주체가 나 자신이 아니었기 때문입니다. 그런데 요즘 젊은 선수들은 "내가 열심히 노력했고, 나는 금메달을 딸 줄 알았다."고 당당히 말합니다. 제가 어렸을 때는 상상도 못한 말을 아주 당당하게 하는 젊은이들이 정말 멋지지 않습니까? 자신이 잘했으면 내가 잘했다고 말할 수 있어야 합니다. 그런 모습이 바로 자기 삶에 주인이 되어 책임지는 자세입니다. 저도 요즘 젊은이들을 보며 스스로를 돌아보게 됩니다. 그리고 이렇게 말합니다. "그래, 이 정도면 나도 열심히 잘 살았다. 성공했다." 그러자 비록 나이를 먹었지만, 자신감과 자존감이 높아져 살맛이 납니다. 하루빨리 마음을 바꾸어야 합니다. 자녀의 성장은 그 자체로 가치가 있으며, 부모의 성취와는 별개로 존중받아야 마땅합니다. 자녀는 자녀의 길을 걸어야 하고, 그 길이 어떤 길이든 성공이든 실패든 스스로 겪어야 합니다. 그것이 인생입니다. 인간은 하나의 일을 겪으면 하나의 지혜를 얻습니다. 그래서 인간은 부단하게 일을 하며 경험해 봐야 합니다. 살아있다는 것은 곧, 움직인다는 증거입니다.

모든 것을 자녀에게 쏟아붓고 기대하는 바보 부모가 되지 마십시오. 그렇게 투자해 자녀가 성공하면 잠시 기분은 좋을 수 있습니다. 그러나 그것보다는 자녀의 성공에 기대하는 자신의 텅 빈 마음을 들여다봐야 합니다. 자녀의 성공은 자녀의 성공일 뿐입니다. 기대할 것이 아니라 부모가 스스로가 성공한 삶을 보여주어야 합니다. 자녀에게 모범이 되는 삶을 살아가는 것이 훨씬 더 현명한 방법입니다. 부모는 자녀에게 자신이 할 수 있는 선에서 최고의 환경을 만들어 주고 싶고, 가능한 한 완벽한 부모이고 싶습니다. 하지만 완벽한 부모가 되려는 시도는 대부분 관계를 망쳐놓는 원인이 됩니다. 완벽함을 추구하는 부모는 자신과 자녀 모두에게 과도한 기준을 들이밀게 되고, 그 기준에 닿지 못하면, 큰 상실감과 스트레스를 받게 됩니다. 결국 건강까지도 해치고, 자녀와의 관계도 멀어지게 됩니다. 자식이 하는 것을 그저 지켜보면 됩니다.

**사랑이란 선택의 자유를 존중하고
그 선택을 지켜보는 것이지,
간섭하는 것이 아닙니다.**

부모와 자녀는 엄연히 각자의 길을 가는 존재입니다. 먼 여행을 떠난 나그네들이 같은 길을 가지만 생각과 목적이 다른 것처럼, 내 핏줄이지만 인생길에서 잠시 만난 나그네일 뿐입니다.

인간의 삶은 전쟁이며 각자 자신에게 주어진 인생의 문제를 푸는 것입니다. 자녀가 수능을 볼 때도 부모는 시험장에 들어가지도 못하고 어떤 도움도 주지 못합니다. 삶은 전쟁입니다. 저마다 자신만의 전장이 있고, 각자에게 주어진 문제지를 풀어야 하는 인생입니다. 자식이 수능 시험을 치를 때, 부모는 시험장에 들어갈 수도, 어떤 도움도 줄 수도 없습니다. 그런데 그보다 훨씬 더 복잡한 인생의 문제를 자식이 풀고 있는데, 부모는 그 문제에 끼어들려 합니다. 사람마다 문제지가 다 다르고, 부모가 가진 정답이 자식에게는 전혀 맞지 않을 수 있습니다. 인생살이 정답이 없습니다. 부모가 자식에게 '이게 답이다.' 하고 내미는 순간, 그건 100% 오답이 됩니다. 부모는 축구하는 자식을 바라보듯 그저 지켜보는 존재입니다. 그리고 잠시 자신의 삶을 돌아봐야 합니다. 나는 과연 부모님 말씀대로 살았나? 살았다면 정말 잘됐는가? 자식에게 "나는 부모님 말씀대로 살아서 이렇게 성공했다."고 자신 있게 말할 수 있는가? 돌아보면 바로 답이 나옵니다.

내가 아무리 성공했다고 해도, 자녀가 생각하는 성공은 전혀 다를 수 있습니다. 실제로 많은 부모들이 자신은 성공했다고 말하지만, 자녀들은 "나는 부모님처럼 살고 싶지 않다."고 말합니다. 사랑하는 마음으로 자녀를 지켜보십시오. 사랑은 선택할 수 있는 자유를 주는 것입니다. 사랑하는 사람이 선택하는 것을 존중할 수 있어야 진짜 사랑입니다. 자유 없는 사랑은 사랑이 아닐 수 있습니다. 연애도 마찬가지입니다. 상대가 다른 사람을 선택하겠다면, 아무리 아프고 안타까워도 보내주어야 합니다. "내가 너를 이렇게 사랑하는데 왜 떠나냐?"고 붙잡으면, 그것은 집착입니다. 아무리 사랑해도 상대가 싫다고 하면 속으로는 울 수 있지만, 겉으로는 웃으며 보내줄 수 있어야 합니다. 끝까지 붙잡고 인정하지 않으려 하면, 그건 사랑이 아닌 집착이 됩니다. 진심으로 자녀를 사랑한다면, 선택권을 주어야 합니다. 혹시 자녀에게 투자한 만큼 돌려받지 못할까 봐 불안하신가요? 그 생각 때문에 조바심이 나서 간섭하게 되는 것은 아닐까요? 그렇게 생각하면 간섭하는 게 당연합니다. 내가 기업의 투자자라면, 투자한 만큼 관여할 권리가 있으니까요. 하지만 자녀는 투자 대상이 아닙니다. 그리고 투자한 만큼 부모에게 보상해 줄 것이라는 생각은 여러분들의 착각입니다. 그런 부모가 있다면 정신을 차려야 합니다. '내가 너를 어떻게 키웠는데. 먹는 것, 입는 것, 최고 좋은 것으로 길렀다. 새벽부터 밥해주고, 학교 데려다주고, 뒷바라지했다. 나는 너 하나 믿고 산다.'고 말씀하시는 부모님들이 계십니다. 자신만 자식을 그렇게 키운 것이 아니라, 이 세상의 모든 부모는 다 그렇게 키웠습니다.

저는 우리 부모님께 불효한 자식이지만, 중학교 시절 학비를 내지 못해 집으로 쫓겨 오기도 했고, 참고서 한 권 제대로 사 본 적 없으며, 도시락 한 번을 싸 간 기억이 없습니다. 그럼에도 단 한 번도 부모님께 서운한 감정을 품은 적이 없습니다. 비록 가난했지만, 부모님은 그 시대의 환경 속에서 최선을 다해 저희를 길러주셨고, 자식들을 누구보다 넘치도록 사랑하셨다는 걸 잘 알고 있었기 때문입니다. 더 이상 해줄 수 없는 만큼 과분한 사랑을 받았습니다. 내가 점심도 굶고 운동장에서 뛰어놀던 그때, 부모님 역시 점심을 건너뛴 채 땡볕에 밭을 일구셨을 것입니다. 허리띠를 졸라매고 끼니를 걸러 가며 그 험한 일을 하신 것입니다. 이 글을 쓰며 부모님을 생각하니 눈물이 납니다.

자식에게 "내가 너를 어떻게 키웠는데, 나는 너만 믿는다."고 말하는 순간, 자식은 부모를 '가장 크고 무거운 짐'처럼 느끼게 됩니다. 인간은 모두 자신을 위해서 살아가야 하는 존재이지 타인을 위해서 살아가는 존재가 아닙니다. 부모가 자식을 키우는 것도 부모 자신을 위한 것이고, 신을 믿는 것도 자신을 위한 것입니다. 자식 때문에 산다는 말을 해서는 안되고, 그런 착각은 더더욱 해서는 안 됩니다. 입히고 먹이고 키우는 것은 부모의 당연한 의무이며 책임입니다. 입히고 먹이고 가르치는 과정에서 기쁨을 얻는다는 것을 기억해야 합니다. 자녀를 키우면서 얻는 기쁨은 여타 다른 기쁨과는 차원이 다른 최고의 기쁨이자 행복입니다. 당연하고도 행복한 일을 했으면서 "내가 너를 어떻게 키웠는지 아느냐."고 말한다면, 자녀는 그러려면 왜 낳으셨냐고 되받아칠지도 모릅니다. 자식에게 해준 것은 은행에 저축하듯이 돌려받기 위해서가 아닙니다. 강물이 흘러가면 돌아오지 않듯이 자식에 대한 사랑도 주고 나면 되돌아오지 않는다는 것을 알아야 합니다.

인간관계에서도 좋은 관계를 이어가려면 밥 산 것, 도와준 것, 선물해준 것을 기억하지 말아야 합니다. 은혜 입은 것은 돌에 새기되, 내가 베푼 것은 물에 새기라고 성현들은 말했습니다. 옛 어른들도 사랑은 '내리사랑'이라고 합니다. 내려간 물은 다시 돌아오지 않듯, 진짜 사랑은 바라는 것이 없습니다. 예수님께서는 타인에게 줄 때 "오른손이 한 일을 왼손이 모르게 하라"고 말씀하셨습니다. 하물며 자식에게 베푼 일을 일일이 기억하고 있다면, 그건 남보다도 못한 관계입니다. 자녀를 사랑으로 키워야 하지만, 사랑도 지나치면 화가 됩니다. 물이 과도하게 흐르면 곡식이 물러지고 뿌리째 쓸려가듯이, 지나친 관심과 간섭은 사랑이 아니라 자율성과 창의성을 해치는 일입니다. 강물은 나무와 풀, 대지를 적시면서도 머물지 않고 무심히 흘러갑니다. 나무와 풀이 물을 마시지 않는다고 해서 강물이 걱정합니까? 강물은 그저 흘러갈 뿐입니다. 물이 무심하게 흘러가면, 나무와 풀은 저마다의 방식으로 물을 머금고 뿌리를 내리고, 스스로 멋지게 자라납니다.

부모도 마찬가지입니다. '내가 너를 키웠다'고 간섭하지 말고, 붙잡지도 마세요, 다만 흐르는 물처럼 자신의 삶을 묵묵히 살아가면 됩니다. 사랑하기 때문에 모든 것을 완벽하게 다 해주고 싶겠지만, 그 욕망은 자녀의 도전과 독립성, 창의성을 꺾어버립니다. 부모가 해주는 것이 많아질수록, 자녀는 자신만의 욕망과 성취의 기쁨을 잃어갑니다. 부모가 완벽한 자녀를 원하면, 자녀 역시 부모가 실수를 용납하지 않게 됩니다. 자식이 살아가는 것을 지켜보고, 부족한 것을 스스로 해결하도록 믿고 기다려주십시오. 완벽이라는 이름 아래 설정된 목표 달성의 강박을 내려놓아야 합니다. 자신이 완벽해지고 싶다면 자녀에게 완벽함을 요구하지 말고, 자신만 완벽하게 살기 위해서 노력하면 자식은 자연스럽게 배우게 됩니다.

부모라면 누구나 자신의 부족한 모습을 자녀에

게 보이고 싶지 않을 것입니다. 그러나 굳이 부족함을 일부러 드러낼 필요도, 억지로 감출 필요도 없습니다. 가식 없이 자연스럽게 살아가야 자녀들이 마음을 열게 됩니다. 부모가 있는 그대로 자연스럽게 보여주면 부모에 대한 이해가 시작됩니다. 자신이 일하는 모습도 그냥 보여주면 됩니다. '부모님도 어렵지만 정말 열심히 살아가시는구나. 내 생각과 현실은 다르구나. 그럼에도 부모님은 최선을 다하고 계시는구나.' 이런 생각이 자녀의 마음속에 자연스럽게 자리 잡습니다. '현실이 이토록 팍팍하니 여유가 없었겠구나. 부모님에게도 나의 위로와 도움이 필요했겠구나.' 자녀는 조금씩 부모를 이해하게 될 것입니다. 무언가를 '이해한다'는 것은 결코 쉬운 일이 아닙니다. 자녀가 부모를 온전히 이해하기란 더욱 어렵습니다. 하지만 상황만큼은 인식할 수 있습니다. 부모도 때로는 힘들면 힘든 모습도 보여주고, 울어야 하는 상황이 오면 울어야 합니다. 아버지라고 해서 모든 것을 해결하는 만능 해결사처럼 살 필요는 없습니다. 그러면 한도 끝도 없고, 할 수도 없습니다. 희생이 길어질 수록 자신도 파괴되고 가족도 힘들어집니다. 사회가 만든 틀안 에서 내 감정을 억누르며 살지 마시고, 있는 그대로 자연스럽게 살면 됩니다. 지나치게 감정을 억누르면 자신에게 깊은 상처가 됩니다. 어느 가수가 '남자라는 이유로 묻어두고 지낸 그 세월이 너무 길었어.' 라고 노래했습니다. 오랜 세월 가슴에 묻어두고 참고 있으면 병이 됩니다.

삶이란 것이 힘들고 고통스럽지만, 가족을 위해 땀 흘리며 애쓰는 모습은 결코 부끄러운 일이 아닙니다. 때로는 아버지가 울고, 웃고, 힘들어하는 모습을 봐야 자녀들이 '아버지도 하나의 나약한 사람'임을 이해할 수 있습니다. 아버지는 감정 없이 돈을 벌어다 주는 로봇이 아닙니다. 아버지가 힘들어하고 울고 있는 모습을 자녀가 본다면, 그것은 아버지를 제대로 바라볼 수 있는 기회가 되며, 동시에 눈물의 의미도 배우게 될 것입니다. 마치 '나를 좀 알아달라.'는 마음으로 "너희들 키우느라 얼마나 고생한 줄 아냐?" 이런 말은 하지 말고, 자신의 상태를 있는 그대로 자연스레 드러내면 됩니다. 자녀를 잘 가르치고 뒷받침해 꼭 성공시키겠다고 마음먹는 순간부터 자식은 더 이상 사랑스러운 존재가 아닌 성공을 위한 목표로 보이게 됩니다. 자식이 성공을 위한 행동을 하면 예뻐 보이고, 그렇지 않으면 미워지기 시작합니다. 부모가 원하는 방식대로 자녀가 성공의 기계처럼 살아가게 되면, 결국 부모도, 자녀도 후회하게 됩니다. 자녀는 사랑으로 키워야지, 성공시키려고 키우는 대상이 아닙니다. 자식 하나 성공시키겠다는 생각에 자신의 영혼까지 갈아 넣었는데, 뜻대로 되지 않으니 자녀가 밉게 느껴지기 시작하는 것입니다. 부모에게도 인생이 있는데, 자식을 위해 자신을 버리고 헌신한다면, 그것은 자식에게도 자신에게도 좋은 것이 아닙니다.

가르치는 선생의 입장이 아니라 사랑으로 자식을 키워야 합니다. 자식을 위해 '내 인생을 자식에게 올인하겠다.'라는 생각을 버려야 합니다. 부모가 주는 것만 받고 자란 자녀는 주는 것을 모르니, 결국 받기만 하는 사랑의 거지 인생을 살게 됩니다. 부모와 자녀 간의 사랑도 오고 가는 것이 있어야 합니다. 일방적으로 주기만 하는 사랑은 짝사랑이나 마찬가지입니다. 짝사랑이 결국 온전한 사랑을 이루지 못하듯이, 부모와 자식의 관계도 건강한 사랑을 이루지 못하고 끝납니다. 자연도 받은 만큼 주고 가기 때문에 자연이 유지되는 것입니다. 나무는 죽어서 거름이 되어 다른 나무들을 키우고, 땅의 습기는 하늘로 올라가 비가 되어 다시 내립니다. 이처럼 주고받는 균형으로 아름다운 자연의 조화가 이뤄지는 것입니다. 자녀 역시 부모에게 줄 수 있는 사람으로 키우는 것이 중요합니다. 일방적인 짝사랑 관계로 만들지 않기 위해서는 주는 기쁨을 알게 해야 합니다. 받기만 하는 사랑은 결국 거지 사랑으로 끝이 납니다. 받을 줄만 아는 사람은 양지만 알고 음지는 모르는 사람입니다. 마치 여름만 살다 죽는 곤충이 여름만 알고 가을을 모르듯, 반쪽 인생을 사는 것입니다.

받기만 하며 살아가는 사람은 은혜를 모르고, 감사할 줄도 모릅니다. 저희 어머니께서는 '공짜는 독약'이라며 절대로 먹지 말라고 하셨습니다. 신세를 지면 반드시 갚아야 하니, 갚지 못할 신세는 절대로 지지 말라고 하셨습니다. 친구든, 형제든, 얻어먹었으면 반드시 갚으라고 가르치셨습니다. 세상에는 없는 것이 세 가지 있다고 합니다. 정답이 없고, 비밀이 없고, 공짜가 없습니다. 어머니는 공짜란 없으니 공짜 바라지 말라고 하시면서 공짜 속에는 반드시 낚싯바늘이 있다고 하셨습니다. 공짜를 먹으면 언젠가는 고기가 낚싯밥 먹다가 걸리듯이 인생 망한다고 하셨습니다. 공짜라는 낚싯밥에 걸리지 않고 멋진 인생을 살려면 '주는 기쁨'을 알아야 합니다. 주는 기쁨을 아는 사람은 진정한 즐거움과 행복을 아는 사람입니다. 왜냐하면 주는 즐거움과 받는 즐거움, 두 가지 모두를 알고 있기 때문입니다. 주는 사람은 받는 사람보다 항상 상위 포지션에 있기 마련입니다. 받는 사람은 늘 감사해야 하고, 고개를 숙이게 됩니다. 친구 사이라도 받기만 하면 친구가 아니라 수혜자가 되고, 한 수 아래 놓이게 됩니다. 받는 사람은 주는 사람을 올려다볼 수밖에 없습니다. 물 한 잔 받기 위해서도 잔은 주전자 아래에 있어야 하듯, 받는 사람은 주는 사람을 올려다보아야만 합니다. 황제라도 물을 받으려면 주는 사람 아래에 컵을 놓아야 합니다. 옛날 거지가 밥을 동냥하러 이집 저집 기웃거리며 돌아다니듯이, 사랑도 받기만 한 사람은 사랑 거지가 되어 이 사람 저 사람 기웃거립니다. 감사하다고 머리를 숙이는 삶이 아니라, 감사하다는 말을 듣는 삶이 훨씬 행복할 것입니다. 그것이 얼마나 행복한 일인지는 주는 기쁨을 경험해 본 사람만이, 그 기쁨의 깊이를 이해할 수 있습니다. 주는 것이 우월감을 가지려고 주는 것은 절대로 아닙니다. 사랑하기 때문에 주는 것입니다.

어떤 분은 "나도 살기 팍팍해서 주고 싶어도 줄 것이 없다."라고 하십니다. 그러나 주는 것은 물질만을 의미하지 않습니다. 때로는 물질보다 더 중요한 것들이 많이 있습니다. 화를 내야 할 때 한 번 참아보는 것 또한 나와 상대에게 좋은 것을 주는 일입니다. 택배를 가져다 주신 분, 카페·식당·사무실에서 청소해 주시는 분께 "감사합니다" 전하는 한마디가 큰 위로가 될 수 있습니다.

뉴스에는 늘 무섭고 살벌한 사건·사고가 넘쳐납니다. 그런 것들을 보며 삭막한 세상 살기 힘들다고 불평하거나 불안해할 것 없습니다. 내가 살아가는 세상에서 내가 먼저 양보하고, 웃고 대하는 것, 내가 할 수 있는 범위 안에서 좋은 언행을 하고 따뜻한 마음을 실천하는 것이 세상을 아름답게 바꿀 수 있는 힘이 됩니다. 가정에서든, 직장에서든, 사회에서든 타인을 먼저 배려하려는 마음이 있다면 세상은 훨씬 더 살 만해질 것입니다.

> **무엇이든 일방적인 것은**
> **오래 지속될 수 없습니다.**
> **부모와 자녀, 부부, 친구, 어떤 인간관계든**
> **서로 주고받는 흐름이 중요합니다.**

자식에게도 주기만 하지 말고, 받기도 해야 합니다. 계속 주기만 하면, 부모는 지치고 힘들어집니다. 받기만 하는 사람, 주기만 하는 사람은 반쪽짜리 인생을 사는 것입니다. 주고받을 수 있는 양방향 인생을 살아야 오래 지속되고 삶의 참맛도 누릴 수 있습니다. 세상은 넓고 사람은 많습니다. 일방적으로 받기만 하려는 사람과의 관계는 끊고, 주고받을 줄 아는 사람과 함께해야 지치지 않고 멋진 인생을 살게 됩니다.

14

죽음을 이해하라

◼ 죽음이란 고통스럽고 노예 같던 삶에
묶여 있다가 풀려난 것입니다.
괴롭고 힘든 삶의 여정을 마치고
'없음'이라는 본래 자리로 돌아가는 것입니다.

70년 넘게 살아오며, 많은 사람이 사랑하는 이를 잃고 고통 속에 머무는 모습을 숱하게 보아왔습니다. 안타까움과 슬픔에 사로잡혀, 사랑하는 이의 죽음 앞에 언제까지고 머물러 있는 사람들도 자주 보았습니다. 삶의 끝자락에서 죽음을 바라보는 시선은 무겁고도 복잡합니다. 그러나 죽음을 제대로 이해하게 되면, 삶이 달라지고, 죽음으로부터도 자유로워질 수 있습니다. 인간은 영원한 삶과 영원한 사랑을 꿈꾸지만, 태어난 사람은 반드시 죽고, 만나는 사람은 반드시 헤어집니다. 만물은 중에 변하지 않는 것은 세상 어디에도 없습니다. 태어난 자는 반드시 죽는다는 이 필연적 운명을 모르는 사람은 없습니다. 다만, 죽음이라는 놈이 언제 우리를 데려갈지는 아무도 모릅니다.

    죽음에 대해 우리가 분명히 말할 수 있는 사실들이 있습니다. '태어난 자는 반드시 죽는다, 죽는 데는 순서가 없다, 죽을 때 아무것도 가져갈 수 없다, 죽음을 대신할 수 있는 것은 없다, 죽음은 미리 경험할 수 없다, 어디서 죽을지 모른다.' 이 세상에 죽음만큼 확실한 것은 없습니다. 그러나 사람들은 다가올 위험과 혹한과 노후는 준비하면서, 정작 가장 확실한 죽음은 준비하지 않습니다. 사는 데는 열심이면서, 죽음은 생각하지 않고 살기 때문에, 막상 죽음이 닥치면 황망하고 당황스러운 것입니다. 사람은 누구나 다 죽는다는 사실을 머리로는 알고 있습니다. 죽음은 우리와 항상 함께 있지만, 현실에서는 이를 느끼지 못하고 살아갑니다. 마치 햇볕에 나가면 그림자가 생기듯, 태어남과 죽음은 함께 시작된 것입니다. 그렇기 때문에 우리는 태어나는 순간부터 죽음을 향해 나아가고 있는 셈입니다. 이런 생각을 하지 않기 때문에 죽음이 불쑥 찾아온 것처럼 당혹스럽게 느껴집니다. 죽음을 전혀 준비하지 않고 살았기 때문에 갑자기 찾아온 죽음 앞에 슬퍼합니다. 그러나 죽음을 제대로 알게 되면 마냥 슬퍼할 것이 없습니다.

　죽음이란 어떤 것일까요? 죽음에 대해 많은 말을 하지만 그것을 경험한 이는 없기에, 누구도 죽음을 명확히 알 수 없습니다. 저는 장의사가 아니지만 수많은 죽음을 보았습니다. 건설 현장에서 험하게 죽은 동료들을 봤습니다. 그래서 인생이 허무하다는 것을 알게 되었습니다. 제 부친께서 말씀하시기를 "결혼식은 기쁘고 즐거운 잔치 날이니 안 가도 되지만, 장례식은 힘든 일을 당했으니 꼭 가야 한다."고 하셔서 저는 아버지 말씀대로 지금까지 장례식에 천 번은 다녀왔을 것입니다. 이런 경험들을 통해 죽음은 결코 두려운 것이 아니라고 깨달았습니다. 가을이면 나뭇잎이 단풍으로 물들었다가 떨어지듯, 죽음은 자연스러운 순리입니다. 사람들은 천수를 누리고 싶다고 말합니다. 넓은 의미에서 보편적인 천수는 있겠지만 개인적인 천수란 없습니다. 보통 정부에서 통계를 낸 평균수명대로 살고 죽으면 천수를 누리고 살았다고 하지만, 모두가 그렇게 살고 죽는 것은 아닙니다.

평균수명보다 훨씬 못살기도 하고, 훨씬 더 살고 가기도 합니다. 어떤 이에게는 100년이 주어지고, 어떤 이에게는 어머니 뱃속에서 끝나는 만큼만 주어집니다. 그러니 개인적인 천수는 따로 없습니다. 내가 죽는 날이 바로 자신에게 주어진 천수인 것입니다.

> **잎이 펴야 꽃이 피고,**
> **꽃이 져야 열매가 열립니다.**
> **사람 또한 죽음을 통해**
> **자신의 성적표를 받습니다.**

잎이 떨어지고 죽은 나무는, 거름이 되어 다른 나무가 성장하도록 돕습니다. 이것이 자연의 순리입니다. 사람이 죽는다고 그냥 의미 없이 사라지는 것이 아닙니다.

자신이 살아가는 동안 배우고 익힌 지식과 기술, 경험과 자본을 후손에게 물려주고 죽습니다. 어떤 사람이든 자신이 가진 모든 것을 하나도 가져가지 못하고 이

14

세상에 남겨놓고 갑니다. 인류는 그렇게 죽은 자들이 남긴 것을 토대로 오늘날처럼 눈부신 발전을 이뤄낸 것입니다. 짐승과 다름없던 인간은 죽음이라는 순환을 통해 21세기 AI시대까지 도달했습니다.

　죽음은 신께서 인간에게 주신 아주 큰 축복입니다. 만물과 인간에게 영원성이 없고, 한계가 있으며, 죽음이 존재한다는 것은 축복이 아닐 수 없습니다. 그렇지 않다면 인류에게 이보다 더 큰 재앙은 없을 것입니다. 부처님의 말을 빌리지 않더라도 인간은 누구나 걱정과 고통, 불안 속에 살아갑니다. 세상에 근심 걱정 없는 사람이 어디 있겠습니까? 인간을 한마디로 정의하자면, 고통이라고 말할 수 있습니다. 100년도 힘들어서 못 살겠다고 하는 인간들에게 200년의 시간을 준다면 끔찍하지 않겠습니까? 노후에 대해 강의하던 한 강사는 "가장 재수 없는 인간은 120년을 사는 사람이다."라고 말했습니다. '삶은 곧 고통'입니다. 그런데 이상한 점이, 사람들은 그렇게 말하면서도 죽음을 두려워하고 슬퍼합니다. 그러나 만약 죽음이 없다면 출근은 했지만, 퇴근은 하지 않는 것과 같습니다. 지금의 자신이 살고 있는 형편 그대로 천 년, 만 년을 산다고 생각해 보십시오. 얼마나 끔찍한 일이겠습니까? "앓느니 죽는다"는 말이 있습니다. 저도 장기 복용 중인 약이 여러 가지 있습니다. 병원에 다니며 약을 먹는 지금의 상태로 수백 년을 살아야 한다면, 그것은 재앙입니다. 병든 몸을 자유롭게 움직이지 못한 채 오래오래 살아간다는 것이 과연 좋은 일인가? 다른 사람은 몰라도 저에게는 그것이 오히려 끔찍한 일입니다.

어떤 사람은 다시 태어나거나 시간이 더 주어진다면 잘할 수 있을 것 같다고 말합니다. 그러나 미안한 이야기지만, 지금 하지 못한 사람은 시간이 주어져도 못합니다. 내년에는 잘될 거라 기대하지만, 쉽게 되지 않습니다. 잘살고 싶었지만, 왜 지금까지 잘살지 못했을까요? 저 자신을 돌아봤습니다. 저의 길을 막은 사람은 아무도 없었습니다. 공부하지 말라고, 일하지 말라고, 부자가 되지 말라고, 성공하지 말라고 방해한 사람은 없었습니다. 내가 안 한 것입니다.

14

세상에 태어난 모든 사람은 이루고 싶은 것 이루고 싶은 꿈을 가지고 있었지만, 결국 대부분 이루지 못하고 살아갑니다. 인생이 마음대로 되지 않는다고 한탄하면서 살아가지만, 사실은 마음뿐이고 몸이 움직이지 않아 행동하지 못했기 때문에 이루지 못한 것입니다. 저에게 천 년의 시간이 주어진다 해도, 저는 제 인생을 확 바꿀 자신이 없습니다. 사람들은 각자 크고 작은 꿈을 품고 살아가지만, 결국 그 꿈을 이루지 못한 채 죽어갑니다. 왜일까요? 게으르고, 의지가 약하고, 꿈이 없고, 성실하지 못했기 때문이라고 생각합니다.

세월처럼 빠른 게 없다고, 세월이 훅 지나고 어느새 머리에 하얀 서리가 내리면 비로소 자연으로 돌아갈 시간이 되었음을 그제야 깨닫게 됩니다. '어?'하는 사이에 죽음이 성큼 다가왔음을 알게 되고, 하고 싶은 일을 하지 못한 아쉬움이 몰려옵니다. 그래서 사람들은 죽음을 더 두려워하고 아쉬워합니다. 하지만 꿈을 이루었어도 죽음이 아쉽지 않겠습니까? 하나의 꿈을 이루면 또 다른 꿈을 또 꾸는 것이 인간이기에, 그 욕심 때문에 죽음이 두려운 것입니다. 자신의 욕심을 채우지 못했기에 인생이 괴롭고, 마음대로 안 된다며 탄식하게 됩니다. 자신이 내 삶의 주인임에도 불구하고 스스로를 다루지 못하기에, 하고 싶은 일을 하지 못한 채 세월 앞에 무릎을 꿇고 죽어가는 것입니다. 예수님께서도 기도하지 않고 잠을 자는 제자들을 보며 "마음은 원이로되 육신이 약하도다"라며 안타까워하셨습니다. 모두가 성공을 원하지만, 정작 몸이 마음대로 움직여주지 않습니다. 운동을 해야겠다, 공부를 해야겠다 다짐을 하면서도 몸이 따르지 않으니, 결국 평생 그렇게 살아가다 후회하며 죽는 것입니다.

러시아의 시인 푸시킨은 『삶』이라는 시에서 "삶이 그대를 속일지라도 슬퍼하거나 노여워 말라."고 썼습니다. 하지만 실상은 삶이 우리를 속이는 것이 아니라, 내가 나의 인생을 속이는 것입니다. 꿈을 이루지 못한 것은 결국 자신이 이루지 못한 것이지, 부모나 남, 세상 탓을 하며 원망할 일이 아닙니다. 인간은 결국 자기가 만든 삶의 굴레에서 맴돌다가 죽음으로 끝을 맺습니다. "내가 이렇게 살다 가려고 아등바등했나."하고 병상에서 한숨 짓는 분들을 보았습니다. 누가 그렇게 살라고 한 사람이 있겠습니까? 자신이 선택한 삶을 어찌하겠습니까? 사람이 죽는다는 사실을 확실히 알아야 하는 이유는, 인생에는 죽음이라는 끝이 있으니 함부로 살지 말고, 후회 없이 조심하며 열심히 살아가라는 것입니다.

    백 년도 살기 힘든 인간들이 마치 천 년도 살 것처럼 살아갑니다. 하지만 누구나 죽는다는 진리를 깨닫게 되면 인간은 겸손해집니다. 사람은 돈과 권력, 지식과 명예를 남보다 우월하게 가지게 되면 교만해집니다. 특히 권력과 돈을 가지면 더욱더 교만하게 됩니다. 저는 살아오며 수많은 사람을 접해봤습니다. 그중 제가 아무리 생각해도 이상한 것이 있습니다. 같은 동네에서 농사짓다가 조합장이 되면 말과 행동이 달라집니다. 같이 밥을 먹고 차도 마시던 사람이 군수나 국회의원이 되면 사람이 확 변합니다. 조합장이 되었다고, 군수가 되었다고, 도지사가 되었다고 실력이 갑자기 나아진 것도 아닙니다. 국회의원 되었다고 인격이 조금도 나아진 것이 없는

데, 갑자기 애국자가 되고, 검은 것이 흰 것이 되고, 결국은 괴물이 되어있습니다. 정치인뿐만이 아닙니다. 힘이 생기고 높은 자리에 오르면, 성직자든 교수든 너나 할 것 없이 사람이 변질됩니다. 과일은 한쪽이 썩으면 썩은 부분만 도려내면 됩니다. 하지만 우유는 한 번 변질되면 통째로 버릴 수밖에 없듯이, 변질된 인간도 버릴 수밖에 없습니다. 더는 쓸모가 없습니다. 고쳐 쓰지도 못하고 바꿀 수도 없는 게 인간입니다. 국민의 일꾼이 되겠다던 인간들이 국민 위에 군림하며, 국민은 경제적으로 힘들어 죽겠다고 아우성치는데 세금은 번개처럼 올리고 온갖 특혜를 다 누리고 있습니다. 적게 일하고 많이 받으려 하고, 누가 노동자이고 누가 주인인지 알 수 없는 혼란이 이어지고 있습니다. 그러니 무정부주의자들이 생겨나는 것입니다. 국민을 위해 일하라고 준 권력을 망나니가 칼 휘두르듯 휘두르며 칼춤 추는 모습을 보세요. 칼국수에 칼이 없고, 붕어빵에 붕어가 없듯, 그들의 눈에는 국민도 없고 애국도 없습니다. 종교도, 회사도, 학교도, 사회도 어느 곳도 예외일 수 없습니다. 나라는 국민이 주인이 아니라 정치인들이 주인이 되었고, 큰 교회는 이미 기업이 된 지 오래고, 기업은 누가 주인인지 알지 못합니다. 낡은 옷에 성경책을 끼고 가난하고 나약한 이들을 찾아 이 집 저 집 다니며 아픔을 함께 하고, 심지어 송아지가 잘 태어나길 바라며 외양간에서 기도하던 목사님을 본 지도 오래입니다. 수천억짜리 화려한 교회가 왜 필요한지 모르겠습니다. 하나님 성전을 짓는다고는 하지만, 그런 교회에 하나님께서 오셔서 그 예배를 기뻐 받으시지는 않을 것 같습니다. 지금 교회에는 하나님이 아니라 목사와 신부만 있는 듯합니다. 하나님이 주인이어야 할 공간에서 목사와 신부가 주인처럼 느껴지는 것은 왜일까요? 예수님은 교회보다 사람을 먼저 챙기셨습니다. 낡은 장삼을 걸치고, 바짝 마른 얼굴에 영롱한 눈빛을 지닌 스님을 본님을 본 지도 오래고, 고래 등같이 화려한 절간은 불쌍한 중생들을 압도합니다. 종교도 이제는 글로벌한 기업으로 변해버렸습니다. 변질된 것입니다.

맑은 하늘 위를 떠다니던 조각구름이 어느 순간 사라지듯, 사람도 그렇게 구름처럼 홀연 사라집니다. 죽음이 항상 곁에 있다는 것을 안다면, 그렇게 위세를 떨며 살 필요가 있을까요? 사람은 죽으면 결국 흔적 없이 사라집니다. 하늘 위에 떠 있던 구름이 사라졌을 때, 원래 그 자리에 구름이 있었던 것일까요, 없었던 것일까요? 구름은 본래 없던 자리로 되돌아간 것입니다. 사람 역시 태어났다가 사라지는 존재이니, 엄밀히 따져보면 원래 없던 것이나 마찬가지입니다. 죽음이란 원래 있던 자리로 되돌아감입니다. 그래서 '돌아가셨다'고 표현하는 것 아닐까요? 성경에서도 아침 안개가 잠깐 보이다 사라지듯 사라지는 것이 인간의 생명이라 하였습니다. 그렇다면 죽음이란 무엇인가?

> **세상 모든 것이 순환하듯이,
> 죽음도 순환에 일부입니다.**

봄에 올라온 잡초가 가을이면 사라지고, 겨울이 지나 다시 봄이 오면 재차 돋아나듯, 인간의 죽음도 '죽음'이라고 불러서 그렇지 결국은 '순환'입니다. 나 역시 머지않아 똑같은 순환의 길을 가야 합니다. 크게 슬퍼할 일도 기뻐할 일도 아닙니다. 살아 숨 쉬는 모든 존재는 오늘 주어진 삶에 감사하며 열심히 살아야 합니다. 그러니 사랑하는 이의 죽음이라도 잠시 애도의 시간을 가진 후, 흘려보내십시오. 내 마음이 고통스러워 일상이 무너질 정도로 슬픔을 곁에 두지 마십시오. 우리도 죽음을 향해 가고 있다는 것을 알면, 그렇게 슬퍼할 것이 없습니다. 민들레 홀씨는 바람에 날려 어디론가 떨어지고, 어딘가에서 싹을 틔워 자라나다가 시도 때도 없이 죽어갑니다. 사람도 마찬가지로 시도 때도 없이 장소를 불문하고 누구에게서 태어날지 알 수 없고, 언제, 어디서 죽을지도 알 수 없는 존재입니다. 그러니 너무 슬퍼할 것 없습니다.

**사람은 어떻게 태어났느냐보다
어떻게 살았느냐가 중요합니다.**

요즈음 사람들은 흙수저, 금수저, 보석수저 이야기를 합니다. 그러나 모두 부질없는 이야기입니다. 사람이 대단해 보이지만, 어쩌면 들판의 풀씨가 바람에 흩어져 떨어져 자라듯, 우리도 전혀 예상하지 못한 지구 어딘가에 뿌려진 존재일 뿐입니다. 저 역시 부모, 나라, 지역도 전혀 알지 못하고 이름도 생소한 어느 시골 깡촌에서 태어났습니다. 사람은 태어나는 것과 죽는 것을 선택할 수 없습니다. 흙수저든 금수저든, 어떤 수저를 물고 나왔든 결국 어떻게 사느냐가 중요합니다.

지구상에 태어난 사람 가운데, 그 탄생일을 기념해 전 세계의 백화점에서 세일을 하고, 선물을 주고받으며, 믿든 믿지 않든 모두가 '사랑'을 이야기하는 인물은 예수님 한 분뿐인 것 같습니다. 인류에게 가장 큰 영향을 주셨던 예수님께서는 마구간의 구유에서 태어나시고, 돌아가실 때도 비참하게 십자가에서 죽임을 당하셨습니다. 태어날 때 궁핍하게 태어나시고 돌아가실 때도 참혹하게 돌아가셨지만, 2천 년이 지난 지금까지도 수많은 사람이 예수님을 믿고 있습니다. 그렇기에 인간은 어느 부모, 어떤 환경, 어느 장소에서 태어났는지와 어떻게 먹고 살다 죽었는지가 그리 중요하지 않습니다. 사는 동안 어떻게 살았느냐가 가장 중요합니다.

인간은 자신의 삶을 자신이 선택할 수 있기 때문에 위대한 것입니다. 아무리 아름다운 그릇이라도 쓰레기를 담으면 쓰레기통이 되고, 꿀을 담으면 꿀단지가 되며, 보석을 담으면 보석함이 됩니다. 마찬가지로, 인간도 자신의 행위에 따라 쓰레기 같은 존재가 될 수도, 존귀한 존재가 될 수도 있습니다. 왜 죽음을 의식하면서 살아야 하는가. 죽음, 즉 삶의 끝이 있다는 사실을 확실히 알고 살아간다면 인생을 함부로 살지 않기 때문입니다. 부모님이 돌아가시고 친구가 죽어 조문을 가도, 정작 자신은 죽음을 먼 일로 여깁니다. 부모님이 돌아가시면, "이제는 내 차례가 다가오고 있구나" 하고 깊이 성찰해야 합니다. 가는 것은 순서가 없다지만 그래도 대충 감이 잡히지 않습니까? 아무리 얇은 종이라도 양면이 있듯, 삶과 죽음도 늘 함께 존재합니다. 주사위를 던졌을 때 어떤 면이 나올지 알 수 없듯이, 우리가 오늘 죽을지 내일 죽을지 알 수 없습니다. 사람이 한번 죽는 것은 필연이지만, 죽음에는 순서가 없으니 항상 긴장하며 자신을 돌아보며 살아야 합니다. 죽음은 결국 모든 것에 끝이 있다는 것을 알려줍니다. 사람과 모든 만물에 한계가 있다는 사실은 오히려 축복입니다. 그런데 이해가 안 되는 부분이 또 있습니다. 종교가 있는 사람들이 죽음을 두려워한다는 것입니다. 예컨대 불교는 윤회를 믿으니 죽어도 다시 태어나면 되는 일인데, 그토록 죽음을 두려워합니다. 기독교는 부활과 천국을 믿으니 사후에 천국으로 갈 것인데도 죽음을 두려워합니다. 저는 이런 생각을 해본 적이 있습니다. 누군가가 죽었을 때 사람들이 슬퍼하는 것이 진심일까? 자신이 그토록 슬퍼할 정도로 자신을 사랑해준 사람인가? 자신을 진심으로 사랑한 존재가 부모 외에 또 있었던가? 그런 의미에서 죽음을 조금 더 냉정하게 바라볼 필요가 있습니다. 태초부터 존재했던 인간은 없습니다. 없던 존재가 생겨난 것입니다. 인간은 본래 이 지구의 주인이 아니라, 여행을 왔다 가는 손님일 뿐입니다. 손님은 결국 모든 것을 내려놓고 빈손으로 떠납니다. 내 것 같은 몸조차 내 것이 아니기에, 떠날 때는 이 몸마저 주인집에 두고 떠나야 합니다.

　　죽음을 아는 이는 모든 것에 끝이 있다는 사실을 알기에 겸손하게 살아갑니다. 돈이 있어도, 높은 자리에 있어도, 죽음 앞에서는 아무것도 아니기에 겸허해집니다. 반대로 죽음을 모르는 이는 돈이든, 사람이든, 귀한 줄을 모르고 기분 내키는 대로 살아갑니다. 사람은 말과 행동에 따라 달라집니다. 말은 그 사람의 철학이고, 행동은 그 사람의 완성입니다. 돼지로 태어나면 돼지로, 호랑이로 태어나면 호랑이로 쭉 살다 죽습니다. 그러나 인간은 분명히 사람으로 태어났어도 살아가면서 이름이 바뀝니다. 어떤 이는 '싸가지 없는 놈', '짠돌이', '후레자식'이라 불리고, 어떤 이는 '부처님 같다', '예수님 같다', '성현 같은 분'이라는 말을 듣기도 합니다. 인간은 인간 숫자만큼 다양한 이름으로 불립니다. 자신은 어떤 사람인지, 어떤 이름으로 불리고 있는지, 냉혹한 시선으로 점검해 보십시오. 혹시 압니까? 자신이 개새끼라 불리고 있을지. 나는 지금 '사람'으로 불리는지, '짐승'처럼 불리는지, '성인'처럼 불리는지 스스로의 말과 행동을 타인의 시선으로 냉정하게 돌아봐야 합니다. 만약 말과 행동이 다르면, 그 사람은 제대로 된 사람이 아닙니다. 좋은 말을 한다고 해서 좋은 사람이라고 착각하면 안 됩니다. 말과 행동이 다른 사람은, 그저 좋은 말을 전달하는 도구에 지나지 않습니다. 자신이 한 말을 마음에 되새기며, 말과 행동이 일치할 때 비로소 짐승이 아닌 사람으로 살다가 죽을 수 있습니다.

대개 사람들은 죽음을 기분 나쁘게 여기거나 두려워합니다. 가장 큰 이유는, 삶을 너무나 소유적으로 살아왔기 때문인 것 같습니다. 소유적인 삶에 익숙해진 사람들은 남보다 더 많이 가져야 하고, 더 높은 자리에 올라야 행복하다고 믿는 겁니다. 모든 괴로움의 시작은 더 많이 가지려는 마음에서 비롯됩니다. 배우자도 내 것, 자녀도 내 것이라고 착각하며, 그들이 내가 원하는 대로 하기를 바랍니다. 그러나 배우자와 자식이 내 마음대로 되던가요? 되지 않습니다. 마음대로 안 되니 괴로운 것입니다. 저는 농사도 지어봤고, 나무도 키워봤으며, 건설 현장에서 공사도 해봤고 지금도 하고 있습니다. 그러나 마음대로 되는 것은 하나도 없습니다. 사람이 제 뜻대로 되는 일 하나 없다는 사실만 알아도 많은 것을 내려놓고 인생을 훨씬 가볍게 살 수 있게 됩니다. 자기 힘으로 되지 않는 일만 내려놓아도 삶은 훨씬 수월해집니다. 자기 능력으로 안 되는 일을 굳이 움켜쥐고 해보려고 하니까 인생살이가 고달픈 것입니다. 내 것이 어디 있습니까? 내 것은 아무것도 없습니다. 정말 내 것이라면 당연히 내가 죽을 때 가져갈 수 있어야 합니다. 돈도, 명예도, 권력도, 심지어 내 몸마저도 가져갈 수 없다면 그것은 결코 내 것이 아닙니다. 죽어서 무언가를 가져간 사람을 단 한 명이라도 본 적이 있습니까? 죽음 앞에서 가장 슬픈 이는 죽어가는 당사자입니다. 남은 사람들은 생각만큼 슬퍼하지 않습니다. 요즘 제가 장례식장에서 보고 느낀 것이 있습니다. 부모가 돌아가셨을 때 자녀들이 생각보다 슬퍼하지 않아서 좋다고 생각합니다. 웬만하면 자녀들이나 조문객들이 오히려 호상이라고 합니다. 물론 생을 다하고 편히 떠났다는 뜻에서 호상이라 부를 수는 있겠지만, 과연 죽은 당사자도 그 죽음을 좋은 죽음, 호상이라 여길까요? 아마 더 살지 못하고 죽은 것을 원통해할 것입니다. 특히 많은 재산과 높은 지위를 가졌던 사람일수록 더욱 억울하다고 그럴 겁니다. 많은 것을 남겨 놓고 죽으니 힘들지 않겠습니까? 자녀들은 죽은 부모보다 남겨진 재산을 어떻게 나눌까에 더 신경 씁니다. 그러니 가진 것, 권력, 명예, 이 모든 것이 진정한 내 것이 아니라는 사실을 알아야 합니다. 결국 내가 직접 쓴 것, 내가 살아 있는 동안 누린 것만이 잠시 내 것일 뿐입니다. 있을 때 좋은 곳에 쓰고, 높은 자리에 있을 때 더 많이 배려하며 살아야 합니다. 인간은 건물처럼 위아래가 있는 존재가 아닙니다. 사람 위에 사람 없고, 사람 밑에 사람 없습니다. 모두 같은 존재입니다.

죽음에 대한 공부가 되어 있지 않으면, 죽음은 두렵고 슬프고 고통스러운 것으로 느껴집니다. 그러나 죽음이란 고통스럽고 노예 같던 삶에 묶여 있다가 풀려난 것입니다.

**괴롭고 힘든 삶의 여정을 마치고
'없음'이라는 본래 자리로 돌아가는 것입니다.**

사랑하는 이의 죽음 또한 그렇습니다. 나보다 조금 먼저 갔을 뿐, 나도 결국 같은 길을 갈 것이기에 그 죽음 앞에서 너무 슬퍼할 것 없습니다. 죽음의 고통을 미리 부여잡고 두려워하거나 슬퍼하지 마십시오. 언제 죽을지 모르는 인생, 오늘에 충실하며 열심히 살아가는 것이 가장 현명한 삶입니다.

15

좋음도 없고 나쁨도 없다

◆ 인간은 모든 것을 알 수 없고,
어떤 환경에도 적응할 수 있는 존재이기 때문에
똑 부러지게 이것이 옳다, 저것이 그르다
단정하기 어렵습니다.

사자가 귀여운 토끼를 잡아먹습니다. 이것을 악이라고 규정할 수 있을까요?

어린 사슴을 잡아먹는 사자의 모습을 보면서 잔인하고 무섭다고 합니다. 그러나 더 무서운 것은, 사자가 연민이나 자비, 사랑을 품고 약한 짐승을 잡아먹지 않으면 자연계의 먹이사슬이 끊어져 자연이 파괴된다는 사실입니다. 사슴이 100마리 있을 때는 먹을 것이 풍부하여 서로 잘 먹고 잘 살아갑니다. 그런데 사슴이 300마리로 늘어나면 먹을 풀이 부족해져 다 굶어 죽습니다. 그런 일이 벌어지기 전에 사자가 사슴을 잡아먹기 때문에 사슴은 적당한 개체수를 유지하며 살아갈 수 있게 됩니다.

물론 죽은 사슴은 억울하겠지만, 살아남은 사슴은 잘 살 수 있게 됩니다. 자연은 약육강식의 세계입니다. 언뜻 보면 인정사정없는 매몰찬 세계 같지만, 사실은 모든 것이 연결되어 서로서로 돕고 살아가는 체계입니다. 그 연결고리가 끊어지면 자연은 무너집니다. 여름날 폭풍우에 쓰러진 나무는 썩어 다른 나무들의 거름이 됩니다. 가을이 되면 무성하던 나뭇잎은 단풍이 되어 땅에 떨어지고 썩어서 다시 나무의 양분이 됩니다.

    인간도 죽으면 살아있는 사람들의 양분이 되어줍니다. 누군가 연구논문을 써놓고 죽으면, 후손들이 그것을 바탕으로 더 연구하여 더 발전시킵니다. 아버지가 짓던 농사법을 아들이 배우고, 그 배움의 토대 위에서 더 나은 농사법을 새롭게 개발하기도 합니다. 만약 인간이 자신이 생산하고 모든 재산과 지식을 죽을 때 가져갈 수 있다면, 인류는 오늘날처럼 발전하지 못했을 것입니다. 그런 면에서 죽음은 살아있는 사람에게도, 나아가 인류 전체에게도 축복입니다. 누군가 죽으면 다음 사람에게 더 큰 기회와 영감을 주니 좋고, 나쁜 사람이 죽으면 나쁜 사람이 없어지니까 좋은 것입니다. 모든 동물에게는 천적이 있으며, 그들은 자연의 섭리에 따라 서로의 삶을 지탱해 줍니다. 그들만의 질서를 따르며 생명의 순환을 이어가는 것입니다. 인간의 눈에 잔인하고 무섭게 보일 수 있는 이 순환은 아름답고 진실한 자연의 섭리입니다.

때에 맞춰 움직이는 대기 순환에 따라 장마가 오기도 하고, 가뭄이 오기도 합니다. 비가 오지 않아 나무가 말라 죽는다고 해서 그것을 비윤리적이라고 할 수 있을까요? 반대로, 비가 너무 많이 와 산사태로 나무가 무너진다고 해서 그것을 나쁜 일이라고 할 수 있을까요? 인간의 좁은 시선으로 보면 있을 수 없는 일, 있어서는 안 되는 일처럼 보이지만, 크게 보면 하나님이 창조하신 섭리의 흐름입니다. 마치 구름이 모였다가 흩어지고, 흩어졌다가 또 뭉쳐서 큰 구름이 되듯이, 모든 것은 모였다가 흩어지고 다시 모이기를 반복합니다. 그것이 자연의 섭리입니다. 인간은 자기가 좋아하는 것을 '좋은 것'이라 여기고, 싫어하는 것을 '나쁜 것'이라고 규정하려 듭니다. 그러나 내가 싫어하는 것을 누군가는 좋아할 수도 있기에, 그것을 나쁘다고만 할 수는 없습니다.

> **인간은 모든 것을 알 수 없고,**
> **어떤 환경에도 적응할 수 있는 존재이기 때문에**
> **똑 부러지게 이것이 옳다, 저것이 그르다**
> **단정하기 어렵습니다.**

북극에서 살다가 열대지방에서도 살아갈 수 있는 것이 인간입니다. 부자라고 행복하다고 말할 수 없고, 가난하다고 불행하다 할 수 없습니다. 부자로 살아도 가난하게 살아도 행복할 수 있는 게 인간입니다. 돈이 없어도 자신이 부자라고 생각하면 부자인 것이고, 돈이 많아도 가난하다고 생각하는 사람은 가난한 것입니다. 자식이 성공했다고 좋다고 할 수 없고, 자식이 성공 못 했다고 나쁘다고 할 수 없습니다. 크게 성공한 자식이 해외로 떠나버리면 부모 기분은 좋겠지만, 사랑하는 자식을 자주 볼 수 있는 날은 물 건너간 것입니다. 어린나무라도 꼿꼿하고 멋지게 자라면 목수는 단번에 알아보고 베어다 필요한 곳에 써버립니다. 반면, 못난 나무는 목수의 눈에도 나무꾼의 손에도 걸리지 않아 수백 년을 살아남습니다. 지금도 각 지역에 보호수로 지정된 나무들은 모두 못생겨서 목수나 나무꾼 손에서 벗어나 베이지 않고 살아남은 나무들입니다. 다산 정약용 선생은 임금 옆에 있다가 유배를 갔습니다. 얼마나 힘들었겠습니까? 그러나 그 유배지에서 수많은 책을 썼고, 그 저서들은 오늘날까지도 우리의 삶에 지혜가 되어 길을 가르쳐 주고 있습니다. 그는 시대를 뛰어넘은 스승으로 남았습니다. 이순신 장군이 전쟁에서 승리하고도 전장에서 돌아가신 일은 한없이 슬픈 일입니다. 제가 어릴 적에는 이순신 장군의 전기를 읽으면서 왜 이토록 훌륭한 장군님이 돌아가셨느냐고 많이도 울었습니다. 그러나 지금은 생각이 많이 바뀌었습니다. 만약에 장군께서 안 죽고 한양으로 올라갔다면 간신배들의 온갖 모함과 시기 질투로 역적이 되어 누군가의 손에 비참하게 죽었을지 모를 일입니다.

자기 자신을 실패한 인생이라고 쉽게 말하는 분들이 있습니다. 하지만 사실 실패한 것이 아닙니다. 실패했다고 누가 정한 사람이 있습니까? 실패라는 근거는 어디에 있습니까? 스스로 그렇게 단정한 것일 뿐입니다. 인간은 성공이나 실패로 단순하게 규정될 수 없는 존재입니다. 사람이라는 이름으로 이 세상에 태어났다는 사실 자체만으로도 존귀한 것입니다. 사람으로 태어나 부와 권력, 명예를 얻지 못했다고 실패한 인생이라면, 세상의 대부분은 실패자일 것입니다. 내가 왜 이 땅에 태어났는지, 왜 이런 부모에게서 태어났는지, 언제 죽을지를 아는 사람은 없습니다. 그 이유를 아는 사람이 누가 있겠습니까? 우리는 그저 이유도 모른 채 이곳에 태어나 살다가 그냥 가는 것입니다. 내가 살아온 모든 날 동안 새로운 경험을 한 것뿐이고, 후회한다고 다시 살 수 없는 것이 인생입니다. 실패했다고 느끼는 순간조차도, 우리가 사랑해야 할 소중한 인생의 일부입니다. 그러니 실패했다고 단정 짓기보다, 앞으로 성공할 것이라고 생각하며 살면 됩니다. 사람으로 태어나 사람으로 살았다는 이유만으로도, 우리가 살아온 모든 날은 마땅히 존중받아야 합니다. 인간은 자신의 기준에 따라 세상을 판단하고, 사람을 평가하기를 좋아합니다. 하지만 나에게 부족하게 보이는 사람이 누군가에게는 도움이 되는 귀중한 존재일 수 있습니다. 나에게 꼭 필요한 것이 다른 누군가에게는 전혀 필요하지 않은 의미 없는 것일 수도 있습니다. 그러니 사람을 함부로 판단하지 말아야 합니다.

**사람의 마음은 물과 같습니다.
깊은 물은 돌을 던져도 소리가 나지 않습니다.**

어떤 일을 보고도 바로 말하지 않고 신중히 행동하는 사람을 우리는 '속이 깊다'고 표현합니다. 속이 깊은 사람은 상대의 실수 앞에서 급하게 반응하지 않습니다. 깊이 생각한 뒤에야 말하고 행동합니다. 좋은 일을 보아도 즉각적으로 반응하지 않고 깊이 생각합니다. 그렇기에 실수가 적고, 쉽게 사기를 당하지도 않습니다. 큰 나무는 태풍이 불어도 가지는 흔들릴지언정 몸통은 미동도 하지 않습니다. 마음이 얕은 사람은 귀가 얇아 어떤 자극에도 쉽게 반응하고, 칭찬과 좋은 말에 금세 빠져듭니다. 이런 사람은 타인을 쉽게 믿어서 사기를 당하기도 쉽습니다. 아예 비어 있는 깡통도 꽉 찬 깡통처럼 소리가 나지 않습니다. 빈 깡통은 요란하지만, 꽉 찬 깡통은 소리가 나지 않습니다. 아는 것이 전혀 없으면 말을 안 하고 조용히 듣고만 있으니, 아무도 그가 배움이 없어 무지하다는 것을 눈치채지 못합니다.

아는 것이 전혀 없으면 말을 안 하고 조용히 듣고만 있으니, 아무도 그가 배움이 없어 무지하다는 것을 눈치채지 못합니다. 가장 위험한 것은 내용물이 조금 들어 있는 깡통입니다. 이런 사람들은 자기가 아는 것이 세상의 전부라고 생각합니다. 작을 일을 하더라도 마치 큰일을 해낸 것처럼 떠벌리고, 타인의 작은 실수도 가차 없이 비난합니다. 반면 그릇이 큰 사람은 바다와 같아서 어떤 일이 닥쳐도 흔들리지 않고 받아들이니 조용합니다. 부처님이나 예수님은 죽음 앞에서 초연하셨습니다. 크게 만들어진 사람은 어떤 일에도 동요하지 않고, 어려움도 말없이 받아들입니다.

인간 사회에서 큰 기업이 작은 기업을 흡수하거나, 한 세력이 다른 세력을 삼키는 경우에도 마찬가지로 본질적인 생존의 법칙이 작용하고 있습니다. 그러나 우리는 이러한 과정이 비윤리적이라고 반응하기도 합니다. 자신이 가진 이념 도덕적 기준, 호불호의 기준은 자연의 섭리와 맞닿을 때 너무 많은 모순점을 가집니다. 비가 오면 다시 살아납니다. 한 방울의 빗방울이 모여 강이 되고, 강물이 바다가 되는 과정은 생명과 에너지의 흐름을 상징합니다. 때로는 혹독한 가뭄이 찾아오면 식물이 죽고, 비가 오면 다시 살아납니다. 죽은 풀들이 썩어 다른 식물들의 거름이 되는 이 모든 과정은 생명의 끊임없는 대자연의 순환 속에 담겨 있을 뿐입니다. 동식물이 살고 죽고, 강물이 흘러가고, 바다가 되는 것. 이 모든 것은 비윤리적이지 않습니다. 인간의 관념으로 이를 이해하기 어려운 것은 우리가 이러한 거대한 흐름을 단순히 윤리적 관점, 자신만의 호불호의 관점으로 보기 때문입니다. 자연의 법칙을 통해 우리는 하나님의 섭리를 느낄 수 있습니다.

> **모든 것은 끊임없이 변화하며,**
> **태어나고 죽고 큰 것이 작은 것이 되고,**
> **작은 것이 모여서 큰 것을 이루는 과정에서**

> 균형을 맞춰갑니다.
> 파괴와 창조, 흩어짐과 모임을 반복하며,
> 그 속에서 생명은 계속 유지됩니다.

우리가 가지고 있는 윤리적 딜레마는 자연의 섭리와 충돌하며, 그 본질을 파악하기 어렵게 만듭니다. 좋음도 없고, 나쁨도 없습니다. 도덕적 잣대를 아무리 들이밀어봤자 자연은 순환할 뿐입니다. 요즘 진영논리와 이념의 갈등이 커져가고 있습니다. 이는 나라를 불안하게 하는 가장 큰 문제라고 생각합니다. 왜 이런 현상이 생겨나는가? 신기들만 바라보기 때문입니다. 상대를 인정하지 않고, 자신들끼리 울타리를 만들고, 울타리 밖의 사람들을 모두 적으로 보기 때문입니다. 자연은 다투지 않습니다. 나누지 않고, 옳고 그름을 따지지 않고, 서로를 포용하며 하나가 되어 살아갑니다.

내가 있으니 상대가 있고, 상대가 사라지면 나도 사라진다는 것을 알아야 합니다. 서로를 존중하고 인정하고 사랑할 때 비로소 살 만한 세상이 되는 것입니다.

상대를 무너뜨리고 완전히 없애려는 적대적인 마음을 바꾸어야 합니다. 서로 옳고 그르다며 다투다 보면 분열할 수밖에 없습니다. 거대한 우주의 흐름 속에서 일어나는 현상들에 대해 굳이 왈가왈부할 필요가 없습니다. 우리는 자연의 법칙을 통해 인간의 기준을 넘어서는 더 큰 진리를 이해하려 노력하며, 그저 조화를 이루며 살아갈 뿐입니다.

16

사람의 기상은 어디에서 오는가

◼ 빛나는 인생, 멋진 인생, 아름다운 인생,
성공적인 인생을 만들기 위해서는
필요 없는 부분을 과감하게 잘라내고
수없이 반복해서 자신을 다듬고 닦아야 합니다.

　　　내 옷은 내 몸에 맞추어 입듯 인생도 그러합니다. 여러분 각자의 개성을 마음껏 살려야 합니다. 개성이 강한 사람들의 시대가 왔습니다. 사람들은 누구나 자기가 좋아하는 것을 좋아합니다. 그래서 대부분 좋아하는 것을 잘합니다. 자기가 좋아하는 것을 발견했다면, 그것을 하면 할수록 자신에게 맞는다는 생각까지 든다면, 포기하지 말고 계속 해야 합니다. 좋아하는 것을 한다고 해서 반드시 성공한다는 보장은 없지만, 좋아하는 것을 하면 즐거운 인생을 살 수 있습니다. 성공하려면 차라리 좋아하는 것보다는 잘하는 것을 더 잘하기 위해 노력하는 것이 성공에 가까워지는 방법입니다. 축구를 좋아한다고 해서 축구선수가 될 수 있는 것은 아닙니다. 축구를 잘하는 재능을 타고난 사람이 축구를 좋아하고 또 꾸준히 노력할 때, 축구로 성공할 가능성이 생기는 것입니다. 대부분 사람들은 자기가 좋아하는 것을 하게 되지만, 좋아한다고 해서 잘할 수 있는 것은 아닙니다. 좋아하기도 하고 잘하기도 하는 재능을 타고났다면, 그것은 정말 행운입니다. 혹시 잘하는 것이 없다고 하더라도, 이것저것 해 보다 보면 결국 자신이 잘하는 것을 찾아낼 수 있습니다. 저 또한 한때는 잘하는 것이 없다고 생각했습니다. 막노동으로 시작해 개인 사업을 해보고, 회사도 경영해 보고, 다양한 일을 했지만 특별히 잘하는 것이 없구나 싶었습니다. 그래도 이렇게 살아왔으니 감사할 뿐입니다. 어느 날 유튜브를 보는데, 일을 능수능란하게 해내는 사람들을 보았습니다. 거의 신의 경지에 오른 듯한 사람들이 너무 많았습니다. 그런 사람들 틈에서 지금껏 내가 어떻게든 살아남았다는 것 자체가 감사하게 느껴졌습니다. 내가 지금까지 해온 일이 내 능력이 아니라, 타고난 재능 덕분에 가능했었다는 사실을 깨닫고 더욱 감사하게 되었습니다. 하루는 일꾼이 없어서 포클레인 기사와 단둘

이서 자연석을 놓는 작업을 하게 되었습니다. 2톤이 넘는 돌을 와이어로 걸어 위치를 잡아 제자리에 놓았는데, 제가 봐도 정말 자연스럽고 멋지게 잘 놓였습니다. 그 모습을 본 기사가 하는 말이 "정말 돌을 멋지게 잘 놓았다."며 "돌을 잘 다루신다."고 감탄했습니다. 저도 그 말을 듣고 '내가 돌은 잘 다루는구나.'라는 생각을 하게 되었습니다. 돌의 형태와 주변 환경에 잘 어울리도록 맞는 위치에 아주 적당하게 잘 놓았다고 느꼈습니다. 저는 항상 제가 잘하는 게 없다고 생각하며 살았습니다. 그런데 '나의 타고난 재능은 노동이구나. 노동은 신이 나에게 주신 잠재력이고 은혜'라는 것을 깨닫고 감사했습니다. 배우지 못한 저에게 노동을 잘할 수 있는 재능을 주시지 않았다면, 지금 어떻게 살고 있을까? 아마도 엄청나게 힘들고 가난한 삶을 살고 있을 것입니다.

저는 19세가 되던 해부터 지금까지, 50년이 넘는 세월 동안 쉬지 않고 경제 활동을 하면서 살아왔습니다. 배우지 못했고, 가진 것 없이 맨몸으로 사회생활을 시작했기에 많은 것을 겪어야 했습니다. 사람이 받아서는 안 될 인격적인 모독을 당하기도 했고, 일하고도 돈을 받지 못한 적도 있으며, 비인간적인 모멸감을 견뎌야 했던 적도 있습니다. 너무나 비참해서 사는 것이 괴로웠지만, 목구멍이 포도청이니 참을 수밖에 없었습니다. 배우지 못하고 가진 것이 없었기에 겪어야 했던 슬픔이었고, 그 시대를 살아가던 많은 사람이 겪어야 했던 과정이기도 했습니다. 참으로 슬픈 현실이었습니다. 그러나 그런 환경에서도 모든 것을 이겨낼 수 있었던 이유는 대단한 신념이나 의지 때문이 아니었습니다. 그저 태어났기 때문에, 살아있었기 때문에, 배가 고팠기 때문에 그런 고통 속에서도 살아온 것입니다.

사람은 누구나 자기 말을 잘 듣고 잘 따르는 사람을 좋아합니다. 대통령은 국민이 말을 잘 듣기를 바라고, 선생은 제자들이 잘 따르기를 바랍니다. 부모는 자식들이 말 잘 듣기를 원하고, 상사는 부하들이 잘 따르기를 바랍니다. 왜 그럴까요? 자기 말을 잘 듣는 사람들은 이용하고 통제하기 쉬우며, 통제를 통해 자신의 뜻을 이루기 쉽기 때문입니다. 다른 사람이 원하는 것을 잘해서 칭찬반으면 사람들은 우쭐해지며 자신이 주인이 된 줄 착각합니다. 마치 피라미드를 쌓는 노예 하나가 돌을 잘 쌓는다고 파라오에게 칭찬을 받고 자신이 대단한 사람인 줄 착각하듯 말입니다. 오늘날에도 그런 노예를 얼마든지 찾아볼 수 있습니다. 특히 정치판을 보면 극명하고 확실하게 보입니다. 어떤 정치인은 자신의 당 대표나 총재를 무조건 추종하며, 국민이나 국가의 흥망에는 별 관심도 없어 보입니다. 손을 들라면 들고, 내리라면 내립니다. 그런 사람은 정치가가 아니라 정치 노예입니다. 이런 정치인들에게 국민은 비전과 희망을 기대하기 어렵습니다. 부모들은 자녀들에게 돈 잘 버는 직업을 나열하며 열심히 공부하라고 말합니다. 의사, 검사, 판사가 되기를 바랍니다. 하지만 그런 꿈은 아이의 꿈이 아니라 부모의 꿈입니다. 자신의 꿈은 사라지고, 부모의 꿈을 대신 이루어주는 노예의 삶을 살게 되는 것입니다. 부모들은 이런 자녀들을 흐뭇하게 보면서 잘 키웠다고 할지 모르지만, 이런 자녀들은 그저 노예 같은 존재입니다. 그렇게 성공했다 하더라도 뭔가 허전함이 밀려오는 것은 어쩔 수 없습니다. 현대인들은 대중이 원하는 것을 최고라고 착각하며 살고 있습니다. 타인을 의식하기에 남들이 좋아하는 것, 돈 잘 버는 직장, 멋진 외형만을 쫓으며 살아갑니다. 그것이 21세기형 노예의 삶입니다. 현대인들은 자신이 노예가 된 줄 모르고 살아갑니다.

장자의 일화 하나를 소개합니다. 초나라의 위왕이 장자가 매우 똑똑하다는 소문을 듣고 사신을 보내 후하게 대접하면서 제상 자리를 맡아달라고 부탁하였습니다. 이에 장자는 다음과 같은 이야기를 들려줍니다. "교제(郊祭)에 쓰이는 소를 본 적이 있습니까? 교제에 올릴 소는 몇 년을 일도 시키지 않고 좋은 먹이를 주며 잘 키웁니다. 소는 자신이 특별하다고 생각하며 자부심을 느낄 것입니다. '나는 대단하구나. 다른 소들은 죽어라 일하며 대접도 못 받는데, 나는 이렇게 놀면서 맛있는 것 먹고 대접을 받으니 내가 참 대단한 소다.' 어느 날 사람들이 와서 그 소를 깨끗이 씻기고 비단옷을 입힙니다. 소는 의기양양하게 걸어가지만, 태묘가 보이는 순간 깨닫습니다. '아, 나는 죽는구나. 이 모든 대접은 내가 제물로 바쳐지기 위한 것이었구나. 나를 제사상에 올리려고 그렇게 후한 대접을 해줬던 것이구나. 나는 여기까지구나. 내가 차라리 돼지로 태어났더라면 죽지 않았을 것을…' 무슨 말인지 아시겠소? 돌아가시오. 나는 화려하게 사는 소가 되기보다는, 더러운 진흙탕 속에서도 스스로 즐기는 돼지로 살겠습니다."

당신이 진정 원하는 것은 무엇입니까? 누구나 마음속에 숨겨둔 꿈이 있습니다. 각자가 이루고 싶은 것, 하고 싶은 것, 먹고 싶은 것, 가지고 싶은 것이 있습니다.

**내 뜻대로, 내가 원하는 대로 할 수 있는 것이 인간답게 사는 것입니다.
하늘은 언제나 인간에게
스스로 선택할 수 있는 자유를 주셨습니다.**

신은 강제로 억지로 시킨 것이 없습니다. 사람들은 차선책이 없었다고 입버릇처럼 말하면서 꿈을 포기합니다. 그러나 제 생각에는 언제나 차선책은 있었습니다. 상책만 생각하면 무엇이든지 하기 어렵지만, 차선책을 찾으면 조금은 늦더라도 얼마든지 해낼 수 있습니다. 다른 사람들이 인정 안 해도, 자기가 원하는 것을 해야 합니다.

사카모토 료마(坂本龍馬, 1836~1867)는 일본 에도 말기, 토사번의 하위 사무라이 출신으로, 무사 겸 사업가였습니다. '가이엔타이(海援隊)'라는 무역 조직을 직접 운영하며, 경제 활동과 정치 개혁을 동시에 추구했던 실천가입니다. 그는 막부 중심의 도쿠가와 체제를 평화롭게 천황 중심 체제로 이양한 '대정봉환'을 이끌었고, 그로써 일본의 봉건시대를 마감하고 메이지 유신이라는 근대화의 불씨를 지핀 핵심 인물이었습니다. 그러나 막부 체제 아래에서 녹봉을 받으며 떵떵거리며 살던 무사 계층은 그에게 강한 반감을 품었습니다. 결국 대정봉환이 이루어진 지 한 달 뒤인 1867년 12월, 료마는 교토의 오미야 여관에서 친구 나카오카 신타로와 함께 습격을 받아 향년 31세로 생을 마감했습니다. 비록 짧은 생이었지만, 그는 오늘날까지도 일본인들이 가장 존경하는 인물 중 한 명입니다. 그가 남긴 명언 중 몇 가지를 소개합니다.

"다른 사람의 업적을 흠모하거나 흉내 내지 말라. 석가나 공자나 창업 제왕도 모두 전례가 없는 독창적인 길을 걸었다."

"세계를 죽이고 살리는 것은 자기 자신이라 생각하라."

"'나라를 여는 길'은 싸우려는 사람은 싸우고, 항해하려는 사람은 항해하고, 장사하려는 사람은 장사하도록 내버려두는 데 있다."

"세상에 태어난 것은 큰일을 하기 위해서다. 생사 같은 것은 깊이 생각할 필요가 없다."

"생사는 자연 현상이니 미리 계산에 넣어서는 안 된다."

"대대로 백 석이나 이백 석이나 후한 녹봉을 받는 자

와는 함께 일할 수 없다. 녹봉은 새에게 주는 모이와 같다. 조상 대대로 사육되어 온 새장의 새가 무슨 일을 할 수 있단 말인가."

"자연은 사람을 만들었다. 더구나 먹을 것도 만들어주었다. 새처럼 새장에 갇혀 녹봉이라는 이름의 먹이를 받아먹는 것만이 인간이 아니다. 밥은 어디를 가나 따라오게 마련이다. 그러므로 녹봉 따위는 맘에 들지 않으면 낡은 짚신 버리듯이 던져야 한다."

"세상에 살아있는 것이 모두 중생이라면, 그 어떤 것에도 상하가 있을 수 없다. 세상에 살아있는 동안에는 모두 스스로를 최고로 생각해야 한다."

이 남자 멋있지 않습니까? 이런 말을 들으면 가슴이 뛰지 않습니까? 저는 이 나이에도 위 어록들을 읽을 때마다 가슴이 뜁니다. 뭔가 해야겠다는 의지가 솟아납니다. 그래서 영웅이 있어야 합니다. 지도자라면 적어도 이 정도는 되어야 합니다. 이것이 영웅의 기상입니다.

이런 말을 31세에 했다는 사실이 놀라울 뿐입니다. 여러분의 주변에 이 정도의 꿈과 기상을 지닌 사람을 본 적 있습니까?

> **비전이 없다고 말하지 말고,**
> **내 처지를 비관하지 말며,**
> **타인을 부러워하지도 마십시오.**
> **내가 그런 사람이 되면 됩니다.**

일을 해봐야 자신의 능력을 알게 되고, 부딪혀 봐야 없던 능력도 생깁니다. 혹 다른 사람들이 나를 알아주지 않는다고 불평하십니까? 남의 시선이나 남이 욕하는 것에 신경 쓸 것 없습니다. 개 짖는 것에 신경 쓰면 동네 산책도 못합니다. 고만고만한 사람들이 하는 말에 끌려다닐 필요도 없고, 자기만 잘하면 됩니다. 많은 이들이 "이렇게 함부로 주차하다니! 우리나라는 아직 멀었어."라고 말하면서 정작 자신도 함부로 주차합니다. 그렇게 살아서는 세상이 바뀌지 않습니다. 자신부터 바르게 주차하면 됩니다. 내가 세상을 바꿀 수 있다고 믿고, 작은 일이라도 실천해야 합니다. 나를 써주지 않는다고 세상 탓하지 마십시오. 능력이 탁월하면 나를 안 쓸 수가 없습니다. 기업은 돈을 벌기 위해 존재합니다. 능력 있는 사람을 쓰지 않는 것이 아니라, 능력 있는 사람이 없어서 쓰지 못하는 것입니다. 기업은 능력 보고 사람을 쓰고, 능력만큼 봉급을 줍니다. 능력보다 더 많이 주면 기업은 망합니다. 기업은 자선 단체가 아니라 돈 버는 곳입니다. 자신의 능력을 키워야 일을 같이하자고 찾아오는 것입니다. 젊은 제갈량은 숨어 살았어도, 유비가 찾아갔습니다. 내가 갖춰지면 세상이 먼저 나를 알아봅니다. 꽃이 피면 벌과 나비가 자연히 찾아오고, 아름다운 꽃이 있는 곳엔 꽃을 보러 오는 사람들 때문에 자연히 길도 생기게 되는 법입니다.

대한민국은 '운동'의 나라입니다. 민주화운동, 환경운동, 바르게 살기 운동, 경제 살리기 운동 등 온갖 별의별 운동이 넘쳐납니다. 아직도 그런 것을 보면 우리나라는 아직도 먼 것 같습니다. 잘못을 고치는 것은 좋은 일입니다. 문제는 이렇게 운동하는 사람들이 많고 많은

데, 아직도 세상이 바뀌지 않은 것은 왜일까요? 민주화되지 않은 사람들이 민주화 운동을 하니, 진정한 민주화가 이루어질 수 없습니다. 자신들 입으로도 민주화는 멀었다고 지금도 떠들고 있습니다. 세상을 바꾸려고 운동하는 사람들부터 바뀌어야 합니다. 개혁을 외치는 사람부터 개혁되어야 하고, 바꾸자고 운동하는 사람들부터 바뀌어야 합니다. 운동하는 그들이 먼저 바뀌어야 하는 대상입니다. 개혁과 변화는 머리띠를 두르고 거리로 나서는 것이 아니라, 자신부터 자신의 삶을 돌아보고 집에서부터 개혁하는 것입니다. 세상을 바꾸는 방법은 딱 하나입니다. 자기 자신이 먼저 바뀌는 것입니다.

제가 많은 사람을 만나면서 나눈 대화 중 가장 많이 들었던 질문은 "삶을 바꾸고 싶은데, 어떻게 바꾸어야 하나요?"라는 것이었습니다. 저는 늘 이렇게 답합니다. "그냥 바로 실천하면 됩니다." 담배를 끊고 싶다면 주머니에 있는 담배부터 당장 버리고, 다이어트를 하고 싶다면 퇴근할 때 두 정거장 먼저 내려서 걸어가면 됩니다. 돈 벌고 싶다면 커피 사 먹는 대신 물을 마시고, 아르바이트를 한 시간 더하며, 여름휴가도 포기하고 일하면 됩니다. 방법을 모르는 것이 아닙니다. 이론은 이미 다 알고 있습니다. 어떻게 건강해지나요? 하루의 일정 시간을 관련 분야의 책을 읽고, 강의를 듣고, 즉시 실천하면 됩니다. 시작한다고 다 되는 것이 아닙니다. 중도에 포기하지 않고 될 때까지 계속하는 것입니다. 한 번에 잘되는 일은 없습니다. 수백, 수천 번 잘될 때까지 반복해야 합니다. 반복이 습관이 되고, 습관이 인격이 되듯, 모든 일은 반복을 통해 자기 것이 됩니다. 매년 새해가 되면 사람들은 다들 계획을 세웁니다. 원하는 목표를 정하고, 달성하겠다는 의지를 다집니다. 하지만 실제로 달성한 것이 얼마나 됩니까? 한 해가 마무리될 때쯤, 그 중 얼마나 실천했는지 돌아보면, 실천한 것은 몇 개 되지 않습니다. 자신의 성장과 발전은 오직 자신의 손에 달려 있습니다. 이런 평범한 사실을 모르는 사람은 없습니다. 모두 다 알고 있습니다. 지식은 충분합니다. 이미 지식은 머릿속에 차고 넘치도록 쌓여있습니다. 머릿속에 있는 것을 손발이 움직여주어야 합니다. 천 리 길도 한 걸음부터입니다. 못해서 못 하는 것이 아니라, 시작하지 않아서, 하지 않아서 못 하는 것입니다. 인생에서 가장 큰 실패는 성공하지 못한 것이 아니라 시작조차 하지 않은 것이고, 하던 것을 중단하는 것입니다. 생각나면 즉시 시작해야 합니다. 유명한 스포츠 브랜드 나이키의 슬로건처럼 말입니다. Just Do It. 그냥 하십시오.

> 무언가 꿈꾸는 것이 있다면
> 굳이 누구에게 이야기할 것도 없습니다.
> 모든 것은 내가 스스로 판단하고,
> 내 발로 걸으며, 내 손으로 직접 만들어야 할
> 소중한 내 인생이기 때문입니다.

누가 내 할 일을 대신 해주고, 누가 내 갈 길을 정해주겠습니까? 스스로 자신을 사랑하고, 위로하고, 격려하고, 돌아보며, 자신을 위해 앞으로 어떻게 살아야 할지 정해야 합니다. 하늘은 스스로 돕는 자를 돕습니다. 신은 우리가 태어날 때 이미 모든 것을 다 주셨습니다. 마치 조각가에게 큰 대리석을 주듯이, 우리에게 내 몸뚱이라는 대리석을 주신 것입니다. 이제는 이 대리석을 가지고 내가 조각가가 되어 나 자신을 조각하는 것입니다. 조각가가 하는 일은 작품을 구상하고 작품을 만들어내는 것입니다. 자신이 구상한 모습에 따라, 필요 없는 부분을 정으로 쪼아내고, 돌 톱으로 잘라내며, 갈고 닦아 빛을 내게 하는 것입니다. 자신을 쪼아내고 잘라내는 것이 얼마나 아프겠습니까? 그러나 멋진 조각, 위대한 작품을 완성하기 위해서는 반드시 견뎌야 할 아픔과 고통입니다. 돌을 더 구할 필요도 없고 더 구할 수도 없습니다. 이미 돌은 준비되어 있는 것입니다. 돌의 문제가 아니라 작가의 능력에 따라서 작품의 완성도가 좌우됩니다.

**사람이 태어나서 하는 일은
평생 자신을 만들어가는 것입니다.**

돈은 죽을 때 가져갈 수 없지만, 자신이 만든 자신이라는 작품은 가져갈 수 있습니다. 이름으로 남습니다. 사람이 많은 것을 이룰 것 같지만, 결국 자신 하나 만들고 가는 것입니다. 사람이 많은 것을 이룰 것 같지만, 결국 자신 하나 만들고 가는 것입니다. 자신을 제대로 만들기 위해서는 시간도 허투루 보내지 말고, 돈도 필요 없는 곳에 쓰지 말고, 불필요한 사람은 만나지 말고, 남의 눈치 보지 말며, 다른 사람 신경 끄고 내 인생에 꼭 필요한 것만 하고 살아야 합니다. 인생에 도움이 되지 않는 것은 멈추고, 반드시 필요한 것만 하면 멋진 인생이 되는 것입니다.

    빛나는 인생, 멋진 인생, 아름다운 인생, 성공적인 인생을 만들기 위해서는 필요 없는 부분을 과감하게 잘라내고 수없이 반복해서 자신을 다듬고 닦아야 합니다. 친구 따라 강남 간다고 남들 놀 때 나도 놀고, 분위기 따라 휩쓸려서 살다보면 어느새 인생은 망가져 있습니다. 내 인생은 내가 주인이며, 내가 관 속에 들어갈 때까지 평생 만들어야 할 작품입니다.

17

소비형 인간과 생산형 인간

> 소비는 수동적인 삶이고,
> 생산은 도전이며 능동적인 삶입니다.
> 작은 것이라도 생산해 보려고 노력해 보세요.
> 잘 만들지 못해도, 만드는 동안의 기쁨이 있습니다.

세상은 복잡한 것 같지만 두 가지로 만들어져 있습니다. 어둠과 밝음, 하늘과 땅, 남과 여, 선과 악, 지옥과 천국. 사람도 마찬가지입니다. 사람이 수없이 많고 사람마다 다 다른 것 같지만, 사람도 분류해 보면 생각보다 단순합니다. 배운 사람과 못 배운 사람, 가진 사람과 못 가진 사람, 그리고 생산자와 소비자. 이렇게 두 가지로 나뉩니다.

인간은 태어나면서부터 배워야 살아갈 수 있습니다. 젖을 먹는 법, 걷는 법, 말하는 법까지도 모두 부모로부터 배웁니다. 왜 배워야 할까요? 빵을 만들 줄 아는 사람과 만들지 못하는 사람의 차이를 생각해 봅시다. 잠수

함을 만드는 나라와 만들지 못하는 나라의 차이를 떠올려봅시다. 얼마나 큰 차이가 나는지 알게 되면, 배우지 않고는 못 배길 겁니다. 배운 것과 못 배운 것은 단순한 지식의 차이가 아니라 생존의 문제입니다. 배우면 배운 만큼 삶의 질이 높아지지만, 배우지 못하면 삶의 질이 떨어져서 결국 생존하기 힘들어지게 됩니다.

> **지식과 지혜는 어느 순간 하늘에서**
> **뚝 떨어지듯 그냥 주어지는 것이 아닙니다.**
> **살아가는 과정 중에**
> **습득하고 배워야 하는 것입니다.**
> **배움이란 산을 오르는 과정이며,**
> **한 걸음씩 걸어서 정상에 이르는 일입니다.**

산 정상에 오르기 위해 한 걸음씩 내디딜 때마다 시야는 넓어지고 더 많은 것이 보입니다. 산 정상에 올라가 보십시오. 세상이 다 보입니다. 그러나 낮은 곳에 머물면 눈앞의 좁은 반경밖에 볼 수 없습니다. 우물 안 개구리가 우물을 벗어나고, 애벌레가 나비가 되어 천하를

17

누비며 날아다니는 것은 결코 그냥 이루어지는 것이 아닙니다. 모든 것은 저절로 이루어지지 않습니다. 개구리가 우물을 벗어나는 일이 쉽겠습니까? 벗어나겠다는 확고한 의지와 수없이 반복된 실패, 끈질긴 시도가 있어야 합니다.

코로나 시기, 정부는 국민에게 재난지원금을 지급했습니다. 그 돈은 어디로 갔을까요? 시골 어르신은 담배를 사고, 젊은이는 여행을 떠났고, 어떤 이는 물건을 사고, 어떤 이는 오랜만에 소고기를 사 먹었습니다. 결국 그 돈은 다시 대기업의 주머니로 흘러 들어갔습니다. 그런데 사람들은 대기업이 돈을 지나치게 많이 벌었다고 비난하고, 노동 착취했다고 항의합니다. 머리띠를 둘러매고 '같이 먹고살자'며 내놓으라고 합니다. 하지만 자기가 사줘 놓고 돈 많이 벌었으니 내놓으라고 하면 됩니까? 돈을 벌고 싶다면 먼저 씀씀이부터 줄여야 합니다. 정부가 준 돈은 하늘에서 떨어진 것도, 외국에서 원조 받은 것도 아닙니다. 결국 국민이 낸 세금입니다. 우리 주머니에서 나간 돈을 다시 돌려주면서도 마치 자기들 것

꺼내주는 양 생색내는 것입니다. 닭에게 모이를 던져주듯 하는 정치에 더는 속아선 안 됩니다.

세상은 소비자와 생산자로 나누어집니다. 우리가 매일 사용하는 물건들을 생각해 봅시다. 자동차, 집, 노트북, 핸드폰, 옷, 신발, 소파 등 모두 대기업이 생산한 것들입니다. 이 많은 것들을 누가 사용합니까? 저와 여러분이 사용하고 있습니다. 우리는 계속 소비하면서 오히려 나보다 수천 배 부유한 사람들을 더 부자로 만들어주고 있는 셈입니다. 최신 스마트폰, 명품 옷, 고급 자동차…. 어떤 것을 소비하든, 진정한 만족은 결코 주어지지 않습니다. 얼마나 많은 돈을 가졌든, 얼마나 많이 소비하든, 소비형 인간에게는 '더 많이' 갖고 싶다는 욕망만이 끝없이 자라날 뿐입니다. 소유하고 소비하는 데에만 머무르지 마시고, 어떤 것이든 스스로 생산할 수 있는 삶을 한 번쯤 상상해 보시기 바랍니다.

**소비는 수동적인 삶이고,
생산은 도전적이며 능동적인 삶입니다.**

17

> 작은 것이라도 생산해 보려고 노력해 보세요.
> 잘 만들지 못해도,
> 만드는 동안의 기쁨이 있습니다.

성공한 사람만이 행복한 것은 아닙니다. 공부 잘 하는 모범생보다, 야간 자율학습 시간에 게임하고 운동장에서 축구하는 아이들이 더 행복할 수도 있습니다. 시켜 먹는 음식도 편하고 좋지만, 힘들더라도 직접 집에서 만들어 드셔보세요. 나름대로 맛이 있답니다. 자신이 가진 능력을 발견하고 그것을 세상과 나누어야 합니다. 자신이 만든 음식, 자신이 쓴 글, 자신이 만들어낸 물건, 자신이 전한 경험과 지식이 누군가의 삶을 변화시키고 큰 위로가 될 수 있습니다. 이미 만들어진 것을 쓰는 편리함만 누리기보다, 무엇이든 새롭게 시도해 보고 만들어 보는 도전의 즐거움을 찾아보세요. 새로운 것을 시작하는 일은 어렵고 힘들지만, 그만큼 보람이 크고 삶에 활력을 불어넣습니다. 자신의 열정과 창의력으로 무언가를 만들어보십시오. 아무리 작은 아이디어일지라도, 그 시작이 자신을 바꾸고 세상을 변화시키는 큰 물결이 될 수 있습니다. 적어도 자신의 인생을 바꾸는 변곡점이 되어 줄 것은 분명합니다.

예전에는 저도 이런 생각을 했습니다. '내가 가진 것도 없고 배운 것도 없는데, 줄 수 있는 게 뭐가 있겠나. 나 같은 사람이 세상에 무슨 필요가 있겠는가.' 그러나 세상을 오래 살다 보니, 돈이나 지식이 없어도 타인에게 좋은 영향을 줄 수 있는 일이 참 많다는 것을 알게 되었습니다. 잘할 수 있다고 격려해 주는 말 한마디, 친절한 말투, 자리를 양보하는 행동, 엘리베이터를 탈 때의 작은 배려, 함부로 주차하지 않는 태도, 신호를 잘 지키는 일, 잔소리하지 않고 충고하지 않는 마음, 나이 먹었다고 권리를 주장하지 않는 태도. 이 모든 것들이 누군가에게 베푸는 일이며, 좋은 영향을 끼치는 행동이었습니다. 저는 매일 아침 운전대를 잡으며 다짐합니다. '오늘도 기분 좋게 양보하자.' 끼어들려는 차가 있으면 양보합니다. 빨리 가려는 사람에게는 길을 내어줍니다. 그러면 신기하게도 기분이 더 좋아집니다. 양보하고 배려했을 때 좋은 것은 남이 아니라 바로 나 자신이었습니다.

어느 날 문득 이런 생각에 잠겼습니다. '나는 소비자인가, 생산자인가?' 그동안 제가 생산해 낸 것이 무엇이 있었는지 가만히 세어보았습니다. 번듯하게 내놓을 만한 것이 없었습니다. 남이 닦아놓은 길을 걷고, 남이 만든 지식을 배우고, 남이 불러놓은 노래를 듣고, 남이 만든 물건과 서비스를 사용하며, 남이 세운 회사에 다녔습니다. 나는 다른 사람들이 만들어 판 것만 사서 쓰고 있었던 것입니다. 나는 분명 소비자였습니다. 그렇다면 소비자로 살다가 그대로 죽을 것인가? 나는 노동 외에 무엇을 생산하며 살아왔는가? 진지하게 돌아보게 되었습니다. 제가 만들어 팔아본 것은 아무것도 없었고, 있다면 단지 제 몸을 팔아서 노동으로 먹고 산 것뿐이었습니다. 평생 노동을 통해 벌어들인 돈으로 기업들이 생산한 물건을 사서 내 집안을 채웠습니다. 연봉이 천만 원이든, 억대든, 결국 죽어라 벌어서 부자들 주머니를 채워준 것입니다. 그래서 저는 과감히 노동을 때려치우고, 제조업과 건설회사도 직접 경영해 보았습니다. 지금은 고향에서 조용히 나무를 키우며 살고 있지만, 마음 한구석은 여전히 허전합니다. 배움은 가르치기 위함이고, 돈은 잘 쓰기 위해 버는 것이라는 생각이 마음속에 남아 있습니다. 솔직히 말하자면 저도 책을 읽으면서 때때로 '나도 한 번 책을 써보고 싶다'는 생각을 하곤 했습니다. 하지만 중학교만 졸업한 제가 책을 쓴다는 것이 쉽겠습니까? 만약 제가 책을 쓴다고 누구에게라도 미리 말했더라면, 아마 시작도 못 했을 것입니다. "책은 아무나 쓰는 것이 아니다", "중졸이 쓴 책을 어떤 미친놈이 읽겠느냐", "지나가는 개도, 소도 웃겠다"며 말렸을 것입니다. 그러나 마음 한구석에 쓰고 싶다는 생각은 좀처럼 사그라지지 않았습니다. 누군가에게 인정받기 위해서가 아니었습니다. 그저 말하고 싶었지만 그 누구도 들어주지 않았던 내 속 이야기를 글로 옮기고 싶었습니다. 그렇게 오랜 망설임 끝에 책을 쓰기로 결심했습니다. 예순이 지나고 일흔을 넘긴 나이에 드디어 원고를 쓰기 시작했습니다.

저는 평생을 일하며 살아왔고, 현장에서 수많은 사람의 생과 사를 목격했습니다. 먹고살기 위해 연장 가방을 둘러메고, 대한민국을 매주 밟듯 밟으며 떠돌아다녔습니다. 배우지 못한 것을 채우기 위해 나름대로 책도 많이 읽었습니다. 가난을 벗어나기 위해서 밤낮을 가리지 않고 일했고, 숱한 사람들과 만나고, 헤어지고, 부딪치며 살아왔습니다. 배운 자들의 무시와 멸시, 가진 자들의 횡포와 냉대, 많은 이들의 막말과 폭력, 말로 다 할 수 없는 수모를 참고 견뎠습니다. 배우지 못한 서러움을 뼈저리게 겪었습니다. 삶의 현실은 냉혹했고, 모질고 거친 말들은 나에게 큰 상처를 주었습니다. 인간은 고통을 겪고 상처가 깊어질수록, 마음의 깊이도 함께 깊어지고 단단해집니다. 바람은 나무를 단단하게 만들고, 배를 바다로 나가게 하며, 거친 파도를 일으켜 위대한 선장을 길러냅니다. 다 표현할 수 없을 만큼 많은 어려움과 고통을 견디며, 더 나은 미래를 위해 젊은 날을 불태웠던 이야기를 써보고 싶었습니다. 누가 읽든, 읽지 않든, 제 자신에게 글을 써서 바치고 싶었습니다. 저는 책을 팔기 위해 쓰는 것이 아닙니다. 다른 이들에게 도움이 될 만한 글도 아니고, 굳이 읽을 만한 가치가 있는지도 모르겠습니다. 다만, 내가 일흔 해를 넘게 살아오며 직접 겪고 생각한 것들을 진솔하게 담고 싶었을 뿐입니다. 나 자신에게 들려주고 싶은 독백입니다.

21세기에는 자기 것을 만들어내는 사람들이 쏟아지고 있습니다. 인터넷과 기술이 엄청난 속도로 발전하면서, 이제 누구나 더 쉽게 생산자가 될 수 있게 되었습니다. 여기에 확실한 진리가 있습니다. 세상을 변화시키는 것은 소비하는 자가 아니라 생산하는 자라는 것입니다. 최신 스마트폰, 명품 옷, 고급 자동차. 이런 물건을 소비하는 사람은 진정한 만족을 하지 못합니다. 얼마나 많은 돈을 가졌던, 많이 소비하던, 소비형 인간은 더 많은 것을 소비하고 싶은 욕망만 커질 뿐입니다. 누구든 디자인을 하고, 노래를 만들고, 음식을 만들고, 책을 쓰고, 서비스를 만들어 판매합니다. 심지어 남이 만든 작품이나 지식을 유튜브에 소개한 것만으로도 자신을 알리고, 수익을 창출할 수 있는 시대입니다. 요즘은 실패조차 콘텐츠가 되는 세상입니다. 여러분은 자신이 가지고 있는 개성과 능력을 잘 사용하고 있습니까? 여기에 확실한 진리가 있습니다.

**세상을 변화시키는 사람은
소비하는 자가 아니라,**

17

생산하는 자라는 것입니다.

여러분은 자신이 가지고 있는 개성과 능력을 잘 사용하고 있습니까? 내가 가진 재능과 능력을 바탕으로 무언가를 생산하며 살고 있습니까? 신은 지금까지 단 한 사람도 똑같이 창조하지 않으셨습니다. 모두 다른 개성으로 태어났기에, 우리는 누구나 자신만의 무언가를 만들어낼 수 있습니다. 자신이 타인과 분명히 다르다는 사실은 곧, 타인과 다른 무언가를 생산할 수 있다는 것을 의미합니다. 생산이라는 것을 너무 어렵게 생각할 필요는 없습니다. 내가 가진 재능으로 무엇을 생산할 수 있을지 고민해 보다 보면, 생산자로 살아가는 삶의 길이 보이기 시작할 것입니다. 내가 가진 지식과 경험을 다른 사람과 나누는 것도 하나의 생산입니다. 평생 타인이 써놓은 책만 읽으며 살아왔지만, 언젠가 저도 책을 써보고 싶다는 마음이 들었습니다. 결국 결심한 끝에 글을 쓰기 시작했습니다. 저는 책을 쓰는 일을 크게 생각하지 않았습니다. 지식이 많아서도, 누군가 읽어줄 거라는 생각 때문도 아니었습니다. 그저 하고 싶었던 이야기를 독백하듯이 쓴 것입니다. 혼잣말처럼 넋두리하듯 써 내려간 독백에 누가 관심을 가지겠습니까. 그럼에도 저는 제 자신에게 들려주고 싶은 말을 담아 책 두 권을 썼고, 지금 세 번째 책을 쓰고 있습니다. 아마 제 책을 지인들에게 선물하면 읽지도 않고 휴지통에 던져 버릴지도 모릅니다. 그래도 괜찮습니다. 책을 쓰는 동안 저는 제 생각을 더욱 또렷이 알게 되었고, 그 시간은 참으로 행복했습니다. 덕분에 제 삶은 더욱 풍성해졌습니다.

> **행복은 얼마나 많이 가졌느냐에**
> **달려있지 않습니다.**
> **가진 것에 만족하고,**
> **타인과 나누는 만큼 행복지수는 올라갑니다.**

행복과 자존감, 삶의 진짜 가치는 얼마나 나누고 주고 공유하였는가에 달려있습니다. 생산형 인간으로 살아갈 때, 자존감은 자연스럽게 올라갈 수밖에 없습니다. 작은 의미와 보람이 쌓이면서 삶은 점점 더 풍요로 가득 채워집니다. 그러니 단순한 소비자가 아니라 나를 변화시키는 생산자로, 나아가 세상을 변화시키는 창조자로 살아가야 합니다.

　나는 왜 세상에 존재하는가? 무언가 줄 수 있기 때문입니다. 세상에 좋은 영향을 주는 것이 가장 의미 있는 일이자, 신을 따르는 제가 꼭 해야 할 일이라고 믿습니다.

18

성공한 사람만이 갖춘 능력

◆ 다른 사람을 기준으로 삼지 말고,
자신을 극복의 대상으로 삼아야 합니다.
자신을 극복하지 못하면 성공은 없습니다.

성공의 비밀은 화려한 말솜씨나 타고난 재능에 있지 않습니다. 성공은 '지루함을 오래도록 견디고, 같은 일을 수없이 반복할 수 있는 능력'에서 비롯됩니다. 포기하지 않고 끝까지, 죽을 때까지 하는 것이 성공입니다. 지금은 스마트폰 하나로 세상의 거의 모든 정보를 얻을 수 있고, SNS를 통해 순식간에 유명해질 수 있는 시대입니다. 무엇을 원하든 손가락 몇 번만 움직이면 대부분의 일이 가능하고, 생활의 편의성은 빛처럼 빠르게 연결되어 있습니다. 유튜브 영상조차 조금만 길면 보지 않게 되었고, 더 짧고 빠르게 진화하고 있습니다. 쇼츠는 1분 이내로 제작되며, 대개 25초 안팎이고, 심지어 3초 안에 시청자의 마음을 사로잡지 못하면 곧장 다음 영상으로 넘어갑니다. 이처럼 즉각적인 만족감과 실시간 반응에 익숙해진 우리는, 아이러니하게도 성공의 본질을 놓치고 있습니다. 성공은 결코 하루아침에 이루어지지 않습니다. 그것은 지루하고 고된 시간의 축적을 통해 만들어지는 결과입니다. 매일 아침 같은 시간에 일어나 운동하고, 하루도 빠짐없이 책을 읽고, 더 나아지기 위해 꾸준히 노력하는 것. 마치 이를 닦듯 반복하고 실천해야만 비로소 성공에 이를 수 있습니다.

지금도 저는 매일 새벽 3시에 일어나 이불을 정리하고, 여러 가지 운동을 한 뒤 책을 읽고 약간의 글을 씁니다. 그렇게 하루를 시작하면 아침을 먹을 즈음엔 벌써 한나절 일을 하게 됩니다. 건강하게 백세까지 살 수 있다면 좋겠지만, 현실적으로 어려운 일입니다. 그러나 잠을 줄이고 부지런히 성실하게 살아간다면 백 년을 살지 못하더라도 백 년을 산 것처럼 많은 일을 하며 살 수 있습니다. 남들보다 조금 더 일찍 하루를 시작하고, 조금 더 오래 일하면 됩니다. 저는 일흔이 넘어서 특별한 운동은 하지 않지만, 매일 8km 정도를 걷거나 뜁니다. 날마다 그렇게 걷고 달리며 쌓은 힘으로 저는 마라톤을 완주합니다. 2년 전에는 베를린 마라톤에 참가해야 했는데, 몸 상태가 좋지 않아 평소처럼 연습도 하지 못한 채 대회에 나섰습니다. 동료들과 가족들은 연습 없이 출전하는 것은 불가능하다 말렸습니다. 하지만 저는 가장 늦게 들어오면 된다는 생각으로 출전하였고, 결국 5시간 안에 완주했습니다.

제가 마라톤을 좋아하는 이유는 그것이 인생살이와 닮아있기 때문입니다. 늦게 뛰어도 누구에게 피해를 주지 않고, 중간에 포기해도 누구도 욕하지 않습니다. 특별한 장비 없이, 상대 없이, 언제 어디서든 혼자 연습하고 달릴 수 있으며, 비용도 크게 들지 않아 좋습니다. 마라톤을 하다 보면 세계 어디든 갈 수 있고, 세계적인 선수들과 같은 공간에서 뛰는 즐거움도 누릴 수 있습니다. 축구나 배구, 야구 같은 종목은 세계적인 선수들과 같은 경기장에서 뛰고 싶어도 실력이 대등하지 않으면 친구끼리라도 함께하기 어려운 법입니다. 하지만 마라톤은 다릅니다. 마라톤은 세상살이와도 같아서 세계적인 선수든, 저처럼 못하는 사람이든, 어린이든, 90대 노인이든, 남녀노소와 인종을 가리지 않고 모두가 같은 코스를 함께 뜁니다. 축구, 배구, 탁구, 골프는 자기 팀이나 상대가 있는 경기가 아니기에 포기하고 싶으면 언제든 자유롭게 멈춰도 됩니다. 그저 자신의 페이스대로 뛰면 됩니다. 마라톤도 자신의 능력에 따라서 뛰면 되고, 인생도 자신의 형편에 맞춰 살아야 합니다. 인생이 긴 여정이듯이, 마라톤도 단거리가 아니라 긴 여정입니다. 실력이 없는데 타인의 속도에 맞추어가면 체력이 고갈됩니다. 인생도 타인을 따라서 살면 결국 자신을 잃어버립니다. 마라톤은 수천수만 명이 뜁니다. 그중에 1등은 한 사람뿐입니다.

> **마라톤에서 중요한 것은
> 순위를 다투는 '승부'가 아니라 '완주'입니다.
> 인생도 자기다움을 지키며
> 끝까지 완주하는 것이 진정한 가치입니다.**

타인과 자신을 비교하면 불안과 열등감에 시달

려서 자신만의 인생을 살 수 없습니다. 멋진 인생을 살아간다는 것은 자신을 알고, 이해하며, 사랑하는 것입니다. 자신의 환경과 형편을 아는 것이야말로 자신의 삶을 지혜롭게 잘 사는 첫걸음입니다. 자신을 존중하고 현실을 직시하며 지속 가능한 삶을 추구하는 것입니다. 세월 따라 친구 따라 냇물에 떨어진 낙엽이 물 흘러가는 대로 흘러가듯 살면 사람다운 삶을 살 수 없습니다. 좋은 자동차의 기준을 속도로만 매기지 않습니다. 멈추고 싶을 때 언제든지 멈출 수 있는 브레이크가 잘 들어야 합니다. 인생살이도 욕망의 전차를 언제든지 멈추게 할 수 있는 브레이크가 있어야 합니다. 마라톤은 남을 의식하지 않고 자신에게 집중하며 자신의 실력대로 살아야 한다는 교훈을 주는 운동입니다. 세상에 정답은 존재하지 않습니다. 인생살이도 정답이 없으니 포기하지 않고 자신의 방법대로 살아간다면 얼마든지 아름답고 멋진 자신만의 인생을 살 수 있습니다. 농사를 지으면 어떻고, 노동을 하면 어떻습니까? 자신이 만족하면 되는 것입니다.

일하고, 운동하고, 활동하지 않으면 젊은이들 얼

굴 보기도 어렵고, 말도 통하지 않습니다. 건강이 복이고, 젊은이들과 함께하는 것은 복 중의 복입니다. 저는 일이 곧 휴식이고 힐링이라고 믿습니다. 현장을 벗어나 여행을 가거나 쉰다고 해서 일이 해결되지는 않습니다. 현장에서 생긴 일은 현장에서 해결해야 합니다. 일을 놓고 쉴 생각은 하지 마십시오. 몸이 건강하다면 죽을 때까지 일해야 노후가 불행해지지 않습니다. 돈 때문에 일하자는 것이 아닙니다. 일은 곧 삶이며, 일 속에서 내가 살아 있다는 것을 확인할 수 있기 때문입니다.

저는 코로나 때 나무 농장을 시작했습니다. 코로나라는 전염병이 세계를 덮쳐오니 딱히 할 것이 없었습니다. 죽는 날까지 나와 함께할 수 있고, 나를 움직이게 해줄 수 있는 동력은 나무와 꽃이라고 생각했습니다. 새벽에 농장으로 나가면 일이 저절로 눈에 들어와 일을 할 수밖에 없습니다. 풀도 뽑아야 하고, 가지치기도 해야 합니다. 나무와 꽃은 특별한 관리를 요구하지 않지만, 내가 움직인 만큼 기쁨과 보람을 주기 때문에 계속 나를 움직이게 만듭니다. 나무와 꽃이 말은 안 하지만 표정으로 나를 움직이게 합니다. 꽃의 잎이 시들어있으면 물을 주고, 벌레가 갉아 먹었으면 소독해 주이며, 잡초가 나면 풀을 뽑아 주면 됩니다. 그걸 보고 부지런하게 움직여 건강할 수밖에 없습니다. 나무가 자라고, 꽃이 피고 지고, 가을이면 단풍 지고 잎이 떨어지는 것을 보며 인생을 더 깊이 생각하게 됩니다. 자연 속에서 살다 보니 욕심이 줄고, 정신이 맑아지며, 마음이 편안합니다. 노후를 걱정할 일도, 죽음 이후를 두려워할 일도, 묻힐 곳을 고민할 일도 없습니다. 내 농장에서 홀로 살다가 죽더라도, 누군가가 장례를 치러주지 않아도 걱정할 것 없습니다. 농장이 마지막 직장이자 묘지라는 생각을 합니다. 얼마나 편합니까? 사람들은 고독사니 뭐니 하지만, 고독하지 않은 죽음이 과연 존재할까요? 우리 어머니는 온 가족이 지켜보는 가운데 숨을 거두셨습니다. 그러나 가족이 함께한다고 해서 고독사가 아닙니까? 군중 속에 있어도 외로울 수 있듯, 온 가족이 지켜보는 가운데 죽는다 해도 죽는 사람은 홀로 고독할 것입니다.

사람들은 인생을 멋지게 살자고 말하지만, 진정

멋지게 사는 사람은 타인과 자신을 비교하지 않습니다. 멋지게 살고 싶다면 어제의 나와 오늘의 나를 비교해야 합니다. 비교할 대상이 있다면 오직 나 자신뿐입니다. 사업가는 작년보다 더 많은 매출을 올려야 하고, 학생은 지난 시험보다 더 나은 성적을 받아야 합니다. 작가는 더 나은 작품을 써야 하고, 개발자는 더 유용한 프로그램을 만들어야 합니다.

다른 사람을 기준으로 삼지 말고, 자신을 극복의 대상으로 삼아야 합니다. 자신을 극복하지 못하면 성공은 없습니다. 타인과 비교하고 타인을 따라가는 순간 인생은 불행해집니다. 타인을 추종하다 보면 자신의 길을 놓치게 되고, 결국 평생 살아온 인생을 후회하며 생을 마감하게 됩니다. 나는 나이고, 타인은 타인입니다. 인간은 타인과 비교하거나 경쟁해야 할 존재가 아닙니다. 자식이 잘된다고 부모가 달라지는 것도 아니고, 형제가 부자라고 해서 내가 달라지는 것도 아닙니다. 나라가 잘 살아도 내가 잘 살지 못하면 무슨 소용입니까? 결국 중요한 것은 스스로를 극복하고 잘 만들어서, 내 삶을 잘 살아가는 일입니다. 용두사미라는 말처럼, 많은 사람이 시작은 용머리처럼 거창하게 하지만 끝은 미꾸라지 꼬리처럼 흐지부지해지는 경우가 많습니다. 사업을 시작할 때는 전국을 제패하겠다고 말하고, 축구를 시작할 때는 메시가 되겠다고 다짐하지만, 결국 얼마 못 가 포기해 버립니다. 부모들 중에서 자녀에게 큰 기대를 거는 이들이 있습니다. 자식이 공부를 못하면 "노력을 안 해서 그렇지, 머리는 좋다"고 말합니다. 천만의 말씀입니다. 진짜 머리가 나빠서 못하는 것입니다. 진짜 머리 좋은 아이들은 공부를 잘합니다. 왜냐하면 학생은 공부를 잘해야 한다는 사실을 머리 좋은 아이들은 이미 알고 있기 때문입니다. 그러나 실망할 필요는 없습니다. 신은 공부가 안되는 사람에겐 다른 재능을 주셨습니다. 정주영, 이병철 회장도 공부를 잘하지 못했고, 빌 게이츠도 대학을 중퇴했습니다. 자식들 걱정 내려놓고 놔두면, 알아서 제 밥벌이하고, 제 인생 재미있게 잘 삽니다.

타인과 비교하기 때문에 불행한 것이고,
타인과 비교하기 때문에

**이루지 못할 꿈을 과도하게 꾸는 것입니다.
비교는 오직 자신과만 하면 됩니다.**

　자신의 기록을 깨고, 자신의 한계를 넘는 것만으로도 충분합니다. 그렇게 죽을 때까지 무엇이든 반복하고 계속하면, 어떤 분야에서든 전문가 소리는 듣게 될 수 있을 뿐 아니라, 자신이 성공했다고 자부할 수 있게 됩니다. 골을 넣으려면 수없이 슈팅 연습을 해야 합니다. 어떤 코치는 말합니다. 1만 번 슈팅하면 기본은 되고, 10만 번 하면 잘하고, 100만 번 하면 신의 경지에 오를 수 있다고요. 어제 연습한 것보다 오늘 더 많이 해야 하고, 다른 사람이 하는 것보다 더해야 합니다. 재능이 없다고 하면서 남들 노는 시간에 같이 놀고, 남들 자는 시간에 같이 자면 평생 밑바닥 인생을 살게 됩니다. 재능이 없어서 성공 못 하는 것이 아니라, 재능을 계발하지 않아서입니다. 발명의 왕 에디슨은 담임선생으로부터 모자란 학생이라는 말을 들어야 했습니다. 세상에서 가장 화려하다는 라스베이거스도 개발 전에는 물 한 방울 없는 사막이었습니다. 가장 훌륭한 투자는 자신에게 투자하는 것입니다. 세상은 전쟁터이고, 인생살이는 각자의 전투입니다. 살아남기 위해서는 필사의 노력을 해야 하고, 생존전략이 필요합니다.

**가장 좋은 전략은 '지금 시작하는 것'입니다.
그리고 멈추지 않는 것,
될 때까지 끝까지 계속하는 것입니다.**

삶의 전쟁은 피할 수도 없습니다. 죽는 한이 있어도, 현장에서 죽을 각오로 싸워야 하는 전쟁입니다. 가정이 힘들다고 떠날 수 없고, 직장이 어렵다고 그만둘 수 없습니다. 힘들어도 버틸 수 있는 힘은 결국 처음 시작했을 때의 그 마음에서 나옵니다. 결혼생활이 힘들어질 때는 결혼을 결심했을 때의 마음으로 되돌아가서 살면 됩니다. 직장이 버거울 땐, 시험 보고 면접 볼 때의 마음으로, 처음 입사해 일을 시작했던 그 마음으로 돌아가면 어려움을 이겨낼 수 있습니다. 시작할 때 마음으로 어떤 일을 포기하지 않고 끝까지 마무리하면 거의 완벽하게 할 수 있습니다. 우리네 삶은 언제나 반복과 지루함과의 싸움입니다. 그러니 열심히 일하는 것 자체를 행복이라 여길 수 있어야 하며, 그것이야말로 진짜 행복한 삶입니다. 성공은 꾸준함의 또 다른 이름입니다. 최고의 성공은 우리에게 주어진 '살아있음'이라는 면류관입니다.

요즘은 결혼을 망설이거나 아예 하지 않으려는 사람이 많습니다. 소크라테스는 이렇게 말했습니다. "반드시 결혼하라. 좋은 아내를 만나면 행복할 것이고, 악처를 만나면 철학자가 될 것이다." 물론 악처를 만나 철학자가 된 사람은 소크라테스가 유일할지도 모릅니다.

실패할 것 같아도 무엇이든 시작해 보세요. 죽이 되든 밥이 되든 뭐든지 될 것입니다. 아무것도 하지 않으면, 죽도 밥도 없습니다. 잘되면 성공하는 것이고, 잘되지 않더라도 좋은 경험을 얻게 될 것입니다. 해서 손해 볼 것은 없습니다.

19

책임의 무게를 짊어지는 용기

◾ 타인의 삶을 바라보지도 말고,
부러워하지도 말고,
기웃대지도 말고, 관심 두지도 말고,
자신의 삶을 살아야 합니다.

작년 봄, 애써 심었던 소나무 한 그루가 죽었습니다. 같이 일하던 젊은 사람이 물었습니다.

"이번 여름 날씨가 너무 더워서 그런 걸까요? 아니면 나무를 캘 때 잘못 캤거나, 심을 때 뭔가 잘못된 걸까요?"

"원인은 모르지만, 이미 죽은 걸 어찌하겠냐?"

"그래도 애써 심고, 힘들여서 물도 주고, 열심히 키우셨는데 화가 나지 않습니까?"

"다 내 탓인데 왜 화를 내나? 내가 캘 때부터 심고 소독하고 모든 것을 잘 관리 한다고 안 죽는다는 보장이 있나? 죽고 사는 건 결국 주인의 책임이지. 그래서 주인이라 부르는 거다. 최선을 다했으면 된 거야. 그다음은 내 소관이 아니다."

나무를 심다 보면 죽는 것도 있고, 사는 것도 있습니다. 나무 심으면서 "죽으면 어떻게 하나." 하고 걱정하면 나무를 쉽게 심지 못합니다. "나무를 심어서 좋다."고 생각하면 혹여 죽는다 하더라도 심는 것입니다. 죽고 사는 것은 아무도 알 수 없고 사는 것을 보장할 수 없지만, 내가 나무를 좋아하고 심고 싶다면 혹여 죽을 수도 있다는 것을 각오하고 심어야 합니다. 심은 나무가 죽을 수도 있다는 무게를 견디지 못하면 나무를 심을 수 없습니다. 나무는 죽었지만 죽기 전까지 물도 주고 농약도 뿌려주고 살리기 위해서 노력하였고, 그 나무를 보면서 느끼는 행복과 보람이 있었습니다. 그것으로 충분하면 죽었어도 서운함이 없습니다. 살았으면 더 좋았겠지만 죽고 사는 것은 제가 할 수 있는 영역이 아닙니다. 죽은 나무가 베어지는 모습을 보며 안타깝고 아쉬운 마음이 들었습니다. 하지만 그 장면을 통해 '잘못한 것이 무엇인지'를 깊이 생각하게 되었고, 그 자체로 또 하나의 새로운 경험이 되었습니다.

인생을 살아가다 보면 후회할 일이 많은 것도 사실입니다. 그러나 많은 시간이 흐른 뒤, 지나간 시간을 다시 돌아보면 그 어떤 순간도 버릴 것이 없는 소중한 경험들이었습니다. 하나하나가 모두 내 삶의 피가 되고 살이 되었습니다. 저는 일당을 받고 일을 하는 상황에서도 '지금 이 일의 주인은 나다.'라는 생각으로 일하려고 나름대로 노력해 왔습니다. 물론 그렇게 일한다는 것이 말처럼 쉬운 일은 아니며, 때때로 동료들에게 핀잔을 듣기도 합니다.

제가 직접 경험한 일을 하나 소개하려고 합니다. 1981년, 둘째 형님의 소개로 판교에 고급 주택 두 동을 짓게 되었습니다. 저는 집주인에게 말하기를 "저를 믿고 맡겨주셔서 감사합니다. 제 집이라 생각하고 정성껏 지어드리겠습니다"라고 말씀드렸습니다. 그 당시 10가구가 함께 집을 짓고 있었는데, 도면을 살펴보니 제 상식으로는 도저히 이해되지 않을 정도로 기초구조와 슬라브가 너무 약하게 설계되어 있었습니다. 저는 주인에게 이도면대로는 지을 수 없다고 말씀드렸고, 그 이유를 자세히 설명해 드렸습니다. 주인은 설계사를 불러 직접 이야기해 보라며 소개해 주었습니다. 설계사는 "모두 이렇게 짓고 있습니다. 사실 저도 구조가 약하다고 생각하지만, 무너지지는 않을 것입니다. 다른 사람들은 별말 없이 지어주고, 그게 일하기도 편할 텐데, 왜 굳이 이런 말을 하십니까?"라고 했습니다. 저는 설계사에게 이렇게 대답했습니다. "주인에게 제 집처럼 정성껏 짓겠다고 약속드렸습니다. 제 집이라면 저는 이렇게 짓지 않습니다." 결국 설계사는 제 말대로 설계를 수정해 주었습니다. 같이 집을 짓던 다른 분들은 제가 기초공사와 슬라브 콘크리트를 타설하는 모습을 보고, 이 집은 왜 이렇게 돈 많이 들여 튼튼하게 짓느냐며 신기해했습니다. 저는 실내 인테리어보다 골조 공사, 배관, 난방, 단열에 더 많이 신경 써서 집을 완성했습니다.

늦가을, 집이 완성되었을 무렵, 주인의 표정은 그다지 밝아 보이지 않았습니다. 돈은 더 들었는데 인테리어가 다른 집들보다 돋보이지 않았기 때문이었습니다.

그런데 크리스마스가 지나고 연말이 되었을 때, 집주인이 저를 꼭 집으로 초대하고 싶다고 연락을 주셨습니다. 무슨 문제가 생긴 줄 알고 찾아갔더니, 그 자리에는 난생처음 보는 양주와 진수성찬이 차려져 있었습니다. 집주인이 어색하게 서 있던 저를 앉히며 이야기했습니다. "사실 처음에 집이 완성되고 나서 이 집 저 집 둘러보니, 저희 집이 별로인 것 같았습니다. 돈도 더 들였는데 인테리어가 다른 집보다 나은 게 없어서 속상했습니다. 그런데 겨울이 되니 차이가 나더군요. 다른 집들은 웃풍이 심해서 거실에 난로를 놓고 지내는데, 저희 집은 방이든 거실이든 따뜻해서 특별히 난방이 필요 없었습니다. 그러다 보니 이웃들이 하나둘 집을 구경하러 와서는, 왜 이렇게 따뜻하냐고 묻기 시작했습니다. 너무 고마워서 이렇게 한 끼 식사 대접이라도 꼭 하고 싶었습니다." 그 일이 있고 10년쯤 지나 한 통의 전화를 받았습니다.

"혹시 판교에 집을 지으셨던 분 맞으시죠?"
"제가 맞습니다만, 무슨 문제가 있습니까?"
"아닙니다. 제가 그 집을 사서 인테리어를 하다

보니 너무 꼼꼼하고 튼튼하게 지어져 있어서 전 주인에게 수소문해 간신히 연락처를 받았습니다. 제가 이번에 양평에 큰 집을 짓는데, 선생님께서 꼭 집을 지어주셨으면 합니다."

이제 건축 일을 그만두고 제조업을 하고 있다고 말씀드렸더니, 다른 사람이라도 소개해 달라며 간청을 하였습니다. 저는 이 일을 통해 하루를 일하든, 아르바이트를 하든, 주인처럼 해야 한다는 것을 깨닫게 되었습니다. 형님께서 소개해 주셔서 시작한 일이었지만, 저는 제 집이라 생각하고 성심성의껏 지었습니다. 그 결과 제 인생에서 참 좋은 경험을 했습니다. 내가 주인이라는 생각으로, 모든 일에 대해 내가 책임져야 한다는 마음가짐으로 일하면 문제를 줄일 수 있습니다. 그러나 그날그날 일을 하고 떠나면 그만이라는 '떴다방'처럼 일을 하면 미래가 없습니다. 하루 일하면서 조금 편해 보겠다고 대충 일해봤자 인생에 큰 도움이 되지 않습니다. 세상에 남의 일을 자기 일처럼 해주는 사람은 많지 않습니다. 하지만 일의 결과, 더 나아가 인생의 결과는 결국 자신에게 돌아옵니다. 남의 일이든 누구의 일이든 주인처럼 책임감을 가지고 일하는 사람은 결국 주인이 되어 살아갑니다. 반대로 주인이라도 손님을 주인처럼 모시지 않으면 결국 망하여 그 자리에서 내려오게 되어 있습니다. 일에 대한 모든 책임은 일을 시킨 사람과 그 일을 수행한 사람, 양쪽 모두에게 있습니다. 주인은 주인대로 책임이 있고, 일하는 사람은 일꾼으로서의 책임이 있습니다. 그 결과를 타인의 탓으로만 돌린다면, 그 사람은 자기 삶의 주인이 아닙니다. 어떤 사람은 분명 주인인데도 일꾼처럼 살고, 어떤 사람은 일꾼인데도 주인처럼 삽니다. 종이라도 주인처럼 일하면 그는 종이 아니고, 주인이라도 종처럼 일하면 그는 주인이 아니라 종에 불과합니다.

왜 그런 일이 생길까요? 처음 시작할 때의 마음을 잃어버리고 더 많이 벌겠다는 욕망이 실패라는 짐을 떠안게 되는 것입니다. 내가 지금껏 어떻게 살아왔는지를 알 수 없다면, 오늘 나의 모습이 바로 내가 살아온 인생의 결과일 수 있습니다. 결국 내 인생은 내가 책임질 수밖에 없습니다. 부모나 형제, 환경도 탓할 수 없습니다. 나의 삶, 내 인생의 결과를 대신 책임져 줄 수 있는 사람은 아무도 없습니다. 부처님께서 말씀하셨습니다. "너 자신을 등불로 삼고, 너 자신에게 의지하라." 타인의 등불에 의지해서는 안 됩니다. 공부를 못한 것도, 사업이 안 된 것도, 승진이 되지 않은 것도 자기 잘못은 없고 외부에서 원인을 찾으려는 사람이 많습니다. 자기 감정 기복이 심하고 성격이 급하며 때로는 우울한 이유마저 부모의 사랑을 받지 못해서 그렇다고 생각합니다. 프로젝트가 실패한 것은 팀 구성이 잘못되었기 때문이고, 연인이 떠난 이유도 상대가 변했기 때문이라며 스스로의 잘못은 돌아보지 않습니다. 회사의 매출이 떨어지면, 직원들은 사장 탓을 하고 사장은 직원들 때문이라고 말합니다. 내가 취업하지 못하는 이유는 이 나라의 정치 때문이고, 내가 못 사는 이유는 부자들이 다 가져가 버렸기 때문이라고 여깁니다. 골프를 치는 친구는 말합니다. "골프가 안 되는 이유는 백 가지가 넘지만, 이유를 댈 것이 없으면 그냥 오늘은 이상하게 안 된다"고 한답니다. 부모 탓, 환경 탓, 나라 탓, 남 탓, 날씨 탓. 사람들은 무언가의 탓을 하기에 바쁩니다. 물론 이런 외부 요인이 전혀 없다고는 할 수 없습니다. 그러나 그것이 절대 100%라고 말할 수는 없습니다.

누군가는 똑같이 어려운 여건 속에서도 묵묵히 버텨내며 오히려 최고의 성과를 올립니다. 취업난 속에서도 원하는 직장에 입사하고, 치열한 경쟁의 레드오션 속에서도 새로운 브랜드를 성공적으로 론칭해 업계에 큰 반향을 일으키는 사람도 있습니다. 이런 것을 보고 감탄만 하지 말고, 자극을 받아 작은 것부터라도 실천해야 합니다. 성공에 관한 책을 읽고 감동 받은 것을 마치 자신이 이미 성공한 것처럼 착각하거나 무엇인가 하고 있다고 여겨 실천하지 못하는 경우가 많습니다. 결국 자신의 선택이 자신의 운명이 됩니다. 모든 상황에서 남 탓을 하기 시작하면, 자신은 그 일에 책임이 없다고 여기게 되고, 책임이 없기에 열정이 있을 수 없습니다. 타인의 회사에 다니고 있다 하더라도, 자신의 인생은 자신이 주인입니다. 회사에서 어떤 일을 맡았든, 잘했든 못했든, 그 결과는 자신의 책임입니다. 내가 한 일은 내가 책임진다는 각오를 하고, 어떤 일이든 남의 일이 아니라 내 일이

19

라 생각하고 임하면 삶이 달라집니다. 대기업에 다니는 사람들 모두, 그 회사를 소유하고 있지는 않습니다. 마찬가지로 그 사람들의 인생도 기업의 소유가 아닙니다. 우리는 모두 자신을 위해 회사에 다니고, 자신을 위해 일합니다. 자기 인생은 그 누구도 대신 살아줄 수 없습니다. 그러니 남의 회사에서 일하고 있을지라도, 회장처럼, 주인같은 마음을 가지고 일하면 됩니다. 나는 나의 주인입니다. 그러니 어디서 무엇을 하든 주인의 마음으로 살아야 하고, 주인처럼 행동해야 합니다. 그렇게 하면 인생이 달라집니다. 자신의 삶인데, 자신이 책임지지 않는다면 그건 곧 노예의 삶입니다. 왜 그럴까요? 자신이 삶의 주인이 아니기 때문입니다. 모든 원인을 외부에서 찾고, 스스로 일에 주도성을 갖지 못한 채 살아가니, 일을 해도 재미가 없습니다. 주인은 능동적입니다. 반면 노예는 수동적입니다. 나는 지금 노예의 삶을 살고 있는지, 주인의 삶을 살고 있는지 스스로 확인해 보아야 합니다. 주인은 일을 먼저 찾아서 하고, 노예는 시키는 일만 합니다. 주인처럼 생각하고, 주인처럼 행동하면, 일이 재미있어집니다. 회사가 돈 벌면 자신도 기쁘고, 회사가 어려우면 회장처럼 안타까운 마음이 듭니다. 주인의 관점을 가지고 살면 어떤 일을 하든 인생이 훨씬 재미있어집니다.

저는 험한 일을 수도 없이 많이 해왔지만, 일이 힘들다고 생각해 본 적이 없습니다. 지금도 허리 디스크와 목 디스크로 인한 통증이 있지만, 하루에 두 시간은 꼭 노동을 합니다. 돈을 벌기 위해서가 아닙니다. 일을 해야 마음이 편하고, 일이 곧 행복이기 때문입니다. 이런 말을 하면 대부분 믿으려 하지 않지만, 저는 진심입니다. 새벽부터 남의 일을 한다고 생각하면 일이 싫어집니다. 회사가 아무리 큰 이익을 남겨도 내 일이 아니라 여기면 기쁨도 없습니다. 회사 생활이 힘들게 느껴지는 이유는, 그 일이 '남의 일'이라 생각하기 때문입니다. 그러나 '이 일은 내 일이다, 이 회사는 내 회사다'라는 생각으로 임하면 괴롭지 않습니다. 이 회사가 나를 믿고 일을 맡긴 것이니, 나 또한 주인의 마음으로 이 회사를 책임진다는 생각을 가져야 합니다. "이 회사가 잘되든 못되든 내 책임이다."이런 마음으로 출근하는 사람과, 아무 생각 없이 출근하는 사람은 하루를 대하는 태도부터 다르고, 삶의 결과 역시 다르게 나타날 수밖에 없습니다.

　　매일같이 봉급이 적다고 불평하고 불만만 쏟아내면 회사도 망하고, 자신의 일자리도 위험해집니다. 최소한 자기 능력을 객관적으로 바라볼 줄 아는 공정한 눈이라도 가져야 합니다. 자신이 해낸 일의 결과에 대해 책임지지 않고, 계속해서 외부 탓만 한다면 좋은 결과를 얻을 수 없습니다. 자신이 선택한 일이라면, 그에 대한 책임도 자신이 져야 합니다. 그런데도 그 책임을 부정하고 회피한다면, 결국 할 수 있는 일은 아무것도 없습니다. 어떤 사람은 다른 사람들 다 승진하는데 자기만 못했다고 불평합니다. 이런 말을 하는 순간, 그는 스스로 '나는 능력 없다'고 광고하는 격입니다. 정약용 선생님께서는 말씀하시기를 "나를 써주지 않는다고 한탄하지 말고, 내가 쓸만한 사람이 아닌 것을 부끄럽게 여겨야 한다."라고 하셨습니다.

　　힘든 일을 해보고, 거친 일을 해봐야 자신이 성숙해집니다. 그 과정을 통해 어려움과 고통을 견딜 수 있는 힘이 자라납니다. 소크라테스는 다음과 같은 말을 했습니다. "말 타는 기술을 늘리려면 사나운 말을 골라서 타야 한다. 사나운 말을 탈 수 있게 되면, 다른 말을 다스리는 일은 쉬운 일이다. 네가 악처를 견뎌 낼 수 있다면, 세상에 다루지 못할 사람은 없을 것이다." 내 인생의 밭은 내가 직접 씨를 뿌리고, 풀을 뽑고, 비료를 주며 가꾸어야 합니다. 주인이 게으르면 잡초만 무성할 뿐이며, 주인이 아닌 사람은 책임을 지지 않습니다. 가정도 마찬가지입니다. 내 인생의 일은 내가 책임져야지, 그것을 타인 탓으로 돌리거나 남에게 기대고 의지한다면, 주인이 아니라 종으로 살아가게 되는 것입니다. 흔히 "쓰는 놈이 주인"이라 합니다. 내가 다른 사람에게 쓰임을 받기만 하면, 그 순간 나는 타인의 종이 되는 것입니다. 자신이 하는 모든 일에는 자신이 주인이라는 생각으로 임해야 합니다. 그것이 회사 일이든, 그날그날 일당을 받는 일일 노동이든 마찬가지입니다. 자신에게 주어진 일 앞에서 주인의 태도로 임하는 것이, 자신을 일꾼에서 주인으로 바꾸는 성공의 비결입니다. 주인으로 산다는 것은 곧 책임지는 삶을 뜻합니다. 남의 집 풀을 베는 일일지라도, 정성껏 깔끔하게 빠짐없이 베고 청소까지 말끔히 마무리해야 합니다. 책임진다는 것은 말로만 하는 일이 아니라, 현장에서 주인처럼 끝까지 최선을 다하는 태도입니다. 현장에서 일을 할 때 자재를 조심히 다루고, 못 하나라도 아껴 쓰고, 땅에 떨어진 볼트 하나라도 내 것처럼 주워 담아야 합니다. 이렇게 하루하루 살아가면, 당당한 인생을 살 수 있습니다. 자기 할 일을 제대로 하며 살아가는 사람은, 그 누구도 함부로 대할 수 없습니다.

성직자, 정치인, 고관대작이라 해서 고귀한 삶을 사는 것이 아닙니다. 어떻게 행동하고, 어떤 마음으로 살아가는가가 중요합니다. 나는 지금 어떤 삶을 살고 있을까? 내 인생에 모든 것을 책임지며 당당히 살고 있는가? 자신이 한 일을 책임지지 않고 타인 핑계 대고 환경 핑계 대는 일은 성공을 가로막는 가장 큰 적입니다. 인생에서 가장 위험한 적은 모든 책임을 외부로 전가하는 '핑계'입니다. 핑계는 달콤한 독약과도 같습니다. 핑계를 대는 순간, 우리는 모든 비난에서 잠시 벗어날 수 있습니다. 그러나 그것은 일시적인 위안일 뿐이며, 결국 핑계는 나의 영혼을 좀먹고 일의 결과와 자기 인생의 끝이 파멸이라는 책임을 져야 합니다.

저는 가난한 집안 출신이었고, 고등교육을 받지 못했습니다. 일자리를 구하기도 힘들었고, 내게 좋은 일자리를 얻을 기회는 없었습니다. 못 배운 만큼 가장 힘든 일을 해야 했습니다. 그 시대에 살던 사람 대부분이 그런 삶을 살았습니다. 한번은 어머니께서 제게 말씀하셨습니다. "왜 공부를 안 시켰느냐고 원망이라도 하면 마음이 편할 것 같다"고요. 어릴 적, 제가 다녔던 시골 학교 도서관에는 다른 책은 없고 영웅전 몇 권밖에 없었습니다. 그 책들에는 아무리 가난하고 배우지 못했더라도, 열악한 상황 속에서 세상을 구하고 나라를 일으킨 위대한 인물들이 있었습니다. 그들은 결코 부모를 탓하거나, 환경을 원망하거나, 나라를 빼앗겼다고 절망하지 않았습니다. 저에게 특히 큰 힘이 되어준 인물은 칭기즈칸입니다. 그의 말은 지금도 제 마음속에 남아, 힘들 때마다 저를 북돋아 주곤 합니다.

"집안이 나쁘다고 탓하지 마라. 나는 아홉 살 때

아버지를 잃고 마을에서 쫓겨났다. 가난하다고 탓하지 마라. 나는 들쥐를 잡아먹으며 연명했고, 목숨을 건 전쟁이 내 직업이고 일이었다. 배운 게 없다고, 힘이 없다고 탓하지 마라. 나는 내 이름도 쓸 줄 몰랐으나 남의 말에 귀 기울이면서 현명해지는 법을 배웠다. 너무 막막해서 포기해야겠다고 말하지 마라. 나는 목에 칼을 쓰고도 탈출했고, 뺨에 화살을 맞고 죽었다 살아나기도 했다. 알고 보니 적은 밖에 있는 것이 아니라 내 안에 있었다. 나는 내게 거추장스러운 것을 전부 쓸어버렸다. 나는 나를 극복하는 순간, 칭기즈칸이 되어 있었다."

저는 그래도 중학교까지 나왔고, 내 이름은 쓸 줄 아니, 칭기즈칸보다는 훨씬 편안하게 산 행운아입니다. 인생에서 가장 큰 적은 두려움, 핑계, 게으름입니다. 이것을 극복하지 못하면 기회는 찾아오지 않습니다. "지금은 돈이 없어서, 몸이 안 좋아서, 때가 아니니까, 시간이 없어서, 여유가 없으니까, 나이를 너무 많이 먹어서…." 얼마나 많은 날을 그런 조건이 맞아떨어지기만을 기다리며, 무언가 핑계거리만 찾으며 살아왔는지 돌아보아야 합니다. 부모 뒤에, 나라가 제공하는 복지 정책 뒤에 숨어 자족하고 있는 것은 아닌지 스스로 물어야 합니다.

> 내 인생의 주인은 바로 나입니다.
> 내가 분연히 일어나 시작하지 않으면,
> 아무도 대신 해주지 않습니다.
> 내 삶의 모든 선택과 그 결과를
> 온전히 받아들이기로 결심하고
> 새롭게 출발해야 합니다.

"네 시작은 미약하였으나, 나중은 심히 창대케 되리라."라는 성경 말씀이 있습니다. 누구나 시작은 초라하고 두렵습니다. 처음이라 안 될까 봐 두렵지만, 막상 해보면 별것 아닙니다. 어떤 사람도 시작이 두렵지 않은 사람은 없습니다. 처음은 불안하고 초라하지만, '할 수 있다'는 희망이 그 두려움을 이겨내게 합니다. 실수할 수도, 실패할 수도 있습니다. 그러나 실패할수록 우리는 성공에 더 가까워지고 있다는 사실을 잊지 말아야 합니다. 한번 실패한 것을 가지고 그것을 핑계 삼아 포기치만 않는다면, 언젠가는 반드시 성공하게 됩니다. 만약 실패했다면 성공에 한 걸음 더 다가간 것입니다. 인생에 진짜 실패는 없습니다. 오직 경험만이 있을 뿐입니다. 그 경험이 성공을 향한 가장 친절한 안내자가 됩니다. 경제가 어려워도, 정부 정책이 불리해도, 경쟁자가 방해를 해도, 오직 내가 할 수 있는 일에 집중하십시오. 뜻이 있는 곳에 길이 있습니다. 당신의 인생에서 가장 중요한 사람은, 언제나 당신 자신입니다. 핑계를 대고 포기하고 싶고, 힘든 상황이 닥쳐올 때마다 칭기즈칸의 말을 떠올리며 이렇게 자문해 보십시오. "나는 지금 핑계를 대고 있지는 않은가? 나는 칭기즈칸보다 더 힘든가?" 이 질문 하나가 다시 일어설 힘을 줄 것입니다. 지금 우리는 칭기즈칸보다 천 배, 만 배 더 나은 환경 속에 살고 있습니다. 저는 칠십이 넘은 지금도 여전히 일하고, 경험하며, 배우고, 노력하며 살아가고 있습니다. 좋은 세상 만나서 수명이 길어진 덕분입니다. 자신이 우매하다는 것을 인식하지 못하면, 평생 배우지 못합니다. 저는 여전히 부족하기에 배움과 실천을 멈추지 않으려 애씁니다. 내 삶의 주인이자 책임자가 바로 '나'이기 때문입니다. 자기 삶에 책임지겠다는 결심을 할 때, 용기가 나고 실천하게 됩니다.

저는 완전한 제3자가 되어 오늘 제 삶을 객관적으로 바라봅니다. 지금 내가 살고 있는 이 삶은 누가 만든 것인가? 초라하든 화려하든, 더럽든 깨끗하든, 그 모든 것은 제 자신이 만든 사랑하는 제 인생입니다. 그러니 누구도 탓하지 않습니다. 모든 선택은 제가 했습니다. 제 삶은 누구에게도 의지한 적이 없고, 지금도 의지하지 않습니다. 매 순간 내가 선택한 것들이 모여 70년의 시간을 만들었습니다. 그러니 누구도 빼앗을 수 없고, 누구를 탓할 수도 없습니다. 오롯이 내 것이고 내 인생입니다.

타인의 삶을 바라보지도 말고, 부러워하지도 말고, 기웃대지도 말고, 관심 두지도 말고, 자신의 삶을 살아야 합니다.

> **마라톤 선수들처럼
> 묵묵히 자기 삶을 열심히 사는 것이
> 인생의 정답입니다.**

인간에게는 다른 사람에게 관심을 가질 만큼 한가한 시간이 주어지지 않았습니다. 자신의 선택을 두려워하지 말고, 결과를 걱정하지 말고, 그저 최선을 다하면 결국 좋은 결과가 나옵니다. 종업원에서 주인이 된다는 것은 정말 힘든 일이지만, 항상 주인의 마음으로 주인처럼 일하면 반드시 주인이 됩니다. 주인이 되고 싶다면 제 말을 믿고, 지금부터 주인처럼 하시면 됩니다.

20

사랑이라는 이름의 비밀

◆ 자유 없는 사랑이 정말 사랑일 수 있을까요?
자신이 믿고 있는 사랑이 진리라고 생각한다면,
그 사랑은 반드시 상대를 자유롭게
해주어야 할 것입니다.

남녀가 만나 서로의 마음을 고백하고, 죽을 때까지 변치 말고 사랑하자고 약속하며 사랑을 시작합니다. 그렇게 연애를 하던 결혼을 하던, 시간이 지나면 다투기도 싸우기도 합니다. 달콤하기만 했던 첫 감정은 서서히 사라지고, 어느덧 서로 간의 거리는 멀어지고 마음은 소원해지며, 때로는 이별하거나 이혼하여 원수가 되어있기도 합니다. 그렇다면 이혼하지 않고 죽을 때까지 함께 산다고 행복한 결혼 생활이라고 할 수 있을까요? 사람들이 인생을 행복해서 사는 것이 아니라, 그냥 목숨이 붙어있으니 살아가는 경우가 많습니다. 이처럼 여러 가지 이유로 어쩔 수 없이 함께 살아가는 경우가 수두룩합니다. 사랑한다고 해서 두 사람이 같은 시각으로 세상을 보는 것은 아닙니다. 성장한 환경도, 사고하는 방식도, 삶에 대한 가치관도 서로 다릅니다. 어떤 사건이나 사물을 두고 내가 보는 시각과 사랑하는 사람이 보는 시각이 얼마든지 다른 것입니다. 내가 생각하는 사랑과 상대가 생각하는 사랑 역시 완전히 다를 수 있습니다.

사람들은 '서로 사랑하는 사이라면 이렇게 해야 한다'는 자기만의 기준을 가지고 있습니다. 사랑한다면 매일 아침 '굿모닝' 인사를 해야 하고, 수시로 문자를 보내고, 문자에는 곧바로 답장을 해야 하며, 잠들기 전에는 '굿나잇' 인사를 꼭 해야 한다고 규정하는 사람도 있습니다. 반면, 상대는 '사랑하면 서로의 행동과 사고에 대한 자유를 주어야 한다.'고 생각할 수도 있습니다. 그런데 상반된 견해를 가지고 있으면서 자신의 생각은 덮어둔 채 결혼을 합니다. 사랑하기 전에는 그런 문자를 안 해도 되었고, 편안하게 살았던 사람에게는 이런 문자를 하는 것이 삶의 족쇄가 됩니다. '사랑하는 사이라면 적어도 이 정도는 해야 한다'는 생각, 마치 법령처럼 정해진 기준이 서로를 옥죄고 있습니다. '그런 것도 안 하면서 어떻게 사랑한다고 할 수 있겠는가?'라는 생각이 마음을 지배하는 것입니다. 이러한 시각과 개념은 서로에게 굴레가 되고, 자유를 빼앗으며, 결국 두 사람을 힘들게 만듭니다.

 자유 없는 사랑은 사랑이 아니라 속박입니다. 자유를 주지 않으면서 사랑한다고 말하는 것은, 사실 사랑이 아니라 집착입니다. 동물이든 사람이든 가장 고통스러운 일은 자유를 제한당하는 것입니다. 인간은 자유를 위해 목숨까지 바치는 존재입니다. 그런데 사랑이라는 이름 아래 자유가 제한되기 시작하면, 그 관계는 점점 더 답답해지고 버거워지기 시작합니다. 문제는, 자신만의 개념에 맞으면 사랑이고, 맞지 않으면 사랑이 아니라고 판단해 버린다는 데 있습니다. 예를 들어, 문자를 보냈는데 늦게 답장이 오거나, 아예 오지 않거나, 약속이 늦어지면 화를 냅니다. 자신을 무시한다고, 관심이 없다고, 심지어 사랑하지 않는다고 단정 지어버립니다. 문자에 빠르게 응답하고, 약속을 잘 지키는 사람을 성숙하고 진실한 사랑의 소유자라 여기는 사람도 있습니다. 그런 것들을 잘하는 것이 제대로 된 사랑이라면, 얼마나 쉽고 좋겠습니까? 그러나 그런 행동은 사랑이라기보다 예의라고 할까요. 이런 예의를 가장 철저히 지키는 곳은 회사입니다. 직장 상사에게는 반드시 답장을 하고, 빠르게 보고하며, 약속을 어기지 않으려 최선을 다합니다. 하지만 그 안에는 사랑이 없습니다. 정신없이 바쁘거나 특수한 상황에서는 문자나 연락을 못 하는 일도 충분히 생길 수 있습니다.

남자는 '내가 더 열심히 일해서 한 푼이라도 더 벌고, 집을 빨리 장만하는 것'이 사랑이라고 생각할 수 있습니다. 그런 생각으로 죽을 각오로 일하고 돌아온 남편에게 "어떻게 내 생일에 늦게 올 수 있느냐?", "벌써 사랑이 식은 거 아니냐?"라고 말한다면, 그 결혼은 진짜 사랑의 무덤이 될지도 모릅니다. '내 생일도 잊을 만큼 일을 하느라 얼마나 바빴을까.' 이렇게 생각해 주는 아내가 있다면, 그 결혼은 살만한 것입니다. 마찬가지로, 모처럼의 데이트에 여자가 늦는다면 '나를 무시하나?' 같은 바늘구멍만 한 생각보다는 '약속을 못 지키고 늦게 오는 사람은 얼마나 속이 탈까?' 하고 생각하면 모든 것이 편안해집니다.

사랑의 개념은 사람마다 다를 수 있지만, 그 차이를 인정하고 서로를 배려하는 작은 마음만 있으면 문제 될 것이 없습니다. 아무리 사랑하는 사이라도 맞는 부분이 있고, 맞지 않는 부분이 있습니다. 맞는 부분은 옳고, 맞지 않는 부분은 그르다고 단정해버리면 어떤 관계도 오래가기 어렵습니다. 살아가면서 모든 것이 다 맞을 수는 없습니다. 피가 섞인 부모와 형제간에도 모든 것이 맞지 않습니다. 같은 엄마 뱃속에서 태어난 쌍둥이도 서로 완전히 다릅니다. 부모님 입장에서 마음에 꼭 드는 자식이 있을까요? 부부간에도 마찬가지입니다. 100퍼센트 마음에 쏙 드는 상대는 없습니다.

인간은 욕망의 덩어리이기 때문에 도무지 만족할 수 없는 존재입니다. 각자가 서로 다른 사랑의 개념을 가진 채 "사랑해"라고 말해도, 그 사랑은 결코 같지 않습니다. 전혀 다른 사랑입니다. 그런데도 사람들은 그것을 일심동체의 사랑이라 착각합니다. 착각도 이런 착각이 없습니다. 저는 주례를 참 많이 했지만 '부부일심동체'라는 말은 쓰지 않습니다. 대신, 서로 양보하고 참고, 다르더라도 잘 맞추어 살라고 합니다. 누구도 사랑을 한마디로 정의할 수는 없습니다. 사람마다 사랑에 대한 개념이 다르기 때문입니다.

저는 사랑이란 지켜봐 주는 것이라고 생각합니다. 부모가 아이들이 놀이터에서 노는 모습을 조용히 지켜보듯이 말입니다. 그러나 많은 부모들은 아이가 놀이터에서 노는 것을 보면서 "만지지 마라, 조용히 해라, 저 아이랑 놀지 마라, 뛰지 마라, 위험하다."고 말합니다. 부모님들은 이것이 사랑이라 생각하겠지만, 그것은 사랑이 아니라 간섭입니다. 자유를 통제하고 빼앗는 것입니다. 사랑하면 시소를 타든, 미끄럼틀을 타든, 모래밭에서 구르든, 원하는 대로 놀게 놔두어야 합니다. 자기 하고 싶은 것을 마음껏 선택하도록 놔두어야 합니다. 무관심이 아니라, 아이의 자유와 판단을 인정해 주는 것입니다. 어려서부터 아이를 성인처럼 존중하고, 스스로 선택하도록 키우면, 아이는 자라서도 자신의 길을 잘 찾아가 게 됩니다.

나와 개념이 맞고, 스타일이 맞고, 내 마음에 쏙 드는 사람과만 사랑을 하고 싶다면, 아예 사랑할 생각을 하지 마시고 혼자 사는 것이 합리적입니다. 반려동물과 함께 살아도 마음이 딱 맞지는 않습니다. 우리는 흔히 사 랑이란 하나가 되어 트러블 없는 달콤한 감정이라 믿지 만, 이는 매우 위험한 착각입니다. 많은 사람들이 '로미 오와 줄리엣' 같은 사랑을 꿈꿉니다. 그러나 그들의 사랑 은 단 5일간의 사랑이었습니다. 만약 그들의 부모가 결 혼을 시켰다면, 1년이나 2년 후에 이혼했을지도 모를 일 입니다. 사랑은 이상도, 꿈도 아닙니다. 사랑은 현실이 며, 책임 없는 사랑은 사랑이 아닙니다. 예수님께서는 인 류를 사랑하셨기에 십자가의 죽음을 감내하셨습니다. 사랑을 책임지는 모습으로, 우리에게 진정한 사랑이 무 엇인지를 보여 주셨습니다. 부모님들이 자녀를 사랑하 시는 것도 마찬가지입니다. 그 엄청난 수고와 희생을 감 당하시는 이유는 사랑하기 때문입니다.

사람들은 너무나 사랑해서 영원히 행복할 것이라 믿고 사랑을 시작합니다. 그러나 현실을 보십시오. 자신이 원하는 것만 해주기를 바라고, 자기주장만 앞세우다 결국 파국으로 치닫는 사람들이 많습니다. 사랑이 이별로 끝나는 사람들에게는 공통점이 있습니다. 자기주장이 강하고, 자기 것만 옳고, 서로의 다름을 인정하지 못한다는 점입니다. 사랑은 저절로 자연스럽게 이루어지는 것이 아닙니다. 배워야 합니다.

> **사랑은 받는 것을 배우는 것이 아니라,**
> **주는 법을 배우고, 참고, 책임지고,**
> **아끼는 법을 배워야 합니다.**

사랑받는 법만 배우고, 책임지지 못하는 사랑을 하게 되면 아무리 성격이 맞고 스타일이 잘 맞는다 해도 결국은 이별할 수밖에 없습니다. 본래 여자와 남자는 외형도 다르고 구조도 다릅니다. 근본적으로 서로 맞지 않는 존재입니다. 그렇기에 서로의 차이를 인정해야 합니다. 그런데 우리는 사랑한다는 이유로 서로를 자신의 방식에 맞추려고 합니다. 남자는 여자가 자기 방식대로 살아주기를 원하고, 여자는 남자가 자신의 방식대로 따르기를 원합니다. 그렇게 서로를 바꾸려는 과정에서 사랑은 서서히 갈라지기 시작합니다. 시간이 지나면서 쌓인 불만은 결국 큰 다툼이 되어 돌아오고, 서로에게 상처를 주는 말들을 아낌없이 퍼붓기 시작합니다. 그때 깨달아야 합니다. 우리가 했던 것은 사랑이 아니라 욕심이었다는 것을. 그 사실을 인정하고, 자신의 욕심을 내려놓아야 사랑을 회복할 수 있습니다. 우리는 각자의 개념에 맞춰 상대방의 잘잘못을 따지고, 자기만의 기준으로 사랑을 재단해 왔던 것입니다.

니체의 말처럼, 사랑에도 권력이 존재합니다. 사랑이라는 이름으로 연결된 두 사람 사이에서도 은밀한 권력 다툼이 일어납니다. '왜 내 생각과 다르지? 사랑한다면 나와 같은 생각을 해야 하는 것 아니야? 내 말대로 해주어야 하는 것 아니야?' 이러한 생각들은 사랑의 탈을 쓴 폭력입니다. 상대에게 "나에게 맞추지 않으면 힘들다"는 이유로 내 방식에 따르기를 요구합니다. '나를 사랑한다면 나와 같은 생각을 해야 한다'는 개념, '내가 옳고 네가 틀렸다'는 식의 주장은 결국 상대를 억누르는 강요이자 지배입니다. 이것이 폭력이 아니면 무엇입니까? 인간은 각자 타고난 고유한 성격이 있기 때문에 바뀌지 않습니다. 바뀌지 않는다는 전제하에 상대를 이해해야 합니다. 그런데 서로가 자신이 옳다고 주장하기 때문에 부딪히는 것입니다. 마치 서로를 향해 달려오는 열차처럼 충돌할 수밖에 없습니다.

인간은 스스로 옳다고 믿는 확신에 사로잡히고, 그것을 진리라 여기게 되면 폭력적으로 변합니다. 각자가 옳다고 믿는 바를 내세우고, 타인에게 그것을 강요하다가 전쟁까지 벌이는 것이 인간입니다. 양보할 줄 모르고 자신의 것만 강하게 주장하는 것이 어떻게 사랑일 수 있겠습니까? 자신이 언제나 옳다고 믿는 사람이 과연 사랑할 자격이 있다고 생각하십니까? '내 말이 틀렸구나.'라는 생각은 천만분의 일도 하지 않습니다. 왜냐하면 자신이 가진 사랑의 개념이 곧 사랑의 진리라고 확신하기 때문입니다.

사랑이 깨진 후, 헤어진 연인 둘을 따로 만나 이야기를 들어보면 각자 다 옳은 사람입니다. 틀린 말이 없고, 다 세상을 구하는 말입니다. 문제는 각각 하는 말은 맞으나, 서로 조화를 이루지 못한다는 것입니다. 고슴도치도 멋지고, 풍선도 멋지지만 가까이하면 풍선은 터집니다. 고슴도치가 일부러 찌르려는 게 아니고 풍선이 다가가면 터지는 것입니다.

> 조화를 이루기 위해서는
> 적당한 거리를 유지해야 합니다.
> 해와 달이 공존할 수 있는 것도 서로 간에
> 정확한 거리를 지키고 있기 때문입니다.

　　　진정한 사랑은 잘못이 있을 때 용서하는 것입니다. 사랑하기 때문에 더 용서해야 하는데, 사랑한다면서 실수했다고, 약속을 어겼다고 용서하지 않습니다. 세상에서 가장 완벽한 사랑에 가까운 것이 어머니의 사랑이라고 합니다. 어머니는 자식이 어떤 잘못을 저질러도 끝내 용서하시기 때문입니다. 서로 사랑한다면서 사소한 일 하나 용서하지 못한다면, 사랑이라는 말을 꺼내 드는 것은 위선입니다. 상대가 나를 인정하지 않고 내 말을 받아들이지 않아 화가 날 때, 그 사람을 바라보십시오. 그가 내 아내라면 화낼 필요 없습니다. 세상에서 내가 가장 잘되기를 바라는 존재가 아내일진대, 그런 사람이 내 말을 인정하지 않는 데에는 분명 이유가 있지 않겠습니까? 그럴 때는 화를 멈추고, 부인의 말을 들어주며 수용하는 자세가 필요합니다. 말을 할 때는 항상 상대가 누구인지를 먼저 생각해야 합니다. 부모님인가, 자식인가, 아내인가, 어른인가에 따라 그 사람에 맞추어 말을 잘해야 합니다. 내 생각이 옳으니 무조건 내 말을 들으라고 한다면 그것은 이미 사랑이 아니라 폭력입니다. 사랑은 언제나 온유하고 겸손해야 합니다.

> 상대를 사랑한다면
> 어떤 말이든 수용하겠다는 생각을
> 항상 해야 합니다.
> 사랑은 서로의 다름을 인정하는 데에서
> 시작됩니다.

완벽한 일치를 추구하지 마시고, 수용하는 자세를 가져보십시오. 서로의 차이를 존중하며 함께 하다 보면 같이 성장할 것입니다. 또한 그 사랑은 더욱 깊어지고 넓어질 것입니다. 바다는 낮은 곳에 있기 때문에 세상의 모든 물을 받아들이고, 결국 가장 깊고 넓게 되어 모든 것을 담은 것입니다. 자유로운 사랑이야말로 진정한 사랑 아닐까요? 사랑이라는 이름으로 자유를 제한한다면, 그것은 더 이상 사랑이 아닐 수 있습니다. 물고기에게는 꼭 물이 있어야 하듯 저는 사랑이란 반드시 자유가 수반되어야 한다고 생각합니다. 만약 사랑이라는 이유로 상대를 옥죄고 있다면, 그것은 결코 진실한 사랑이라 보기 어렵습니다. 사랑은 구속 없는 사랑이어야 합니다. 올 때도 자유롭게 왔다면, 떠날 때도 마치 새가 하늘을 날아가듯이 가볍게 떠날 수 있는 자유를 주는 것이야말로 사랑 아닐까요? 상대방을 진정으로 이해하고 존중할 준비가 되어 있습니까? 사랑한다는 이유로 간섭하고, 나에게 맞추라고 강요하고 있지는 않습니까? 진짜 사랑은 자유 속에서 피어납니다. 서로를 구속하는 순간, 그것은 이미 사랑이 아닙니다. 우리가 사랑에 대해 아무리 깊이 생각해도, 완벽하게 이해하기는 어렵습니다. 그래서 인간은 완전한 사랑을 할 수 없습니다.

사랑은 가장 편안하고, 자유롭고, 굴레가 없어야 하건만, 사랑은 어느새 굴레가 되고, 권력이 되고, 법이 되며, 때로는 폭력이 됩니다. 사랑이라는 굴레는 강하고 무서운 굴레입니다. 인간은 항상 자유를 원하며 살았습니다. 인류의 역사는 자유를 갈구하는 역사였습니다.

자유 없는 사랑이 정말 사랑일 수 있을까요?
자신이 믿고 있는 사랑이
진리라고 생각한다면,
그 사랑은 반드시 상대를
자유롭게 해주어야 할 것입니다.

자신이 원하는 사랑을 강요한다면, 그것은 사랑이 아니라 욕망일 뿐입니다. 자유가 제한되는 사랑은 참된 사랑이라 말할 수 없습니다. 마치 자기 집 안방을 자유롭게 드나들듯, 만나고 헤어지는 자유로운 사랑이야말로 진정한 사랑 아닐까요? 사랑이라는 이름으로 자유를 제한한다면, 그것은 더 이상 사랑이 아닐 수 있습니다. 물고기에게는 꼭 물이 있어야 하듯 저는 사랑이란 반드시 자유가 수반되어야 한다고 생각합니다. 만약 사랑이라는 이유로 상대를 옥죄고 있다면, 그것은 결코 진실한 사랑이라 보기 어렵습니다. 사랑은 구속 없는 사랑이어야 합니다. 올 때도 자유롭게 왔다면, 떠날 때도 마치 새가 하늘을 날아가듯이 가볍게 떠날 수 있는 자유를 주는 것이야말로 사랑 아닐까요?

갈등은
치유를 위한 최고의 기회다

◼ 결합을 위한 씨앗으로 보아야 합니다.
갈등을 더 좋은 관계로
나아가기 위한 디딤돌로 삼을 때,
그것은 가장 확실한 삶의 디딤돌이 될 것입니다.

갈등은 칡넝쿨이 왼쪽으로, 등나무가 오른쪽으로 서로를 감아올려 얽힌 모습에서 비롯된 말이라고 합니다. 인간이 살아가면서 갈등이 없을 수는 없습니다. 그러나 갈등은 저주가 아닌 축복입니다. 갈등은 우리에게 최고의 치유와 성장의 기회를 제공해 줍니다.

'가화만사성'이라는 말이 있습니다. 집안이 화목하면 모든 일이 잘 풀린다는 뜻이지만 말처럼 쉽지 않습니다. 간혹 부부 간의 갈등이 심해져 제게 조언을 구하러 오는 분들이 있습니다. 사연을 들어보면 매일 의견이 맞지 않아 논쟁하고 다투게 된다고 합니다. 논쟁에서 이기는 사람은 지는 사람에게 상처를 주게 됩니다. 화를 참지 못하고 서로를 향해 던지는 말들은 날카로운 비수가 되어 마음 깊은 곳까지 상처를 남깁니다. 사람 사는 곳에 갈등이 없다면 아마 그곳은 천국일 겁니다.

어느 날 심한 갈등으로 저를 찾아온 부부에게 결혼식 날을 떠올려 보라고 했습니다. 처음부터 지금처럼 잘 안 맞았느냐고 물으면, 대부분 아니라고 하면서 변했다고 합니다. 서로를 바라보는 눈빛만으로도 행복해하던 시절이 있었다고 회상합니다. 그 부부 역시 왜 이렇게 되었는지 모르겠다고 했습니다. 원인 없는 결과가 없듯 아마 이 부부에게도 원인은 있었을 것입니다. 그렇다면 무엇이 두 사람을 이렇게 만들었을까요? 갈등은 어디에서 비롯된 것일까요? 언제부터 시작되었을까요? 갈등의 원인은 무엇이라고 생각하시나요? 갈등을 해결하기 위해 어떤 노력을 해보셨습니까? 저는 이런 질문을 하나씩 던져봅니다. 갈등을 풀어내기 위해서는 긍정적으로 볼 수 있어야 합니다. 갈등이란 가장 깊은 강이지만 해결하기 위해서는 꼭 건너야만 하는 강입니다. 인간은 누구나 홀로 살 수 없기에 '관계' 속에 살아갑니다. 그런데 깊은 관계일수록 갈등도 깊어집니다. 살다 보면 부부, 자식, 형제, 친구, 직장 동료 사이의 갈등은 피할 수 없습니다. 이는 인간존재의 구조적인 특징입니다.

인간관계 중 가장 친밀하면서도 가장 어려운 관계가 바로 부부 관계입니다. 가장 가까운 존재이기에 더 어려운 관계이기도 합니다. 깊이 생각해 보면 모든 문제는 가까운 사람에게서 일어납니다. 배신도, 사기도, 상처도 가까운 사람에게 당하게 됩니다. 멀리 있는 사람에게는 배신도, 미움도, 상처도 받지 않습니다. 가까이 있는 사람일수록 더 조심해야 하며, 사랑하는 사람일수록 더 깊이 생각하고 말하고 행동해야 상처를 주지 않습니다. 쇼펜하우어는 인간이 근원적으로 이기적인 존재이며, 타인과의 공존이란 '끊임없는 충돌'이라고 보았습니다. 이러한 충돌 속에서 우리는 자신의 한계와 타인의 이기적인 면을 볼 수 있습니다. 이런 갈등은 고통이지만 이것을 해결하려고 노력하는 과정에서 성장의 기회가 되기도 합니다. 씨를 뿌리지 않으면 거둘 수 없듯이 갈등이 없으면 성장도 없습니다. 진정한 정신적·내적 성장은 나를 내려놓고 타인을 이해하며 서로의 주장을 조율하는 과정에서 이뤄집니다. 니체는 "고통을 견딘 자만이 더 높은 존재로 탈바꿈한다."라고 말했습니다. 고통 없는 성장은 없습니다. 한 송이의 국화꽃이 피기까지 국화가 겪어야 하는 수많은 고통이 있습니다. 하물며 인간이 살면서 겪어야 하는 일은 상상할 수 없이 많습니다.

> 갈등은 각자 마음을 흔들고 아프게 하고
> 때로는 분노와 슬픔으로
> 눈물을 흘리게 하지만,
> 피한다고 해결되는 것이 아니라
> 해결하기 위해 적극적으로 노력해야 합니다.

유교에서 쓰는 '화(和)'라는 글자는 단순하게 타협하는 것이 아니라 자신과 타인의 차이를 인정하며 서로 조화를 이루는 지혜를 뜻한다고 합니다. 각자 독립된 인격체로서 서로를 인정하는 것이지 상대에게 포기를 강요하거나 내 것을 일방적으로 포기하는 것이 아닙니다. 갈등이 생기면 왜 이런 갈등이 우리 사이에 일어났는지 자신에게 물어봐야 합니다. 대개 갈등은 자기가 가지고 있는 고정관념과 자존심에서 비롯될 수 있습니다. 그래서 갈등은 고정관념과 자존심을 시험하는 시험지인 셈입니다. 고정관념은 자신을 개념화시키고 변하지 않는 돌처럼 강하게 만들어 상대에게 상처를 주기 때문에 물처럼 부드럽고 유연하게 만들어야 합니다.

사람은 가까워질수록 갈등이 생긴다는 것을 알아야 합니다. 가까워지면 자신의 주장이 강해지게 되고, 상대에게 말을 쉽게 하기 마련입니다. '이제 서로 가까워졌으니, 상대가 나를 이해하겠지?' 이런 생각을 하고 자기 주장을 강하게 하면 상대는 깜짝 놀랍니다. '이 사람에게 이런 면이 있었네. 내가 사람을 잘못 봤구나.' 이런 생각을 하게 됩니다. 세상에 살면서 갈등이 없는 사람은 없습니다. 서로에게 갈등이 있다는 것을 인정하고, 갈등을 풀어가는 기술을 배워야 합니다. 무엇보다 부부의 갈등은 그것으로 끝나는 것이 아닙니다. 그것은 자녀에게 큰 상처로 돌아갑니다. 성인인 부부는 어느 정도 자가 치유할 능력이 있습니다. 사회적 경험을 통해 나름대로 면역력을 갖추고 있습니다. 하지만 아이들은 그렇지 않습니다. 스펀지가 물을 흡수하듯, 부모의 팽팽한 긴장감과 미움, 불화, 폭력을 고스란히 흡수해 버립니다. 가장 큰 피해는 아이들이 받는다는 걸 아셔야 합니다. 부부 갈등이 지속되면 아이들은 위축되고 상처받으며 불안한 상태로 자라납니다. 그렇게 아이들은 부모의 삶을 통해 세상을 바라보게 됩니다.

  갈등은 사람 사는 곳이면 어디나 있고 누구나 겪습니다. 가까울수록 갈등을 많이 겪고, 먼 사이일수록 갈등을 적게 겪을 뿐입니다. 갈등이 왜 일어나는지 잘 이해해야 합니다. 갈등은 사실 서로에 대한 관심의 표현입니다. 서로를 더 이상 신경 쓰지 않으면 무시해 버리고 맙니다. 오히려 너무나 신경 쓰고 있었기에 갈등을 겪고 있는 것입니다. 먼저, 서로에게 관심이 있기에 시작된 것이라는 사실을 잘 이해해야 합니다. 부부 관계도, 친구 사이도, 부모와 자식 사이도 잘해보려고 하다가 어려움을 겪는 경우가 많습니다. 너무 완벽하게 잘해주고 싶어서 생기는 것이 갈등입니다. 예를 들면, "옷 좀 잘 챙겨 입어라." "술 좀 그만 먹어라." "말 좀 함부로 하지 마라." 이런 이야기를 부인이 합니다. 이 모든 말들이 나쁜 말이 아닙니다. 다 자기 남편 잘되라고 하는 말입니다. 엘리베이터를 탔는데 옆집 아저씨가 술을 잔뜩 마시고 인사하면, "오늘 기분 좋으신 모양이네요." 이렇게 말합니다. 옆집 아저씨에게 "술 좀 줄이시지요."라고는 하지 않습니다. 남의 남편이 술 먹고 병이 들거나 죽어도 아무 상관이 없으니 좋게 말하는 것입니다. 그러나 남편이나 자식에게는 잘되기를 바라기 때문에 올바른 소리를 하게 됩니다. 젊은 남편이 술을 먹다 일찍 죽어버리면 큰일 아닙니까? 그래서 애간장 타서 이야기하는데 남편은 화를 냅니다. 이럴 때는 술을 마시지 말라고 하기 전에, 남편의 입장에서 한 번 더 생각해 보고 말해야 서로 이견을 좁힐 수 있습니다. 우는 아이도 속이 있어서 운다고, 술을 마시는 사람도 이유가 있을 것입니다. "술을 먹지 말라."는 말은 옳은 말이기 때문에, 자신이 하는 말이 맞다고 확신합니다. 이런 갈등을 피하기 위해서는 먼저 상대의 입장을 생각해야 합니다. '오죽하면 술을 먹겠는가? 무슨 이유가 있겠지. 들어볼까?' 성경 말씀에 사랑은 오래 참아야 한다고 했으니 일단 참아봐야 합니다. 어디까지 참아야 할까요? 어른들이 말씀하시기를 "술 먹으면 사람이 아니여. 술 먹은 개여." 이렇게 말합니다. 분명 남편이 맞지만, 술에 취한 상태에서는 말해봐야 말이 통하지 않는 강아지인 셈입니다. 그러니 얼른 재우고 술이 깨서 정상적인 남편이 될 때까지 참아야 합니다. 맑은 정신이 되었을 때 말해야 합니다.

**갈등은 나의 기준이 없으면
줄어들거나 아예 사라집니다.**

사람이 화가 나고 감정이 상했을 때는 말을 걸면 안됩니다. 화가 난 상태에서는 선과 악을 구분하지 못하고, 분노를 주체하지 못합니다. 제정신이 아닌 상태이기 때문에, 누가 누구인지조차 구분하지 못합니다. 그래서 화가 난 부모 중에는 자식에게 "자식이 아니라 웬수다", "나쁜 놈의 새끼다"라고 퍼붓는 경우도 있습니다. 놀랍지 않습니까? 자식에게 웬수, 나쁜 놈의 자식이라고 하면 결국 자기 자신에게 욕하는 셈입니다. 자식은, 설령 부모를 죽이려 든다 하더라도 여전히 사랑의 대상입니다. 그렇기에 화가 났을 때는 완전히 가라앉은 후에 말을 꺼내야 합니다. 내가 옳다는 생각을 내려놓고, 감정이 가라앉은 상태에서 이야기해야 상대도 내 말에 귀를 기울일 수 있습니다. 나의 기준이 사라지면 기준의 잣대가 없으니, 상대와 더 유연하게 잘 맞출 수 있습니다. 갈등의 이면에는 언제나 나름의 이유가 있습니다. 이를테면 "이번엔 성적을 반드시 올려라"라는 부모의 기준이 있으면, 그 기준에 미치지 못했을 때 자식이 미워지는 것입니다. 나의 기준을 없애고 자녀들이 받아오는 성적을 그대로 받아들이면 됩니다.

부부 사이의 갈등을 해결할 수만 있다면, 서로를 더 깊이 이해하고 사랑을 성장시킬 수 있는 기회가 될 수 있습니다. 심리학자들이 말하는 '정서적 상처'란 것도 결국 우리가 서로에게 얼마나 깊은 영향을 주고받는 존재인지를 보여주는 증거입니다. 사람은 쉽게 변하지 않습니다. 흔히 "십 년이면 강산도 변한다"고 하지만, 사람은 십 년이 지나도 변하지 않는 경우가 더 많고, 사실 변한다는 것은 거의 불가능합니다. 만약 당신의 배우자가 갑자기 변한 것처럼 보인다면, 그것은 아마도 일시적인 환경 변화에 의한 결과일 가능성이 높습니다. 직장의 변화, 부서 이동, 아이의 탄생, 경제적 어려움 같은 다양한 요인이 우리의 행동을 잠시 바꿀 수는 있지만, 본질적으로 바꾸는 것은 거의 불가능합니다. 서로 이해하기 어렵고 갈등이 계속된다면, 갈등을 통해 이해할 수 있는 기회라고 생각하고 원인을 찾아봐야 합니다.

갈등을 해결하는 방법이 있습니다. 먼저, 나 자신이 왜 그렇게 행동하는지, 왜 고집을 부리는지, 왜 참지 못하는지 상대 입장에서 돌아보아야 합니다. 일방적으로 자신의 의견이나 생각을 주장한다면 문제가 심각한 것입니다. 그리고 두 번째는 상대방이 누구인지 알아야 합니다. 남편인지, 부인인지, 아들인지, 딸인지, 직장 상사인지, 부하직원인지 알아야 합니다. 상대를 알면 왜 그렇게 행동하는지 이해하는 데 쉽게 접근할 수 있습니다.

예를 들어, 고된 하루를 마치고 집에 돌아왔는데,

21

평소에 공부도 못하는 아들이 게임하고 있는 모습을 보게 됐다고 합시다. 먹이고, 입히고, 재우고, 학교 보내고, 없는 것까지 다 해주려고 새벽부터 출근해서 죽어라 일하고 왔는데, 이 녀석은 집에서 게임에나 빠져있으니 분노가 치밀어 오를 것입니다. 이때 화난 감정을 관리하지 못하고 그대로 표출해버리면, 아이도 상처를 받고, 화를 낸 부모 자신도 상처를 입고 후회하게 됩니다. 이런 상황에서는 잠깐 화를 미뤄두고, 지금 나와 마주하고 있는 사람이 누구인지 나와 어떤 관계인지 곰곰이 생각해 봐야 합니다. 그러면 남이 아니라 세상에서 가장 사랑하는 내 자녀라는 것을 금방 알게 됩니다. 내가 새벽부터 열심히 일하는 이유가 바로 게임하고 앉아 있는 아들 때문이라는 걸 떠올리게 됩니다. 그리고 나만 특별히 이런 고생을 하는 것이 아니라는 것, 세상 모든 부모에게는 자녀를 사랑하고 양육하는 일이 당연한 책임과 의무라는 것을 깨닫게 됩니다. 그러면 화가 잦아들게 됩니다. 한 걸음 더 나아가, 자녀의 입장도 생각해 봐야 합니다. 자녀도 공부를 못하고 싶어서 못하는 게 아닐 것입니다. 잘하고 싶은데 마음처럼 되지 않는 것입니다.

달리기를 잘하는 아이는 신이 나서 뛰지만, 달리기를 못하는 아이는 뛰는 것도 힘들고 남들의 시선도 두려울 것입니다. 게다가 부모까지 지켜보고 있다면 얼마나 부담스럽겠습니까? 세상에 부모 앞에서 못하고 싶은 아이는 없습니다. 가족과 타인은 완전히 다른 존재이니 다르게 대해주어야 합니다. 가족은 떼려야 뗄 수 없는 관계 즉, 필연적으로 안고 가야 할 존재입니다. 그렇기 때문에 한없는 사랑을 가지고 지켜봐야 합니다. 왜 그토록 고집을 부리는지 원인을 찾으려 노력해야 합니다. 가족은 가장 먼저 사랑하고 이해해야 할 상대입니다.

서로를 인정하고 존중해야 합니다. 결국 같은 목표를 가지고 있기 때문에 서로를 인정하면 쉽게 풀리게 됩니다. 이 방법에 꼭 필요한 것이 솔직한 대화입니다. 솔직하게 이야기 한다고 상대의 약점을 드러내거나 비난하거나 따지면 안 됩니다. 상대를 이해하기 위한 대화를 해야 합니다. 만약 대화가 서로의 약점과 불평을 늘어놓는 성토장이 되면 전쟁터가 될 것입니다. 물론 이해는 생각보다 매우 어렵습니다. 정말로 이해할 수 있었다면,

21

갈등은 애초에 생겨나지 않았을 것입니다. 이해하기 힘든 일들이 넘쳐나는 세상입니다. 함께 사는 가족조차 서로를 온전히 이해하지 못합니다. 한평생 가장 많은 시간을 함께한 가족도 서로를 이해하지 못하는 마당에, 하물며 타인은 오죽하겠습니까? 그러니 굳이 이해하려 애쓸 필요가 없습니다. 그냥 상대를 '인정'하면 됩니다.

'너는 왜 그런 생각을 하느냐?'
'도대체 그것을 왜 좋아하느냐?'
'그런 종교를 믿는 이유가 뭐냐?'

이런 식으로 굳이 따질 것 없습니다. 좋아하는 것을 왜 좋아하느냐고 물어보면 막상 답하지 못하는 경우가 많습니다. 죽을 만큼 힘들다면서 살기는 왜 사느냐고 물으면, 선뜻 대답하기 어려울 것입니다. 따진다고 이해가 되는 것도 아니고, 바꾸라고 한들 바뀌지 않습니다. 저는 이해하지 못하는 것이 너무나 많습니다. 인공지능(AI), 에어컨, 비행기, 스마트폰까지 실생활에서 늘 접하고 사용하고 있지만, 어떻게 작동하는 것인지 이해하지 못한 채로 그냥 쓰고 있습니다. 우리 부모들도 우리가 다 맘에 들어서 키웠던 것이 아닙니다. 부족해도 내 자녀이기 때문에 길렀던 것입니다. 타인을 완전히 이해하는 일은 사실상 불가능합니다.

대화는 먼저 나 자신부터 부족했던 것을 이야기하고, 그동안 수고한 것을 인정해주고, 마음을 알아주는 것에 초점을 맞추어야 합니다. 상대방의 입장에서 생각해보고, 그들의 감정을 이해하려고 노력해야 합니다. 어떤 사람이라도 자신이 인정받기를 원합니다. 인정해 주면 상대의 감정이 풀어지고 마음의 문이 열리게 됩니다. 그때 상대가 원하는 것도 물어보고 자신이 기대하는 것도 이야기할 수 있습니다. 이를 위해서는 자신의 감정을 잘 관리하는 것이 중요합니다. 감정을 마냥 억누르라는 것이 아니라 화난 감정을 관리하자는 것입니다. 화가 났을 때는 사람이 아니라 거의 짐승이 되어 막말하기 때문에 그 전에 관리하자는 것입니다.

절대 하지 말아야 할 것은 상대의 잘못을 건드리

지 말고, 자신의 상처에 대해서도 솔직하게 얘기하십시오. 내가 성장 과정에서 어떠한 일이 있었고, 직장과 가정에서는 어떤 일들이 서운했었다며 감정을 내려놓고 남의 이야기 하듯 담담하게 이야기해야 합니다. 감정을 실어서 이야기하면 진정성이 없어집니다.

> 과거든 현재든, 아픈 기억을 꺼내는 일은
> 고통스러울 수 있지만,
> 그 과정을 통해 서로에 대한 깊은 이해와
> 치유가 시작됩니다.

나의 상처를 드러내지 않으면 치유가 되지 않습니다. 나를 치료해 줄 사람은 앞에 앉아 있는 사람임을 알아야 합니다. 푸념하듯이 이야기하지 말고, 병원에 가서 의사에게 아픈 곳을 설명하듯이 해야 합니다. 그러면 부인이든, 남편이든, 자식이든 자신을 이해하게 될 것입니다. 저는 신에게 인정받는 것보다 부인에게, 가족에게, 가까이 있는 사람에게 인정받는 것이 훨씬 더 어렵다고 생각합니다. 그들에게 인정받는 것이 가장 보람 있을 것입니다. 그리고 자신에게 물어보십시오. 나에게 어떠한 정서적 상처가 있기에 감정이 앞서고, 자꾸 화가 나고, 갈등이 반복되는지. 아직 치유되지 않고 남아있는 감정의 찌꺼기가 무엇이기에 아직도 마음 깊숙이 남아 나를 힘들게 하는 것인지 들여다봐야 합니다. 내가 상대로부터 어떠한 말을 들었을 때 화가 나는 것은 자신이 받은 상처가 아물지 않았기 때문입니다. 작은 상처라도 아물지 않았으면 옷깃만 스쳐도 아픔을 느끼고 비명을 지르기도 합니다. 화를 자꾸 내는 사람은 마음에 아픈 상처가 있다는 신호입니다. 부부간에도, 자녀들과의 관계에서도 마찬가지입니다. 마음의 상처를 치유하는 데는 약이 필요하지 않습니다. 오직 인정과 사랑으로만 치유할 수 있습니다. 한 가지가 더 있다면 시간입니다. 세월이 모든 것을 해결해 줍니다.

원수를 갚고 싶어도 감히 원수 갚겠다는 생각조차 할 수 없을 만큼 힘 있는 인간들이 있습니다. 죽이고 싶도록 밉다고 사람을 죽여버리면 살인자가 됩니다. 이런 인간들은 놔두고 속 편하게 지켜보면, 세월이 알아서 자연으로 데려가거나, 땅에 묻어주거나, 화장터로 데려가서 가루로 만들어 흔적도 없이 깨끗하게 원수를 갚아줍니다. 마음의 상처는 오직 사랑으로 품어주고, 세월이 흐르도록 기다리는 것 외에는 답이 없습니다.

자신이 자주 화가 난다면, 자신의 마음을 깊이 들여다보아야 합니다. 분명 내 감정이 자극되는, 방아쇠 역할을 하는 내면의 상처가 있을 것입니다. 자신의 감정을 객관적으로 바라보고 마음을 깊이 살펴보면, 갈등의 근원이 상대가 아니라 자신 안에 있음을 알게 됩니다.

**갈등을 두려워하지 마십시오.
갈등은 우리 삶의 일부입니다.**

갈등이 없는 사람은 없습니다. 갈등을 잘 관리하기 때문에 갈등하지 않는 것이지, 갈등은 필연적으로 있을 수밖에 없습니다. 그러나 갈등은 성장의 기회입니다. 갈등을 마주할 때마다 두려워하지 말고, 자신에게서 원인을 찾아서 해결하면 마음이 깊어지고 넓어집니다. 마음이 넓어지고 깊어지면 자신의 마음을 잘 통제할 수 있고, 어떤 어려움도, 어떤 사람도 잘 수용하고 다룰 수 있게 됩니다.

> **갈등 하나를 해결 할 때마다**
> **인생의 차원이 한 계단씩 높아집니다.**
> **극심한 갈등을 해결한다면**
> **삶의 철학자가 되는 것입니다.**

극심한 갈등을 해결하면 그동안 들여다보지 못했던 인간의 깊은 내면을 들여다 볼 수 있는 능력이 생겨서 그동안 해결하지 못하고 억누르고 살고 있던 정서적 감정과 상처를 잘 풀어낼 수 있습니다. 누구나 자신도 모르는 정서적 상처들이 있습니다. 정서적 상처는 격하고 부정적인 감정과 당시의 정보가 서로 결합해서 뇌에 저장된 것이기 때문에 사람이 평생 잊을 수 없는 심리적인 기억입니다. 따라서 부부는 과거 상대방에게 상처 주었던 일이 있으면 그것에 대해서 같이 이야기하고 풀어야 합니다. 만약 과거의 상처를 치유하지 않고 내버려 둔다면, 그 부부는 시한폭탄을 안고 살아가는 격입니다. 갈등이 생길 때마다 그 상처가 떠오르면서 심리적으로 고통스럽고, 계속 화가 나게 됩니다. 일반적인 상황에서는 멀쩡하다가도, 무언가 안 풀리는 상황이 오게 되면 다시 화가 치밀어 오릅니다. 작은 일도 그냥 넘어가지 않고 사사건건 갈등을 일으키게 됩니다. 아무리 순한 사람도 이것이 무한 반복되면 질려버릴 수밖에 없고 폭발하게 됩니다. 터지기 전에 풀어야 합니다. 결국 갈등을 해소하지 않으면 계속해서 갈등을 만들어내고, 갈등에 집착하게 되는 꼴입니다.

갈등 상황이 닥쳤을 때, 어떤 사람은 입을 다물고 마음을 닫아버립니다. 상대방하고는 안 맞으니 그냥 말하지 않아야겠다고 판단합니다. '차라리 벽을 보고 이야기를 하지.' 이러면서 입을 닫아버립니다. 이런 사람은 호수형 인간입니다. 겉보기엔 갈등이 없이 잔잔한 호수 같아 보입니다. 문제는 이런 고인 물이 머지않아 썩고 냄새가 난다는 것입니다. 썩은 물에서는 어떠한 생명체도 살 수 없습니다.

상대에게 상처를 준 사람은 자기가 상처를 줬다는 사실조차 모르고 삽니다. 오히려 본인이 상처받았다고 생각합니다. 그래서 이 갈등을 해결하기가 어려운 것입니다. '나는 피해자이고, 너는 가해자다.'라는 인식이 있기 때문입니다. 갈등을 해결해 보고자 처음 대화를 시작할 때는 분명 "솔직하게 이야기해 보자, 내가 들어줄게."라고 말합니다. 하지만 솔직하게 이야기하자고 한 사람 치고, 싸우지 않은 사람들이 거의 없습니다. 상대 마음을 헤아리지 않고 "예전에 이런 말을 하지 않았느냐?" 이런 과거를 끄집어냅니다. 이런 이야기를 들은 상대방도 과거 이야기를 끄집어냅니다. 가슴속 깊이 묻어두었던 과거가 하나둘 드러나는 것입니다. 지난날이 부끄럽기도 하고, 화가 나기도 하고, 미안하기도 하고, 후회되기도 하며 불편한 감정들이 복합적으로 뒤엉켜 민감해질 수밖에 없습니다. 결국 대판 전쟁이 벌어집니다. 자칫하면 솔직한 대화가 큰 화를 불러오기도 하는 것입니다. 위험이 따르지만 이런 대화의 시도는 관계를 개선하는 데 결정적인 역할을 합니다.

자전거를 처음 탔을 때를 생각해 보세요. 처음에는 계속 흔들거리고 비틀대면서 넘어지지만, 곧 균형을 찾게 됩니다. 대화도 마찬가지입니다. 한 번에 상처가 치유되지 않습니다. 부딪히더라도 계속 만나서 대화해야 합니다.

대화는 자신의 감정이 상대의 마음에 전달되는 과정입니다. 부부는 내 몸 일부입니다. 자기 몸에 상처를 냈다고 생각해 보십시오. 어떤 일이 있더라도 반드시 치유해야 합니다. 처음에는 입을 여는 것조차 어렵지만, 모든 자존심을 내려놓고 대화를 시작해야 합니다. 신께 회개하듯이, 진심으로 사과해야 합니다. 용서를 구하는 사람은 큰 용기가 있는 사람이며, 용서하는 사람은 결국 자신을 위한 선택을 하는 멋진 사람입니다.

"네가 그렇게 했기 때문에 내가 이렇게 할 수밖에 없었다." "네가 말을 거칠게 했으니 나도 그렇게 반응한 것이다." "네가 나를 외롭게 만들었에 내가 이런 실수를 한 것이다." 우리는 이렇게 언제나 상대에게서 원인을 찾고 변명하려 합니다. 하지만 그렇게 하면 끝이 없습니다. 정서적 상처가 치유되지 않는다면, 지옥은 계속될 것입니다. 단 한 번의 대화로 모든 것이 해결되지는 않습니다. 반드시 시간을 들이고 단계적으로 풀어가야 합니다. 결혼생활 속에서 불리하거나 어려운 일은 언제든지 생길 수 있습니다. 나이가 60이 되고 80이 되어도 힘든 일은 또다시 찾아옵니다. 진짜 문제는 갈등 그 자체가 아니라, 갈등을 대하는 우리의 자세에 있습니다.

> **갈등은 우리 삶의 일부이며 거울입니다.**
> **그 거울을 통해 우리는 자신을 볼 수 있고**
> **들여다볼 수 있으며, 나를 이해하고,**
> **상대를 있는 그대로 받아들이는 법을 배웁니다.**

갈등을 이별의 도구가 아니라 결합을 위한 씨앗으로 보아야 합니다. 갈등을 더 좋은 관계로 나아가기 위한 디딤돌로 삼을 때, 그것은 가장 확실한 삶의 디딤돌이 될 것입니다.

22

홀로서기

◼ 홀로 설 수 있는 용기야말로
이 세상을 살아가는 데
가장 강력한 무기입니다.

오래전, 아주 어렸을 때부터 인간이 할 수 있는 일이 별로 없다는 사실을 깨달았습니다. 가만히 생각해 보면, 인간이 스스로 선택할 수 있는 것은 그리 많지 않습니다. 태어날 때부터 우리는 선택권이 없습니다. 부모를 선택할 수 없고, 태어날 나라, 성별, 인종, 시대, 지역도 선택할 수 없습니다. 심지어 죽는 날조차 정할 수 없습니다. 언제 죽을지조차 우리는 짐작하지 못합니다. 이렇게 보면, 내가 할 수 있는 일은 거의 아무것도 없습니다. 하기 싫어도 하는 수 없이 해야 했고, 하고 싶은 것은 환경 때문에 포기해야만 했습니다. 인간이 여럿이 어울려 사는 것처럼 보이지만, 결국 인간은 혼자입니다. 혼자라는 사실을 인정할 때, 비로소 외로움도 두렵지 않게 되고, 스스로 혼자설 수 있는 힘이 생깁니다. 진정한 자유와 내면의 힘은 바로 이 '홀로서기'에서 시작됩니다.

중요한 것은 내가 선택할 수 있는 것이 있고, 선택할 수 없는 것이 있다는 것입니다. 타고난 것이야 내가 선택할 수 없는 것이니 더 이상 시간 낭비하며 거기에 매몰되어 있을 필요가 없습니다. 그러니 키가 작든 크든 얼굴이 잘생겼든 못생겼든 고민할 필요 없이 그냥 생긴 대로 살아야 합니다. 인간이 할 수 없는 것이 많지만, 인간이 할 수 있는 것도 분명 수없이 많습니다. 어떻게 살 것인지, 무엇을 할 것인지, 어떤 사람이 될 것인지, 내가 좋아하는 것은 무엇인지, 어떤 태도로 살아갈 것인지는 오롯이 나의 선택입니다. 잘하든 못하든, 모든 것은 자신의 선택에 달려있습니다. 내가 선택한 일이라면 그에 대한 책임도 내가 져야 합니다. 자신에게 일어나는 모든 일은 자기 자신에게 달려있는 것입니다.

저는 타인에 대한 원망이라는 것은 없습니다. 모든 것은 내가 선택했고, 내가 했기 때문입니다. 선택 당시에는 잘될 것이라 믿고 한 일이지만, 생각대로 되지 않은 경우도 많았습니다. 기대만큼 되지 않았다고 해서 저는 그것을 실패로 여기지 않습니다. 오히려 그러한 경험들이 쌓여 지금의 내가 있는 것입니다. 삶을 살아가며 가장 중요한 것은 '어떻게 살아야 하는가?', '어떤 마음으로 살아야 하는가?'를 끊임없이 되묻는 태도입니다. 저는 늘 이런 태도로 살아왔습니다. 남 탓하지 말자. 누구에게도 기대하지 말자.

어떤 부모든 자녀를 위해 최선을 다합니다. 물론 부모님들의 능력에는 한계가 있지만, 어떤 환경에서도 자녀에게 최선을 다해 주셨습니다. 부모는 우리를 낳아주신 것만으로도 이미 충분합니다. 자신의 인생은 자신이 책임져야 합니다. 그 누구도, 심지어 부모님조차도 내 삶을 대신 살아줄 수는 없습니다. 우리는 진정한 '홀로서기'가 무엇인지 깊이 고민해야 합니다. 자신의 인생에 다른 사람들이 끼어들게 할 필요가 없습니다. 저 역시 남의 일에 전혀 관심이 없고, 남의 일에 관심을 가질 만큼 한가하지도 않습니다. 내 땅은 내 맘대로 나무를 심든, 콩 농사를 짓든, 내 맘대로 개발하고 가꾸면 됩니다. 겨울나무가 낙엽을 털어내고 시원하게 사는 것처럼, 불필요한 인간관계부터 필요 없는 것들을 싹 털어내고 자신의 길을 가야 합니다. 불필요한 것들을 버려야 인생길이 가벼워집니다. 살다 보면 내가 원하지 않는 것도 해야 할 때가 분명히 있습니다. 원하지 않은 일이라도 꼭 해야 하는 일이라면 즐겁게 해야 합니다.

인류사에 족적을 남긴 위대한 인물들은 모두 '홀로서기'의 달인이었습니다. 넬슨 만델라를 떠올려 보십시오. 그는 27년간 감옥에 갇혀 있었지만, 누구도 원망하지 않았습니다. 자신의 신념을 지키며 꿋꿋이 버텼고, 결국 남아프리카공화국의 대통령이 되어 인종차별을 종식시켰습니다. 그야말로 적도 동지도 다 품은 대단한 인물입니다. 그릇 크기를 짐작할 수도 없이 큰 분입니다. 불행하게도 우리나라에는 그릇이 큰 분이 없고 그릇이라고 해야 갈빗집에 소금 담는 종지만 한지 서로 편 가르기를 하느라 갈등의 골짜기가 깊어도 너무나 깊습니다. 세상에서 가장 유명한 발명가 중 한 명인 에디슨의 일화는 모르는 사람이 없습니다. 에디슨이 전구를 발명하기 위해 1,000가지 이상의 필라멘트 재료를 실험한 것으로 유명합니다. 다들 미쳤다고 손가락질하고, 뒤에서 비웃고, 그를 실패자라고 규정했습니다. 하지만 에디슨은 1,000번의 실패에도 포기하지 않았습니다. 주위 사람들의 말에 아랑곳하지 않았습니다. 그 결과 전 세계의 조명 방식을 근본적으로 변화시켰고, 전기 산업을 급속히 발전시켰습니다. 그는 실패를 두려워하지 않았고, 주변의 평가를 두려워하지 않았습니다. 본인이 좋아서, 본인이 궁금해서 매달렸던 것이고, 본인이 해결하고 싶어서 스스로 선택한 것입니다. 에디슨이 학교에서 퇴학을 당했을 때, 그의 어머니는 이렇게 말했습니다. "아들아. 선생님이 너는 너무 똑똑해서 가르칠 수 없다고 하더구나. 그래서 엄마가 가르치기로 했다." 훗날 어머니 유품에서 발견된 편지에는, 사실 에디슨이 심각한 저능아 바보라서 가르칠 수 없으니, 집으로 데려가서 어머님이 가르치든지 어떻게 하든지 마음대로 하라는 내용이 담겨 있었습니다. 에디슨은 그런 아이였습니다. 그러나 어머니는 실망하지 않았고, 에디슨은 어머니의 말씀을 믿고 자기 길을 걸었습니다.

> **나의 인생은 나의 것이고,**
> **당신의 인생은 당신 것입니다.**
> **선택권을 타인에게 넘겨주지 마십시오.**
> **나를 평가할 권리를 타인에게 부여하지 말고,**
> **칭찬과 비난에 귀를 기울이지 말고,**
> **모두 열렬한 응원이라고 생각하십시오.**

개가 짖는다고 기차가 멈추지 않습니다. 부모님, 선생님, 친구들의 진심 어린 조언은 귀담아들을 만하지만, 최종 결정은 오롯이 당신 자신의 몫입니다. 당신의 인생을 책임질 수 있는 사람은 오직 당신 뿐이기 때문입니다. '홀로서기'는 결코 쉽지 않습니다. 때로는 외롭고, 때로는 두려울 수 있습니다. 하지만 그 두려움을 이기고 새로운 것을 시작하는 과정에서 우리는 강인함을 얻게 됩니다. 스스로를 새롭게 발견하고, 내 두 발로 온전히 설 수 있는 힘을 가지게 되는 것입니다. 온전히 자신의 힘으로 서 있을 수 있다는 믿음을 가져야 진정한 의미의 홀로서기가 가능합니다. 록펠러는 이렇게 말했습니다. "자신을 믿어라. 자신이 할 수 있다고 믿는 것은, 모든 일에서 90%를 이룬 것이다." 자신을 믿고, 확실한 신념을 품고 있다면 누구든지 태풍에도 흔들리지 않는 단단한 나무처럼 살아갈 수 있습니다.

노년의 나이라고 두려워할 것 없습니다. 이미 많은 경험을 했고, 인맥도 있고, 돈도 있고, 살 만큼 살았는데 이제 죽음조차 두려울 이유는 없습니다. 나이 먹은 사람도 두려워하지 않는데, 젊은 사람들이 두려워할 것이 뭐 있습니까? 인생은 경험의 연속입니다. 저는 제가 새롭게 시작하는 것을 도전이라고 부르지 않았습니다. 맨 처음 마라톤 풀코스를 완주하겠다고 결심했을 때도, 저는 그것을 새로운 도전으로 여기지 않았습니다. 15일 연습하고 마라톤 풀코스를 뛰었습니다. 그냥 아침 조깅하듯이 뛰러 갔습니다. 저는 새로운 아침을 주셨으니 감사한 마음으로, 최선을 다해 주어진 하루하루를 살아왔습니다. 새로운 것을 시작하는 데 거창하게 도전이라는 이름을 붙이니 오히려 더 두렵게 느껴지는 것입니다. 하고 싶은 일이 있다면 도전이라 생각하지 말고, 새로운 음식을 한번 맛보듯이 가볍게 시작해 보세요. 제가 새롭게 무언가를 시작할 때 두려워하지 않는 이유는, 실패를 두려워하지 않기 때문입니다. 마라톤을 완주하지 못해도 손해 보는 것이 없습니다. 엄청난 투자가 필요한 것도 아닌데, 그걸 도전이라고 할 것도 없습니다. 안되면 다시 하면 되는 것이고, 성공하면 좋고, 실패하면 인생의 경험이라 생각하고 지금까지 살아왔습니다. 축구나 농구를 보면, 슈팅을 수없이 실패합니다. 마이클 조던도 실수합니다. 원숭이도 나무에 떨어지는 날이 있습니다. 실패를 하든, 성공을 하든 내가 주인이기 때문에 실수해도 두려워할 것 없습니다. 가장 안타까운 것은 실패보다도, 시작도 안 해보고 어렵다고 포기해 버리는 것입니다.

세상의 모든 사람은 혼자이고, 어머니 뱃속에서 배우고 나온 사람은 지금까지 아무도 없었습니다. 홀로 사는 것과 실패하는 것을 두려워하지 마십시오. 홀로 사는 것은 TV에 나오는 자연인처럼 산속으로 가서 살라는 말이 아닙니다. 회사에 다니고, 가족이 있고, 친구가 있고, 평범하고 정상적인 생활을 하더라도 의지하지 말라는 말입니다. 대중 속에서도 마음이 흔들리지 말고, 홀로 살아가라는 것입니다. 외로움이란 산속에 홀로 있어도 찾아오고, 수많은 사람들 속에 있어도 찾아옵니다. 동상이몽이라고, 같은 침대에 배우자와 누워 있어도 외로운 것이 인간입니다.

> 모든 것을 독자적으로 판단하고,
> 누구도 의지하지 않으며,
> 홀로 판단하고 책임지는 마음을 갖는다면,
> 태풍이 불어도 지진이 나도
> 마음은 평온할 수 있습니다.

혼자서 살 수 있다는 것이 인간에게 주어진 큰 축복입니다. 사람들은 죽는 것을 두려워합니다. 죽는 것이 두렵다고 여럿이 함께 죽을 수 없습니다. 누구든지 자신이 한 것은 자신이 혼자서 모든 것을 책임지며 살아온 것입니다. 마치 남의 충고나 도움으로 살아온 듯 보여도, 결국 모든 선택과 책임은 나의 몫이었습니다. 어차피 자

22

신이 책임져야 할 인생, 마음대로 살아보십시오.

왜 인생살이가 그렇게 힘들까요? 타인들이 내 농토에 와서 콩 심어라, 나무 심어라, 아니다 배추 농사지어라, 이래라저래라 간섭하는 소리에 일일이 신경 쓰고 귀를 기울이고 있기 때문입니다. 이 말 들으면 이 말이 맞고, 저 말 들으면 저 말이 맞는 것 같습니다. 그들은 나를 위한다고 하지만, 전혀 책임지지도 않고 나를 사랑하지도 않는 사람들입니다. 나는 할 수 있다고 자신을 믿고 사랑해야 합니다. 자신을 사랑하지도 않고 자신도 믿지 않으면, 타인은 더더욱 믿지 않고 무시합니다. 하나님께서 이렇게 인간에게 홀로 살 수 있는 능력을 주신 것에 감사드립니다. 사람을 절대 혼자 살 수 없도록 창조하셨다면 얼마나 힘들었겠습니까? 홀로 사는 것이, 맘에 맞지 않는 사람과 억지로 둘이 사는 것보다 천 배 이상 편합니다. 타인은 잠시 만난 나그네일 뿐입니다. 인간이 사회적 동물이라는 말은 맞습니다만, 사회 속에서 홀로 사는 것입니다. 홀로 살아가야 하는 것이 인간이기 때문에 홀로 설 수 있는 힘이 있어야 합니다. 세상에 믿고 의지

할 것은 자신뿐입니다. 홀로 서는 것이 두려울 때 생각해 봅시다. 나를 괴롭게 하는 것은 누구입니까? 다른 사람들이 나를 괴롭게 하지, 자신이 자신을 괴롭게 하지는 않습니다. 그런데 왜 모든 해결책을 외부에서 찾으려고 하고, 외로움에서 벗어나는 방법과 즐거움을 구하는 일을 타인에게서 찾으려고 합니까? 홀로 가는 인생길에 잠시 스쳐 가는 인연을 잡으려 하지 말고 놔주어야 합니다. 물은 움켜쥐면 움켜쥐는 만큼 손가락 사이로 더 빨리 빠져나갑니다. 아무리 꽉 쥐어도 물이 남아 있지 않듯, 사람도 잡는다고 해서 내 곁에 남는 것이 아닙니다. 잡는다고 내 사람이 될 수도 없습니다. 갈 사람은 가게 하고, 올 사람은 오게 두어야 합니다.

> **홀로 설 수 있는 용기야말로
> 이 세상을 살아가는 데
> 가장 강력한 무기입니다.**

바다가 깊고 넓은 이유는 낮은 곳에 머물며, 오는 것도 막지 않고 가는 것도 붙잡지 않기 때문입니다. 그처럼 홀로 설 수 있을 때, 우리는 비로소 진정한 자신을 발견하게 되고, 무한한 가능성을 마주하게 될 것입니다.

태어날 때도 혼자였고, 죽을 때도 혼자일 것입니다. 하지만 태어남과 죽음 사이의 시간을 어떻게 살아갈지는 오직 나 자신만이 결정할 수 있습니다. 살아있는 날과 죽음 사이의 간격은 점점 좁혀지고 있다는 사실을 잊지 마십시오.

23

삶의 변화된 정도가
곧 깨달음이다

◼ 진정한 믿음은 말이 아닌
행동으로 드러나야 하고,
그 행동이 바로 우리의 삶을 바꾸고
세상을 변화시키는 힘이 됩니다.

어떤 사람이 진실하다면, 우리는 그것을 어떻게 알 수 있을까요? 바로 그 사람의 행동을 보면 알 수 있습니다. 행동이 곧 그 사람에 대해 알려줍니다. 사람의 말을 듣고 알 수 있습니까? 아닙니다. 말은 누구나 잘할 수 있습니다. 말과 행동이 일치해야 그 행동이 진짜입니다. 예수님, 부처님, 공자, 소크라테스의 말을 빌려서 유창하게 강의하고, 온갖 그럴듯한 말을 늘어놓는 사람들이 있습니다. 그렇게 이야기한다고 해서 그들이 성인은 아닙니다. 정치인들도 마찬가지입니다. 정치판에 애국을 말하고, 국민의 뜻을 이야기하는 인간들은 넘쳐납니다. 그러나 그들에게 정말로 국민이 있고 애국이 있습니까? 이 인간들에게는 국민도, 애국도, 의리도, 도덕도, 예절도 전혀 없고, 오직 정치적 욕망만 있을 뿐입니다. 이 세상 모든 사람들은 자신의 욕망을 감추고 좋은 말들을 합니다. 교수든, 목사든, 신부든, 스님이든, 저 또한 예외는 아닙니다. 변호사들의 말을 들어보면, 마치 금방 풀려날 것처럼 들립니다. 그러나 1심에서 풀려나지 못해도 책임지지 않습니다. 결국 끝까지 가도 풀려나지 못하면, 누구도 책임지지 않고, 이제 돈 받을 일도 없으니 떠나는 것입니다. 변호를 받던 사람은 하는 수 없이 그대로 받은 형을 살며 현실을 감당해야 합니다. 어른들은 변호사를 보시고 허가 난 도둑놈이라고 하시면서 끝에 사짜 들어간 놈들은 도둑이라고 하셨습니다. 뒤에 사짜 들어간 사람들도 도둑이라고 하셨으니 앞에 사짜 들어간 사기꾼은 얼마나 큰 도둑놈이겠습니까?

임마누엘 칸트는 다음과 같이 말했습니다. "쉽게 다가오는 사람은 쉽게 떠난다. 좋은 말만 하는 사람을 가장 경계하라. 모든 관계는 좋을 때가 아니라 나쁠 때 드러나고 항상 내 편인 척하는 사람이 가장 위험하다."라는 말을 남겼습니다. 이게 우리가 살아가는 거대한 전쟁터와 같은 세상, 속고 속이며 먹고 먹히고 죽고 죽이는 세상입니다. 이런 세상에서 나를 가장 사랑하는 사람은 자신뿐이라는 것을 알아야 합니다. 문자를 남겨도 "바빠서 이제 봤다."라고 하거나 만나서 대화하는 중에도 "문자 하나만 보낼게." 하고 전화기를 만지작거리는 사람의 마음속에는 이미 자신이 없다는 것을 알고, 먼지 털어 내듯 훌훌 인간관계를 과감하게 끊어내야 합니다. 높은 지위를 가진 정치인, 우리가 동경하던 성직자, 교수, 법조인, 그럴듯한 직업을 가진 사람들이라고 해서 사람다운 사람들이 아닙니다. 좋은 말을 한다고, 좋은 직업을 가졌다고 해서 좋은 사람은 아닙니다. 사기꾼들은 입술에 꿀을 바른 듯 달콤한 말을 합니다. 그런 말을 듣는 사람은 사기당할 확률이 높습니다. 옛날 왕들도 충신의 말을 몰라보고, 간신의 달콤한 말에 귀 기울이다가 결국 왕위를 빼앗기고 망했습니다.

저는 어릴 적에 법정 스님의 책을 읽으며 많은 부분에 깊이 공감했습니다. 그중 한 강연에서 스님은 이렇게 말씀하셨습니다.

"절이 생기기 이전에 수행이 있었습니다. 절이 생기고 나서 수행이 있었다는 게 아닙니다. 그렇기 때문에 절이나 교회를 습관적으로 다니지 마십시오. 절에 다닌 지 10년, 20년 됐다는 신도를 보면 대부분 습관적으로 다닙니다. 이분들은 절의 재정에 보탬이 될지는 몰라도, 신앙생활의 알맹이는 소홀합니다. 절이나 교회를 습관적으로 다니면 안 됩니다. 그렇기 때문에 극단주의자들이 '종교는 마약이다.'라고 표현하는 것 아니겠습니까? 깨어 있어야 합니다. 내가 왜 오늘 절에 가는가, 왜 교회에 가는가, 그때그때 스스로 물어서 어떤 의지를 가지고 가야 삶이 개선됩니다. 삶은 전혀 바뀌지 않으면서 단지 행사에만 참여한다고 해서 신자라 할 수는 없습니다. 분명히 알아두십시오. 무엇 때문에 내가 절에 나가는가, 무엇 때문에 내가 교회에 나가는가, 그때그때 냉엄하게 자문해야 합니다."

생각해 보십시오. 우리가 매주 교회에서 예배를 드리고, 절에 가서 예불을 드린다고 해서 우리의 삶이 저절로 바뀌는가? 절대 아닙니다. 중요한 것은 그곳에서 듣고 배운 가르침을 우리의 일상에서 어떻게 구현하느냐에 달려 있습니다. 핵심은 간단합니다. 진리를 듣고 알게 되었다면, 듣고 배운 것은 생활 속에서 실천해야 합니다.

　부뚜막에 소금도 음식 속에 집어넣어야 제 역할을 합니다. 예수님께서 "너희는 세상의 소금이니, 소금이 만일 그 맛을 잃으면 무엇으로 짜게 하리요. 후에는 아무 쓸모가 없어 다만 밖에 버려져 사람에게 밟힐 뿐이니라."고 말씀하셨습니다. 예수님 말씀대로 살지 않으니, 교회가 사회에서 비난의 대상이 되고 조롱거리가 된 것입니다. 배운 대로 살지 않으면, 배움이 무슨 소용이 있겠습니까? 소금은 썩지 않게 하고, 음식의 맛을 제대로 내는 데 결정적인 역할을 합니다. 그러나 인스턴트 음식을 자주 먹는 사람들은 소금의 귀중함을 잘 모릅니다. 음식의 맛을 내는 핵심은 바로 소금입니다. 아무리 훌륭한 생선이든, 소고기든, 된장국이든, 마늘·고춧가루·후추 등 온갖 향신료가 들어가도, 소금이 빠지면 맛이 나지 않습니다. 그렇게 중요한 소금은 언제나 가장 저렴합니다. 가장 싸면서도 맛을 결정짓는 핵심입니다. 예수님께서는 인생의 본질을 소금을 비유하여 이렇게 말씀하셨습니다. "너희가 높은 자리에 있느냐? 많이 배우고, 많이 가졌느냐? 그렇다면 소금이 되어라." 소금은 음식 속에 들어가 녹아 보이지 않지만, 그 맛을 살려냅니다. 고춧가루, 마늘, 생강, 들깨, 참깨처럼 보이는 재료는 많습니다. 그러나 소금은 녹아서 보이지 않습니다. 이것이 겸손입니다. 국민들 속에, 직원들 속에, 자녀들 속에, 가족들 속에, 교인들 속에 조용히 녹아들어 보이지 않으면서도 인생의 맛을 알게 해주는 사람이야말로 참된 지도자입니다. 예수님이 바로 그런 분이셨습니다. 예수님께서는 군중 속에 녹아져서 인생사는 맛을 알게 하셨습니다. 하지만 오늘날은 어떻습니까? 예수님께, 부처님께, 교수님께 배웠다고 하면서도, 소금처럼 녹아들지 않고 오히려 위에서 군림하려 듭니다. 절간에 부처는 보이지 않고 스님만 보이고, 교회에 가면 예수님은 보이지 않고 목사만 보입니다. 그러니 신자들이 줄어드는 것입니다. 나라에는 국민은 보이지 않고 정치인들만 보입니다. 이것은 정상이 아닙니다. 집안도 마찬가지입니다. 아버지만 보이고,

아버지의 목소리만 크면 아이들은 불행해지고 희망을 잃습니다. 중요한 것은 '내가 무엇을 배워 알게 됐는가?'가 아니라, '그 배움을 내 삶 속에서 어떻게 실천하고 있는가?'입니다.

　　종교가 있기 전에 믿음이 있었고, 믿음이 있기 전에 말씀이 있었습니다. 종교는 인간의 자기성찰을 위한 도구로 사용되어야 하며, 말씀은 우리의 일상에서 실천되어야 합니다. 시험을 볼 때 배운 것을 답안지에 써야 하듯, 우리는 말씀을 들었으면 그 말씀을 삶에서 써야 합니다. 그러나 어떤 사람은 10년, 20년 동안 교회를 다녀도 처음 교회에 갈 때와 전혀 달라지지 않습니다. 삶이라는 시험지에 단 하나의 답도 써넣지 않은 셈입니다. 그러니 예수를 믿든, 부처를 믿든, 자신도 변하지 않고 세상도 달라지지 않습니다. 교인이 늘어나면 세상도 좋아져야 하는데, 교인이 늘어나든 줄어들든 세상은 전혀 달라지지 않습니다. 왜 그럴까요? 대부분의 사람들은 삶에 아무 변화도 없이, 그저 몸으로 종교시설을 오갈 뿐이기 때문입니다. 교회에 가서 찬송을 부르고, 영원한 생명의 말씀이라고 들어도 무슨 소용입니까? 믿은 지 10년, 20년이 되어도 마음에 평안이 없습니다. 기쁨도 없고, 여전히 답답합니다. 왜 그럴까요? 말씀의 소금이 녹아들지 않아서 내 인생에 맛을 내지 못했기 때문입니다. 머릿속에 말씀이 가득 들어차 더 들어갈 곳이 있겠습니까? 말씀을 1년 365일 들으면 뭐 합니까. 단순히 때마다 종교의식을 따르고 새벽예배에 참석하는 것이 무슨 의미가 있습니까. 삶이 바뀌지 않았으면 다 의미 없습니다. 예수님께서는 베풀라고 하셨는데 베풀지 않고, 이웃을 사랑하라고 하셨는데도 사랑하지 않으면서, 교회에 가서 사랑해 달라고, 축복해 달라고만 하면 주시겠습니까? 안 주십니다. 버리는 한이 있더라도, 주시지 않을 것입니다. 교회에 가든 절에 가든, 많이 가진 사람이나 적게 가진 사람이나, 달라고 하는 사람들뿐입니다, 이제 그만 달라고 하세요. 신은 인간에게 복을 주려고 존재하는 분이 아닐 것입니다. 여기에 선민의식(選民意識)까지 더해지면 문제는 더 심각해집니다. 선민의식이란, 특정 집단이나 민족이 다른 집단에 비해 우월하고 특별하다고 믿는 심리적, 사회적 태도를 말합니다.

종교 생활을 열심히 하는 분들 중에는 '나는 이런 종교를 믿고 있기 때문에 당신보다 우월하다.'라는 교만이 깊이 박혀있는 경우가 있습니다. '나는 죄를 회개했지만 너는 죄가 무엇인지도 몰라', '나는 이렇게 매일 신성한 시간을 보내고 있지만 너는 세상에 빠져 사는구나', '네가 모르는 진리를 나는 알고 있다', '나는 선하지만 너는 악하다'는 이 묘하고도 깊은 교만은 겸손과 평온함으로 포장되어 자기 성찰을 가로막습니다. 종교에 가장 깊이 빠져 있지만, 종교를 통해 실제로 얻어야 할 것을 전혀 얻지 못하고, 실천할 것도 실천하지 못하고 있는 것입니다.

법정 스님의 또 다른 말씀도 내게 큰 충격을 주었습니다. "중을 믿지 말라. 이 중놈들은 집구석도 버리고 나온 놈인데 뭘 믿냐. 중을 믿으면 끝장난다. 법을 믿어라. 진리를 믿어라." 하나님을 믿어야지 신을 믿어야지 성직자 믿지 말라는 말입니다. 고인이 되신 법정 스님은 맹목적인 믿음의 위험성을 경고하셨습니다. 어떤 종교나 사상, 혹은 어떤 사람을 맹목적으로 따르는 것이 왜 위험할까요? 역사를 보십시오. 맹목적인 믿음이 얼마나 많은 비극을 낳았는지. 십자군 전쟁, 종교재판, 현대의 종교 극단주의까지, 이 모든 것은 '사람'을 믿고 따르다가 일어난 비극입니다. 신을 믿어야지, 사람을 믿으면 안 됩니다. 반면, 진리를 추구한 이들의 삶은 어떠했습니까? 간디를 보십시오. 그는 특정 종교나 지도자를 추구하지 않았습니다. 대신 '비폭력'이라는 보편적 진리를 믿고 실천했습니다. 그 결과 그는 인도의 독립을 이끌어냈을 뿐만 아니라 전 세계에 평화의 메시지를 전했습니다. 자신을 포함하여 내가 속한 집단이 어디이건 우리는 항상 비판적 사고를 가지고 모든 것을 바라봐야 합니다. 진정한 진리는 어떤 개인이나 집단에 속한 것이 아니라, 우리 모두가 함께 추구해야 할 보편적인 가치입니다.

> 종교가 있다면 나의 삶을 돌아보십시오.
> 종교를 믿지 않는 사람에 비해
> 나의 삶이 뭐가 얼마나 어떻게 다른지,
> 나는 말씀을 실천하고 있는지 돌아봐야 합니다.

삶은 엉망이면서 종교를 가지고 있다고 말한다면, 그것은 결국 그 종교를 욕 먹이는 일입니다. 소금이 되지 못하는 신자는 신자가 아닙니다. 그런 신앙은 신께 버림받고, 사람들에게 밟히게 됩니다. 신앙은 생활이 되어야 합니다. 말씀이 생활이 되어야 실제 나의 삶을 변화시킬 수 있습니다. 우리는 진리를 믿어야 합니다. 진리는 어떤 특정 종교나 사상에 국한된 것이 아닙니다. 그것은 보편적이며 초월적입니다. 진리는 너와 나를 가르지 않고, 차별하지 않으며, 높고 낮음을 따지지 않습니다. 변화 없는 믿음은 죽은 믿음입니다. 말씀을 듣고도 삶에 아무런 변화가 없다면, 그건 말씀을 그럴싸해 보이게 하려는 값싼 포장지로 사용하는 것에 불과합니다. 부처님의 경을 읽고, 염불을 외우고, 기도하는 사람이 아무리 많아져도, 세상에 자비가 늘어나지 않습니다. 교회가 커지고, 교인수가 늘어나도, 세상에 사랑이 자라나지 않습니다. 예수님을 믿는다고 하면서 사랑이 깊어지지도 않고, 상대의 잘못을 용서하지도 않습니다. 말씀을 전혀 실천하지 않는데, 죽어서 천국에 갈 것이라고 착각하며 사는 경우가 많습니다.

국회의원이 되면 그만큼 애국심이 깊어지고 실력이 늘어날 줄 알고 뽑아주었습니다. 하지만 그것은 너무나 큰 착각이었습니다. 오히려 늘어난 권력과 힘으로 부를 축적하고, 함부로 권력을 사용하며, 자신들에게 유리한 법을 만들어 세상과 국가가 혼란스럽게 하고 국민이 고통 속에 빠뜨립니다. 열심히 신을 믿고 높은 자리에 가도, 자신이 소금의 역할을 하지 못하면 아무런 소용이 없습니다.

공자께서 35세에 제나라를 방문했을 때, 경공이라는 이가 정치란 무엇이냐고 물었습니다. 이에 공자는 이렇게 대답하셨습니다.

"군군(君君), 신신(臣臣), 부부(父父), 자자(子子)."

임금은 임금다워야 하고, 신하는 신하다워야 하며, 아비는 아비답고, 자식은 자식다워야 한다는 뜻입니다. 그런데 현실을 보면 이름에 걸맞게 살지 않는 이들이 수도 없이 많습니다. 왕답지 않은 왕, 성직자답지 않은 성직자, 신도답지 않은 신도, 아버지답지 않은 아버지, 자식답지 않은 자식, 그리고 인간답지 않은 인간들까지. 그래서 사람들은 그런 이들을 향해 'X 같은 놈'이라 부르고, 세상은 혼탁해져 갑니다.

> 삶의 변화는
> 배운 대로 이름답게 살기 위해
> 노력하는 데서 시작됩니다.

아이를 낳으면 이름 짓는 곳에 가서 심사숙고해 이름을 지어옵니다. 그러나 그 이름을 더럽히지 않도록 노력하는 사람은 찾기 어려운 세상입니다.

내 삶의 변화된 정도가 곧 내 깨달음의 수준이며, 내 신앙의 바로미터입니다. 진정한 믿음은 말이 아닌 행동으로 드러나야 하고, 그 행동이 바로 우리의 삶을 바꾸고 세상을 변화시키는 힘이 됩니다. 행동하지 않는 말, 실천 없는 믿음은 가짜입니다. 이는 자신을 속이고, 가족을 속이고 국민을 속이고, 신까지 속이는 것입니다. 인간은 속일 수 있지만, 신은 거짓에 속지 않고 인간과 거래를 하지 않으십니다. 사람은 힘이 없어 모른 척 그냥 넘길 수 있어도, 신은 반드시 행한 대로 갚아주십니다.

24

귀한 것에 천한 것을
담지 않는다

◼ 자신이 귀한 존재임을 아는 사람은
인생에 도움이 되지 않는
잡다한 것들을 마음에 담아두지 않습니다.

　　스스로 가치 있는 사람인지 아닌지를 확인하는 가장 쉬운 방법이 있습니다. 내가 나를 어떻게 대하는지, 그리고 타인을 어떻게 대하고 있는지를 보면 됩니다. 자신을 귀하게 여기는 사람은 상대도 귀하게 대우합니다. 저희 어머니께서는 이렇게 말씀하셨습니다. "내 자식이 귀하면 남의 자식도 귀하게 여기고, 내 물건이 귀하면 남의 물건도 귀하게 여겨라."

　　제 첫아이가 태어났을 때의 일입니다. 장모님께서 출산 후 몸조리 중인 딸을 돌보러 집에 오셨습니다. 장모님께서는 제 어머니가 며느리에게 해주시는 것을 보시더니, 바로 내려가시겠다고 하셨습니다. 그러면서 이런 말씀을 하셨습니다.

"시어머님 연세가 저보다 많으신데도 저보다도 더 정성껏, 더 극진히 해주시는 것을 보고 너무 큰 감동을 받았습니다. 저는 제 딸이라도 이렇게는 못 합니다. 마음 푹 놓고 가겠습니다. 그런데 어떻게 며느리에게 이렇게까지 해주실 수 있으신가요?"

그러자 어머니께서는 이렇게 대답하셨습니다.

"내 자식이 못났어도 나한테는 귀한 자식입니다. 사부인께서 눈에 넣어도 아프지 않은 귀한 딸을 믿고 내 집에 보내주셨으니, 나는 내 자식 대하듯 해야지요." 이 말씀을 듣고 저는 많은 생각을 했습니다. 사람은 자신이 얼마나 귀한 존재인지를 인식할 때, 삶도 자신을 대하는 그 방식대로 흘러갑니다. 자신이 귀하기 때문에 남도 귀하게 대할 수 있는 것입니다.

사람이 상대를 대하는 태도를 보면 그 사람의 수

준을 알 수 있습니다. 백화점에서 판매하는 분과 재래시장에서 판매하는 분이 손님을 대하는 방식은 다릅니다. 왜냐하면 백화점 물건은 비싸고 시장 물건은 훨씬 싸기 때문입니다. 물건은 값이 비싼 물건이냐 값이 싼 물건이냐에 따라 대하는 것이 다릅니다. 그런데 사람은 물건이 아닙니다. 사람은 그 자체가 천하보다 귀한 존재입니다. 주전자에 꿀을 담으면 꿀이 나오고, 물을 담으면 물이 나옵니다. 마음에 사랑을 담은 사람은 사랑으로 사람을 대하고, 부처님을 모신 사람은 부처님의 마음으로, 예수님을 모신 사람은 예수님의 마음으로 이웃을 대하는 것이 정상입니다. 이것이 신앙인의 삶의 태도입니다. 하지만 돈이 최고라고 생각하며 사는 사람은 사람도 돈으로 봅니다. 권력이 최고라고 생각하는 사람은 권력자를 귀하게 대하는 대신 권력이 없고 힘없는 사람에게는 갑질하거나 함부로 대합니다. 사람을 돈과 권력으로 가치를 판단하는 사람은 자신도 타인에게 그런 대우를 받게 됩니다. 어떤 사람이든 차별하지 않고 자신을 대하듯이 소중하게 대하는 사람들을 보면 대개 자신을 귀하게 여기고 사랑하는 사람입니다.

자존감이 높은 사람은 마음이 넉넉하여, 반응이 날카롭지 않습니다. 자신을 사랑하는 마음이 깊어서 누가 자신에게 욕을 해도 받아들이고, 칭찬도 무덤덤하게 듣습니다. 반면, 자존감이 낮은 사람은 누군가 자신을 비난하거나 지적하면 즉각 반응합니다. 자신을 사랑하지 못하니 상대가 욕을 하면 바로 받아치고 칭찬하면 금방 좋아하는 것입니다. 이렇게 마음의 깊이가 없는 사람들은 반응이 빨라서 말과 행동이 빠릅니다. 웃다가 울기도 하고, 울다가 웃기도 하며 지극히 감정적으로 행동하기 때문에 기복이 심합니다. 즉시 반응하기 때문에 타인에 대한 평가도 빨라서 싫고 좋은 것을 감추지 못하고 즉시 표현합니다. 어른들이 '저 사람은 속이 깊다 얕다.'하고 말씀하시는 것은 이런 사람을 두고 말하는 것입니다. 마음이 깊지 않고 생각이 짧다는 것은 물이 깊지 않은 것과 비슷합니다. 물이 깊지 않으면 작은 돌을 던져도 바로 '퐁당' 하고 소리가 고나, 큰 돌을 던지면 큰 소리와 함께 물이 사방으로 퍼져 나갑니다. 그러나 물이 깊으면 작은 돌을 던져도 큰 돌을 던져도 소리 없이 들어가 표도 안 납니다. 속이 깊은 사람은 말이 적고, 생각은 깊습니다.

상대가 왜 그런 말을 했는지, 왜 화를 내는지 한 번 더 헤아린 뒤에 말하기 때문에 실수를 잘하지 않습니다. 마음속에 개도 소도 없으니 개새끼 소새끼라는 욕도 하지 않습니다. 사람을 볼 때 그 사람의 겉모습만을 보고 판단하면 큰 실수를 할 수 있습니다. 누군가 당신에게 "이 새끼야!"라고 말한다면 어떻게 반응하시겠습니까? 자존감이 낮고 속이 얕은 사람은 즉각 "뭐? 이 개새끼야!"라며 되받아칠 것입니다. 하지만 자신의 가치를 알고 있는 사람, 속이 깊은 사람은 어떻게 반응할까요? 반응하지 않거나 힐끗 바라보며, "죄송한데 잘못 들었습니다. 다시 한 번 말씀해 주실 수 있습니까?" 하고 정중히 물을 것입니다. 그러면 다시 "야! 이 새끼야!"라고 말할 사람은 거의 없습니다. 속이 깊은 사람은 그렇게 조용한 말 한마디로, 품위 있게 상황을 제압합니다. 마음속에 개도 없고, 소도 없습니다. 미움도 없기에, 입에 나쁜 말을 담지 않습니다.

부처님이 제자들과 함께 길을 가고 있었습니다. 그때 브라만들이 부처님을 비웃으며 말했습니다. "저런 거지 같은 옷을 입고 다니는 자가 어떻게 존귀한 존재가 되고, 스승이 될 수 있단 말인가?" 이에 부처님은 이렇게 대답하셨습니다. "너의 지위가 너를 존귀하게 만드는 것이 아니라, 네 삶과 행동이 너를 존귀하게 만드는 것이다." 진정으로 자신을 존중하는 사람은, 상대방이 자신을 어떻게 대하든 그에 따라 반응하지 않습니다.

**인간의 가치는
외적인 조건에서 나오는 것이 아니라,
내면의 품성에서 비롯됩니다.
주전자에 담긴 것이 따라 나오듯,
사람의 마음속에 무엇이 담겨 있는지는
결국 말과 행동으로 드러납니다.**

마음속에 예수님을 품은 사람은, 사랑이 자연스럽게 드러날 수밖에 없습니다. 예수님께서는 이 땅에 오신 이유를 이렇게 말씀하셨습니다. "나는 섬김을 받으러 온 것이 아니라, 도리어 섬기러 왔다." 예수님을 믿는다면 섬김을 받으려 하지 말고, 섬겨주어야 합니다. 자신의 마음속에 개가 들어있으면 개같은 말이 나오고 개같은 행동을 하고 예수님을 모시고 있으면 예수님 같은 말을 할 것입니다. 천국에 가고 싶다면 천국 같은 아름다운 행동과 말을 해야 합니다. 말하는 대로 된다고 합니다. 식당에 가면 목사님이라도 수저를 놓고 물을 따라 주어야 합니다. 성도들의 신발을 정리하고, 청소도 마다하지 않아야 합니다. 헌금을 많이 하고 높은 자리에 있는 분들 챙기기 전에, 병들고 외로운 노인들을 부모처럼 대하는 것이 먼저입니다. 정치인들이 교회에 왔다고 해서 특별히 대접할 필요는 없습니다. 못 본 척해도 됩니다. 오히려 세상에서 천대받고, 힘없고, 돈 없고, 빽도 없어 시장에서도 손님 대접 못 받는 사람들이야말로 교회에서 예수님의 사랑을 받아야 할 사람들입니다. 교회가 따뜻하고 예수님의 사랑이 넘쳐나는 곳이라면, 교인들이 왜 떠나고 줄어들겠습니까?

도둑의 마음을 가진 사람은 어떤 물건을 보더라도 어떻게 하면 가져갈까를 생각합니다. 골프를 치는 사람은 골프 이야기만 합니다. 자신의 말과 행동은 자신이 믿는 신, 마음에 품은 꿈과 목적을 고스란히 드러냅니다. 마음속에 개가 들어있으면 개같은 말이 나오고, 개같은 행동을 하게 됩니다. 예수님을 모시고 있다면, 예수님 같은 말과 행동이 나타날 것입니다. 천국에 가고 싶다면, 천국 같은 아름다운 행동과 말이 따라야 합니다. 말하는 대로 이루어진다고 하지 않습니까. 말이 자신의 삶을 만들어냅니다.

많은 부모가 자녀들에게 안정적인 직업을 가지라고 말합니다. 그 말은 좋은 직장을 다니며 평생 편안하게 먹고 살라고 하시는 말씀입니다. 겉으로는 세상을 더 나은 곳으로 바꾸고 타인을 위해 살아야 한다고 하면서도, 결국에는 "그래도 돈이 최고"라고 말합니다. 그래서 자녀들은 혼란스러워합니다. 하지만 저는 단언할 수 있습니다. 인간은 단순히 먹고살기 위해 태어난 존재가 아닙니다. 우리는 각자 자신의 꿈을 이루기 위해 태어났으며, 그 꿈은 개인적인 욕망을 넘어 더 높은 이상과 의미, 가치를 향합니다. 이순신 장군의 가슴엔 나라가 있었고, 안중근 의사의 마음속엔 민족의 독립이라는 꿈이 있었습니다. 그들의 내면에 담긴 생각이 얼마나 위대한 결과를 낳았는지 우리는 알고 있습니다. 자신이 얼마나 귀한 존재인지 깨달아야 합니다. 인간이 천하를 주고도 바꿀 수 없는 존재이기에, 예수님께서는 "너희는 천하보다 귀하다"고 말씀하셨을 것입니다. 그 사실을 깨닫는 사실을 깨닫는 순간, 자신의 존재가 달리 보일 것입니다. 귀한 그릇에 개똥을 담을 수 없듯이, 귀한 당신의 마음에 시기와 질투, 미움과 배신을 담아서는 안 됩니다.

저 역시 제 자신이 얼마나 귀한 존재인지를 몰랐을 때는 제 몸을 함부로 썼습니다. 사람이 현명한 것 같아 보이지만, 저를 보면 꼭 그렇지만은 않다는 것을 압니다. 사람은 건강을 잃고 나서야 건강이 귀한 것을 알고, 세월이 흘러 늙은 후에야 청춘이 얼마나 귀한지 알게 됩니다. 인간이 이렇게 어리석기 때문에 신을 믿고 배우나 봅니다. 그런데 현명한 사람은 건강을 잃기 전에 건강을 지키고, 돈이 바닥나기 전에 절약하고 일을 합니다. 자신을 귀하게 여기고 사랑하는 사람은 자신을 귀하게 대하고 사랑합니다. 이것은 결코 잘난 체하거나, 이기적이거나, 결벽증에 걸린 것처럼 까탈스럽게 구는 태도를 말하는 것이 아닙니다.

소중하고 귀한 물건을 쓰레기통 옆에 두지 않듯이, 자신이 귀한 존재임을 아는 사람은 자신을 나쁜 환경이나 좋지 않은 사람 가까이에 두지 않습니다. 향기로운 꽃밭에 가면 자연스럽게 향기가 몸에 배고, 생선 가게에 가면 비린내가 스며들 듯, 자신의 몸과 정신을 어디에 두느냐는 매우 중요합니다. 세계적인 기업을 일군 이건희 회장은 "부자가 되려면 부자 옆으로 가라"고 말했습니다. 잘살고 싶다면 좋은 사람을 만나야 하고, 나보다 나은 사람 곁에 있어야 합니다. 사람답게 살고 싶다면, 자신을 갉아먹는 미움이나 분노, 억울함이 마음을 지배하지 않도록 늘 마음을 관리해야 합니다. 시기, 질투, 원망의 감정이 자신을 잡아먹지 않도록 지켜야 합니다.

자신이 믿는 신과 교통하기 위해서 기도하고 말씀을 실천하며 노력해야 합니다. 남을 험담하거나 뒷담화를 하고, 부정적인 사람들과 교류하는 대신, 혼자만의 시간을 가지며 스스로를 성찰하는 것이 필요합니다. 운동을 하고 책을 읽으며 자신을 가꾸고, 몸에 좋은 음식과 영양제를 챙겨 먹듯 생각이 맑고 긍정적이며 깨어 있는 사람들과 함께하려 애써야 합니다. 자기 자신을 좋은 곳에 둘 줄 알아야 합니다. 항상 자기 마음을 다스릴 줄 알고, 감정을 통제할 수 있어야 합니다.

미워하는 사람을 만들지 마십시오. 미꾸라지 한 마리가 연못을 온통 흙탕물로 만들 듯, 단 한 명의 적은 백 명의 친구로도 감당할 수 없는 것입니다. 누군가를 미워하고 적을 두고 살면 자신의 마음이 편치 못합니다. 적이 있다면 오히려 가까이에 두고 바라봐야 합니다. 그래야 함부로 딴짓하지 못하는 법입니다.

**자신이 얼마나 귀한 존재인지를 깨달으면,
서로를 미워할 이유가 사라집니다.**

누군가를 미워한다고 해서 그 사람이 아프거나 고통스러워지는 것이 아닙니다. 미움과 증오는 내 마음

안에 칼과 창을 품고 있는 것과 같아서, 그 칼과 창이 결국 나 자신을 찌르기 때문에 내가 아프고 괴로운 것입니다. 결국 내 안에 있는 것들이 밖으로 드러나는 것입니다.

자신의 가치를 알아야 합니다. 가치는 누가 만들어주거나 알아주는 것이 아닙니다. 당신 스스로 세상에 쓸모 있는 존재가 되겠다고 마음먹고 살아간다면, 얼마든지 그렇게 될 수 있습니다. 훌륭한 가장이 되겠다고 다짐했다면, 그에 걸맞게 노력하며 살아가면 어느새 훌륭한 아버지가 되어 있을 것입니다. 누구든지 '나는 이런 사람이 되겠다'고 결심하고 살아가면, 그 마음이 삶의 설계도가 되어 그렇게 지어집니다. 집도 설계도대로 지으면 반드시 완성되듯이, 인생도 자신의 가치대로 살면 결국 그렇게 됩니다. 자신의 가치를 세상에 알리는 방법은 거창한 것이 아닙니다. 자신이 가진 것을 조금씩 나누는 것입니다. 나의 기쁨, 나의 웃음, 나의 행복을 공유하는 것입니다. 그렇게 나눌 때, 어느새 당신 주변에는 귀중한 사람들이 모여들기 시작할 것입니다.

**당신이 자신을 사랑하고,
자신이 귀하다는 것을 제대로 알게 되었을 때,
세상이 달리 보일 것입니다.**

  자신이 귀한 존재임을 아는 사람은 인생에 도움이 되지 않는 잡다한 것들을 마음에 담아두지 않습니다. 삶에 도움이 되지 않는 일은 굳이 붙잡지 않고, 자신을 해치는 것들에 시간을 낭비하지 않습니다. 그리고 자신이 얼마나 귀한 존재인지를 진정으로 깨달은 순간, 세상에 존재하는 모든 사람 또한 소중하다는 사실을 자연스럽게 깨닫게 됩니다.

25

작은 것에 대한 집착과
그로 인한 고통

▪ 인생이라는 고달픈 여정 속에서,
파리 같은 사소한 것들에 집착하지 말고,
무시한 채 앞으로 걸어나가야 합니다.

    인생의 교훈은 종종 우리가 전혀 예상하지 못한 곳에서 찾아옵니다. 오래전, 제 지인이 자동차 사고를 당했습니다. 놀란 저는 많이 다쳤느냐고 물었더니, 그는 "크게 다친 건 아니고, 오히려 웃긴 사고였다"며 웃음을 지었습니다. 웃을 일이냐고 되묻자, 그는 사고 원인을 설명해 주었습니다. 다. 사람들은 파리를 잡으려고 모두 들썩였지만, 결국 잡지 못하고 파리는 사라졌습니다. 그러던 중, 운전하던 후배의 눈앞에 그 파리가 다시 나타났다고 합니다. 앞서 모두가 그렇게 소란을 피워도 잡지 못한 파리를 '내가 잡아야지'라는 마음이 들었다고 합니다. 그 순간 후배는 운전대를 잡은 채로 파리에 온 신경을 집중했고, 온 힘을 다해 손을 휘둘렀습니다. 그리고 그 순간,

'쿵' 하는 소리와 함께 차가 옆으로 넘어가 버렸습니다. 차는 도로 옆 배수로에 빠지며 한쪽으로 완전히 넘어졌고, 사람들은 간신히 빠져나왔습니다. 다행히 인명 피해는 없었습니다. 그런데 문제는 파리 한 마리 잡는다고 차 사고 나서 그 더운 날 비포장도로 공사 구간에서 여러 명이 고통을 받았다는 것이었습니다. 운전을 해보신 분들은 공감하실 겁니다. 차 안에 파리 한 마리가 날아들면 꽤나 신경이 쓰이고, 한번 꽂히면 세상에 다른 어떤 것보다 더 귀찮고 괴로운 존재처럼 느껴지기 마련이지만 운전을 못 할 정도는 아닙니다.

저 역시 최근에 큰 교훈을 파리 한 마리에게서 큰 교훈을 얻었습니다. 기분 좋게 하루를 마치고 집에 돌아와 책을 읽고 있었는데, 파리 한 마리가 나타나 윙윙거리기 시작했습니다. 그 작은 존재 하나 때문에 책에 집중할 수 없었습니다. 꼭 제가 책을 읽는 책상 앞, 눈에 잘 띄는 자리에 앉거나, 제 몸 가까이에서 윙윙거리며 날아다녔습니다. 마치 조롱하듯 "나를 잡아보라"고 말하는 것만 같았습니다. 결국 저는 책을 덮고, 기어이 파리를 잡았습니다. 그렇게 시원할 수가 없었습니다. 한여름 무더위 속에서 얼음물을 들이킨 것처럼 속이 후련했습니다. 사람이 참 재미있는 존재입니다. 그까짓 파리 한 마리를 잡았을 뿐인데, 마치 뜨거운 한여름에 얼음물 마신 것처럼 행복했습니다. 파리를 잡아 시원하기도 했지만, 무엇보다 그 작은 파리 하나가 나를 괴롭히는 동안 내 삶이 얼마나 짜증스럽고 불편했는지를 깨달았습니다. 아주 작고 하찮은 존재 하나가 내 마음과 일상을 이렇게 흔들 수 있다는 사실이, 오히려 깨달음으로 다가왔습니다. 파리를 잡아 속은 시원했지만 파리 잡는다고 손해가 컸습니다. 파리 때문에 책을 못 읽을 정도도 아니고 그냥 참고 읽을 수도 있는데 눈에 거슬린다고 참지 못하고 잡느라 시간 낭비하고 컵까지 깨버린 것입니다. 곰곰이 생각해 보니 파리가 나를 괴롭히기 위해서 내 방에 들어온 것이 아니고 파리도 살기 위해서 내 방에 들어온 것입니다. 파리가 사람 방에 들어가지 말라는 법도 없고 사람 파리를 잡아야 한다는 법도 하고 파리를 때려잡은 것입니다. 파리가 생각하기를 '내가 너한테 무슨 잘못을 했다고 나를 죽이려고 하느냐'며 욕을 했을지 모릅니다. 살다 보면 파리처럼 나를 귀찮게 한다고 가는 사람들이 있습니다. 그러나 깊이 생각하면 그 사람이 나를 방해하기 위해 작정하고 방해하는 것도 아닙니다.

제가 젊어서 한때는 세상 무서운 줄 모르고 살아가던 때가 있었습니다. 한번은 불현듯 아버지 생각이 나서 인사를 드리러 갔습니다. 바쁘니 인사만 드리고 가겠다고 말씀드리자, 아버지께서는 차분하고도 무거운 목소리로 "여기 앉거라." 하셨습니다. 처음 듣는 톤이라 저도 모르게 긴장이 되어 자리에 앉았습니다. 네 눈에 화가 가득 차 있다. 그것 삭이지 못하면 큰 화를 불러오는 줄만 알아라. 내가 산전수전 다 겪고 살아봤기 때문에 아는 것이다. 아버지 말 명심하고 세상 살 때 힘자랑 말고 돈자랑 말고 다 내 탓이려니 하고 몸 낮추고 살거라. 어서 가거라."

"내 말 잘 들어라. 젊으니까 세상 무서운 줄 모르지. 세상엔 너보다 강한 놈들이 한강 모래알처럼 많다. 한주먹거리도 안 되는 힘자랑 하지 말고, 눈에 힘 빼고 다녀라. 아무리 힘없는 놈이라도 자는 사람 눈을 젓가락으로 찌를 힘은 있는 법이다."

"아버지, 걱정 마세요. 전 안 그래요."
"이놈아, 네 눈을 보니 살기가 느껴진다. 그냥 놔두면 큰일을 저지를 것 같아 겁이 난다."
"아이고, 아버지, 무슨 그런 겁나는 말씀을 하세요?"
"세상눈은 속여도 부모 눈은 못 속이는 법이다. 네 눈에 화가 가득 차 있다. 그걸 삭이지 못하면 큰 화를 불러오는 줄만 알아라. 이 애비가 산전수전 다 겪고 왜놈들 손에 치이고도 살아왔다. 애비 말 명심하고, 세상 살 땐 몸 낮추고 살아라. 까불지 말고. 알았으면, 가거라."

아버지의 인사는 늘 그랬습니다. "왔냐?" 하고 맞이하시고, 떠날 때는 "가거라." 더도 덜도 없었습니다. 그런데 그날따라 아버지의 말씀이 드릴처럼 제 가슴을 깊숙이 파고 들었습니다. 그 후 저는 아버지의 그 말씀을 단 한 번도 잊은 적이 없습니다. 젊은 시절엔 누구나 '달리는 야생마'입니다. 저 역시 그랬습니다. 그 야생마 같은 저에게 아버지는 강력한 브레이크를 달아주셨습니다. 살면서 자신을 제어할 수 있는 브레이크는 반드시 필요합니다.

　　파리와의 싸움에서 이겼지만, 파리를 잡았을 때 느꼈던 기쁨보다 손해는 막심했습니다. 행복과 불행은 같이 옵니다. 지금 행복하다 싶으면 불행이 뒤따라오고, 지금 불행한 것 같아도 행복이 뒤에 다가오고 있습니다. 파리를 무시하고 책을 읽을 수 있었지만, 그게 자꾸 거슬려서 결국 파리를 잡을 때까지는 책장을 넘기지 못하고 시간을 허비했습니다. 인생살이도 마찬가지입니다. 살다 보면 그런 일들이 참 많습니다. 파리 한 마리 때문에 집중을 못 하듯, 사람이란 뭐 하나 거슬리는 것에 꽂히면 괜히 피곤해집니다. 살면서 던져버려야 할 것들이 정말 많습니다. 학교에 다닐 때나, 일을 할 때나, 사업을 할 때나, 파리 같은 인간들은 언제든지 나타납니다. 그 사람을 보지 말고 그냥 내 갈 길 가면 되는데, 참지 못하기에 다툼이 생기는 것입니다. 눈에 거슬리는 파리 같은 인간을 무시하고 내 갈 길을 가느냐 아니면 파리 잡듯 속 시원하게 때려잡고 가느냐 하는 것은 자신들의 몫입니다. 그러나 사람은 파리가 아닙니다. 지금은 파리 같은 존재로 보이지만 나중에는 내가 파리가 되어 상대가 사자로 내 앞에 나타날지 모릅니다. 그래서 인간은 무시하거나 없애야 하는 존재가 아니고 서로 존중해야 하는 존재입니다.

직장에서 일을 하다 보면, 많은 사람 중 단 한 명 때문에 회사를 그만두고 싶어질 때도 있습니다. 관계 개선을 위해 여러 방법을 시도해 봅니다. 만나서 밥도 먹고, 차도 마셔 보지만 쉽게 풀리지 않습니다. 신앙인들은 신에게 기도하지만, 신이 해결해 주지는 않습니다. 어떤 사람은 상사에게 부탁해서 회유해 보기도 하고, 윽박지르기도 하며, 할 수 있는 온갖 몸부림을 쳐 보지만 바뀌지 않습니다. 어쩔 땐 내게 아무런 피해를 주지 않아도, 그냥 그 얼굴만 봐도 피곤해지기까지 합니다. 매일같이 '아, 회사 그만두고 싶다'는 생각이 가시질 않습니다. 하지만 제가 한 가지 방법을 알려드리겠습니다. 절대, 회사 그만두겠다는 생각은 하지 마십시오. 그리고 당신이

25

그 사람을 미워하는 것에 대해 미안해할 필요도 없습니다. 그 사람도 당연히 당신을 밥맛없다고 생각하고, 회사 안 나왔으면 좋겠다고 바랄 겁니다. 그럴 땐 이렇게 생각하면 됩니다. '나도 미워하니까 너도 마음껏 미워해라. 배 터지게 미워해라. 나도 그러니까.' 그 사람 때문에 회사를 그만두면 그건 파리한테 지는 겁니다. 그 대신 내가 미워하는 그 사람보다 더 열심히 일하고, 더 묵묵히 참고 견디십시오. 그 사람이 퇴직할 때까지 버티는 겁니다. 끝까지 살아남는 사람이 결국 가장 성공한 사람입니다. 그런데 묵묵히 버티다 보면, 전혀 바뀔 것 같지 않던 상황이 어느 순간 바뀌어 있는 경우가 있습니다. 이 경우 많은 사람들은 자신이 노력해서 그 사람이 바뀌었다고 착각합니다. 나는 변하지 않았는데, 정말 그 사람이 바뀌었을까요? 제 생각엔 그렇지 않습니다. 나를 괴롭히던 그 사람의 환경이 바뀌었거나, 그 사람의 시선이 다른 곳으로 향했기 때문입니다. '꽂혔다'는 말이 있습니다. 한 사람에게만 집착해서 죽어라 바라보는 것을 말합니다. 시간은 꽂혔던 시선의 방향을 바꾸기도 하고, 생각을 무디게 하기도 합니다.

세상이 절대 바뀌지 않을 것 같지만, 세상은 쉬지 않고 변합니다. 젊음도 오래 갈 것 같지만, 아침 안개처럼 사라집니다. 군대 다녀오고, 직장 잡느라 왔다 갔다 하다 보면, '어.'하는 순간 서른을 넘깁니다. 그러다 결혼하고 아이 하나 낳고, 아이가 학교에 가고 대학 간다는 소리를 듣는 사이, 동료들 입에서 하나둘씩 은퇴 이야기가 나옵니다.

시간은 냄새도 나지 않고, 소리도 들리지 않고, 눈에도 보이지 않지만, 세상에서 가장 빠르게 흐릅니다. 비도 오다가 멈추고, 바람도 불다가 멈추지만, 시간만큼은 인간들을 몰고 하염없이 죽음을 향해 달려갑니다.

돈 아껴 쓰라고 아무리 잔소리를 해도 안 듣다가, 정작 돈이 떨어지고 남에게 돈을 빌리러 가서 창피를 당해 봐야 돈 귀한 줄을 알게 됩니다. 공부하라고 닦달해도 귓등으로도 안 듣다가, 어느 순간 본인이 스스로 깨달으면 언제 그랬냐는 듯 공부를 시작합니다. 인간의 특징은 당해봐야 깨닫고 알게 된다는 것입니다. 이런 것을 아는

지 모르는지 부모들은 금방이라도 자식이 망할 것 같은 불안에 시달리며 늘 조급해합니다. 기다리지 못하고 닦달하다가 자식과 마음이 상하고, 멀어지게 되는 것입니다.

**시간은 그냥 있는 것이 아닙니다.
신께서는 무엇이든 만들어지려면
시간을 투자하도록 창조하셨습니다.**

계란은 같은 그릇에 넣고 삶으면 같은 시간에 익게 마련입니다. 그러나 인간은 같은 시간에 같은 강의를 들어도 알아듣는 사람이 있고, 알아듣지 못하는 사람도 있으며, 아예 듣지 않는 사람도 있습니다. 나무든 곡식이든 똑같이 싹이 나고 같이 크는 것이 아닙니다. 크는 속도도, 모양도 서로 다릅니다.

인간이 모두 같지 않다는 사실을 이해해야 합니다. 평소엔 "내 맘 같지 않다"는 말을 입에 달고 살면서도, 막상 내 뱃속에서 나온 자식들이 다 똑같이 공부 잘하고 말 잘 듣기를 기대한다면, 그것은 인간의 본성을 모르는 것입니다. 한배 속에 난 강아지도 아롱이다롱이, 백구, 흑구 다 다릅니다. 살다 보면 이런 사람, 저런 사람 만나기도 하고, 크고 작은 일들이 생기기 마련입니다. 그러나 그런 일들은 죽고 사는 문제가 아닙니다. 어떤 일은 그냥 놔두면, 시간이 다 해결해 줍니다. 몹쓸 놈의 악인, 독재자도 결국 자연의 섭리를 따라 시간이 땅속으로 다 데려갑니다. 그래서 세월이 약이라는 말이 있는 것입니다. 걱정하고 염려하지 말고, 자신을 만들어가면서 세월에게 맡기면 됩니다. 시간은 만병통치약입니다.

    돈도, 배움도, 권력도 인생의 전부가 아닙니다. 저도 한때 가난을 벗어나기 위해서 돈에 목숨 걸고 살다가 피 같은 돈을 날려보았습니다. 다 날리고 나니, 처음엔 정말 죽을 것 같았습니다. 저는 하나님을 믿는 사람이었는데, 그때 알았습니다. 하나님보다 돈을 더 믿었더라고요. 그래서 하나님께 회개 많이 했습니다. 돈을 잃고 나니, 인간들을 더 깊이 들여다보게 되었습니다. 친형제보다 더 가깝고 꿀처럼 말하던 사람들은 내 곁에서 천 리,

만 리 사라졌습니다. 못 만나서 안달하던 놈들이 오히려 더 멀리 피해서 도망갔습니다.

책을 읽으며 깨달았다고 말은 했지만, 실제로 겪으면서 인간의 본질을 훨씬 깊이 알 수 있었습니다. 그런 깨달음은 돈을 잃어버리는 아픔을 겪지 않고는 결코 배울 수 없는, 저에게는 너무도 소중한 자산이 되었습니다. 시간이 흘러 돌아보니, 죽을 만큼 큰일도 아니었고, 돈이 인생의 전부가 아니라는 것도 비로소 알게 되었습니다. 지금 생각해 보면 별것도 아닌 일이었는데, 그땐 죽을 것만 같았습니다. 손가락 하나 잘렸다고 사람이 죽지는 않습니다. 불편할 뿐입니다. 아직도 아홉 개의 손가락이 남아 있습니다. 그런데 어떤 분은 하나를 잃었으니 죽겠다고 한탄하고, 어떤 분은 아홉 개를 잃고도 하나가 남았으니 다행이라며 즐겁게 사시는 모습을 보여주셨습니다. 열 손가락을 온전히 가지고도 불평불만 가득한 사람이 있는가 하면, 열 손가락을 모두 잃고도 세상에 감동과 희망을 전하는 분도 있습니다. 결국 사람은 마음먹기에 달렸습니다. 사소한 일에 목숨 걸 일 아닙니다.

어떤 일이 생기면 사람들은 마치 올무에 걸린 것처럼 생각할 때가 많습니다. 올무에 걸리면 당장 죽을 것 같지만, 사실은 아무것도 아닙니다. 누구나 한 번쯤은 올무에 걸릴 수 있습니다. 차분하게 빼내면 됩니다. 그런데 올무에 걸렸다고 죽겠다 아우성치면, 올무는 점점 더 강하게 발목을 죄어옵니다. 몸부림칠수록 발목의 상처는 더 깊어질 뿐입니다. 그럴수록 침착하게 생각해야 합니다. '이거 별것도 아니다.' 하는 순간, 정말로 별것 아닌 일이 되어 쉽게 벗어날 수 있습니다. 인간은 어떤 불행을 겪더라도 반드시 그 안에서 배울 수 있는 존재임을 잊지 말아야 합니다. 큰일이든 작은 일이든, 죽지만 않는다면 그 경험은 반드시 더 큰 배움이 되고, 더 큰 일을 해낼 수 있는 자산이 됩니다.

자식이 공부를 못한다고 합시다. "다른 애들은 영어까지 술술 한다는데, 우리 애는 왜 한글도 못 떼고 있나." 고민하게 됩니다. 그런데 때가 되면 다 합니다. 애들은 말을 안 듣기 때문에 애들입니다. 부모 말 척척 알아듣고, 공부도 잘하고, 인사도 잘하고, 말까지 잘 듣고, 부모가 원하는 대로 다 해주는 자식이 있다면 그건 이미 성인이지 아이일 리 없습니다. 부모를 내 마음대로 선택할 수 있다면, 세상 사람들 모두 빌 게이츠 같은 대부호의 자식이 되기를 원할 것입니다. 자기가 원하는 자식을 낳을 수 있다면, 자식 때문에 힘들어하는 부모는 아무도 없을 것입니다. 자식에게 무언가를 기대하기 전에 먼저 자신을 돌아보아야 합니다. 내가 자식이라면 나 같은 부모를 기대하겠는가? 자식을 자세히 들여다보면 결국 다 자기 자신을 닮았다는 것을 깨닫게 됩니다.

우리는 일상 속에서 종종 아주 작은 일들에 집착합니다. 살다 보면 '큰일 났다', '이러다 죽는 것 아닌가.' 같은 말을 스스럼없이 내뱉는 것을 들어보셨을 것입니다. 그러나 어떤 사람은 죽기밖에 더 하겠느냐며 체념하듯 웃어넘깁니다. 이런 마음을 갖게 되면, 오히려 큰일이 작게 보이기 시작합니다.

죽음은 인생에서 가장 큰 일처럼 느껴지지만, 나이가 들면 그것조차도 자연스러운 흐름으로 받아들이게 됩니다. 시간이 지나면 모든 게 조금씩 해결되고 사그라듭니다. 그러니 우리는 가능한 한 건강하게 오래 살아야 합니다. 미운 사람, 원수가 있다면 더더욱 그렇습니다. 내가 더 오래, 더 건강하게 잘 살아서 원수가 죽는 걸 보고 죽는 것, 그게 진짜 원수를 갚는 것입니다. 그렇게 생각하면 원수조차 나를 살아가게 하는 자극이자 동기가 되니 감사할 일입니다.

아무리 뜨거운 태양이라도 시간이 지나면 어둠이 내리고, 아무리 깊고 깜깜한 밤이라도 결국 새벽은 찾아옵니다. 때는 어김없이 옵니다. 아무리 지독한 가뭄이 길어져도, 비는 결국 내립니다. 그러니 비가 내릴 때를 대비해 미리 밭을 일구고 씨를 뿌리며 농사지을 준비를 하고 기다려야 합니다.

**시간과 함께
스쳐 지나가 버릴 것들에 대한 집착은,
결국 천금 같은 시간을 낭비하게 만들고
우리를 불행으로 이끕니다.**

현재에 집중해야 비로소 자기 할 일을 제대로 해낼 수 있습니다. 과거를 붙들고 후회하거나 오지 않은 미래를 미리 걱정하면, 한 걸음도 앞으로 나아가지 못합니다. 과거는 이미 지나간 것이고, 미래는 아직 오지 않았으니 지금 걱정할 일이 아닙니다. 결국, 오늘을 어떻게 살아내느냐에 따라 내일이 결정됩니다.

누구나 각자의 인생에서, 작고 귀찮은 파리 한 마리쯤은 끼고 살아가는 것 같습니다. 인생이라는 고달픈 여정 속에서, 파리 같은 사소한 것들에 집착하지 말고, 무시한 채 앞으로 걸어나가야 합니다. 파리에게 물려 죽은 사람은 없습니다. 우리를 붙잡고 앞으로 파리처럼 나아가지 못하게 만드는 올무는 대부분 아주 작고 미약한 것입니다. 그 올무를 과감히 풀어버리고 담대하게 나아가시기를 바랍니다. 파리에게 물려 죽은 사람은 없습니다.

26

믿음의 실체

> 확고한 믿음은 실천할 수 있는 힘이 됩니다.
> 그 믿음은 원하는 것을 만들고,
> 바라는 것을 이루게 합니다.

여러분은 믿음이 무엇이라고 생각하십니까? 자신이 창업한 회사에서 쫓겨났던 스티브 잡스는 어이없게도 연봉 1달러에 그 회사로 복귀했습니다. 누가 정해준 것도 아닌, 본인이 스스로 정한 연봉이었습니다. 돈을 벌기 위한 선택이 아니었습니다. 그는 세상을 바꾸기 위해 창업했다는 자신의 말을 끝까지 믿었기 때문에 가능했을 것입니다. 보이지 않는 자신의 능력과 열정을 스스로 믿었던 것입니다. 강력한 무기를 가지고 싸워서 독립해야 한다고 주장하는 사람들에게 '눈을 눈으로 갚는다면 결국 전 세계가 눈먼 상태가 될 뿐입니다. 부드러운 방식으로 세상을 흔들고 바꿀 수 있습니다.'라고 설득했습니다. 그는 자신을 믿었고 믿음대로 실천하여 독립을 이루어냈습니다. 마틴 루터 킹은 꿈과 믿음이 있었기에 미국의 인권운동이 새로운 전환점을 맞이했습니다. 그의 믿음은 실제로 미국 사회의 변화를 이끌었고 흑인 대통령을 만들어내는 변화를 이루었습니다. 하늘을 날 수 있다는 믿음을 가진 라이트 형제는 비행기를 탄생시켰습니다. 스티브 잡스의 믿음은 단순한 꿈이 아니라 실제로 세상을 바꾸었습니다. 그의 믿음은 세상의 모든 정보를 담은 스마트폰을 만들어 세계를 하나로 묶었습니다. 스마트폰 하나 가지고 있으면 거의 못 하는 것이 없습니다. 말만 하면 그림도 그려주고 통역도 해주고 원하는 정보도 주고 원하는 대로 글을 써주기도 하고 판사 의사 변호사 회계 세무 모든 업무를 다할 수 있습니다. 스마트폰은 모르는 것이 없는 능력자입니다. 스마트폰 안에 성경 불경 모든 경전과 수십만 권의 책과 사진 정보들이 들어가 있습니다. 인류에게 지구를 하나씩 쥐어 준격입니다. 우리가 현재 이용하는 무수한 서비스와 제품들은 만들어 낼 수 있다는 확고한 믿음을 가진 사람들에 의해서 만들어진 것입니다. 실제로 세상에 존재하지 않지만 만들어 낼 수 있다고 믿었던 그들은 자신들이 상상하던 것들을, 실패를 이겨내고 만들어냈습니다. 이순신 장군은 도저히 승산이 없는 최악의 상황에서, 임금으로부터 바다를 버리고 육지에서 싸우라는 명령을 받습니다. 하지만 그는 "신에게는 아직 열두 척의 배가 남아 있습니다"라며 바다로 나아갔고, 해전 역사에 전무후무한 대승을 거듭니다. 장군은 부패한 조정도, 임금의 명령도 믿지 않았습니다. 오직 자신의 판단과 능력을 믿었습니다. 그의 머릿속에는 오직 백성뿐이었습니다. 임금의 의심과 오해로 옥살이까지 겪었지만, 그는 이렇게 말했습니다. "자신을 믿어라. 그 누구보다 나는 나를 믿는다. 나는 가장 강력한 나의 편이다." 그가 믿었던 것은 나라를 제 손익 계산으로만 판단하는 부패한 신하들이 아니었습니다. 당파싸움에만 몰두하는 쓰레기 같은 무리들에게 둘러싸여 허우적대던 멍청한 왕도 아니었습니다. 그가 끝까지 믿었던 것은 왜군에게 수탈당해 신음하며 살기 위해 발버둥 치던 백성들, 농토를 지키고 가족을 지키려 애쓰던 민초들의 삶이었습니다. 믿음은 단순한 감정적 신뢰가 아닙니다. 믿음은 보이지 않는 것을 현실로 끌어오는 강력한 힘이며, 세상을 움직이는 본질적인 동력입니다. 역사가 그것을 증명하고 있습니다.

인도의 간디는 독립운동을 하면서 비폭력을 주창했습니다. 강력한 무기를 들고 싸워야 한다고 주장하는 이들에게 그는 이렇게 말했습니다. "눈을 눈으로 갚는다면, 결국 전 세계는 모두 눈먼 상태가 될 것입니다. 부드러운 방식으로도 세상을 흔들고 바꿀 수 있습니다." 그는 자신을 믿었고, 믿음을 실천으로 옮겼으며, 결국 인도의 독립을 이루어냈습니다. 마틴 루터 킹의 꿈과 믿음 역시 미국 인권운동이 새로운 전환점을 만들었습니다. 그의 믿음은 실제로 미국 사회의 실질적인 변화를 이끌었고, 결국 흑인 대통령이 탄생하는 시대를 열었습니다. '하늘을 날 수 있다.'는 믿음을 가진 라이트 형제는 비행기를 발명했고, '세상을 바꿀 수 있다'는 믿음을 가진 스티브 잡스는 손 안에 세계를 담은 스마트폰을 세상에 내놓았습니다. 스마트폰 하나만 있으면 이제 거의 못하는 일이 없습니다. 말만 하면 그림도 그리고, 통역도 하고, 원하는 대로 글을 써주고, 판사·의사·변호사·회계·세무 등의 모든 업무까지 가능해졌습니다. 모르는 것이 없고,

성경·불경을 비롯한 수만 권의 책도 그 안에 담겨 있습니다. 상상할 수 없는 모든 정보가 작은 기기 안에 들어 있습니다. 이제 인류는 지구를 각자 한 손에 쥔 셈입니다.

우리가 지금 이용하는 수많은 서비스와 기술은, 모두 '만들어낼 수 있다'는 믿음을 가진 사람들에 의해 탄생했습니다. 현실에 존재하지 않던 것들을 상상하고, 실패를 수천 번 반복하면서도 끝내 현실로 만들어낸 이들. 그들이야말로 세상을 바꾼 사람들입니다. 할 수 있다는 강력한 믿음이 중요한 이유는 상상을 현실로 만드는 힘을 주기 때문입니다. 믿음은 감정이나 이론이 아닙니다. 매일의 삶 속에서 내가 어떻게 행동하고, 어떻게 미래를 설계하느냐를 결정짓는 원동력입니다. 믿음은 실제로 우리가 눈으로 보지 못하는 것들을 현실로 만들어내는 맨 처음 시작이며 힘입니다. 믿음은 거창한 것에서 시작되지 않습니다. 작은 것이라도 꿈꾸고 상상하는 것을 만들어내고, 의심되는 것을 풀어내고자 하는 믿음이 세상을 바꿔왔습니다.

뉴턴은 사과가 떨어지는 것을 보고 생각했습니다. '이렇게 작은 사과는 떨어지는데, 저 무겁고 거대한 달은 왜 떨어지지 않는 걸까?' 작은 것이라도 하고 싶은 것이 있습니까? 하고 싶은 것이 있다면 자신을 믿고 바로 시작하십시오. 지금이 하늘이 주신 마지막 기회입니다. 그 의문이 바로 만유인력의 법칙을 이끌어낸 것입니다. 달을 본 사람은 뉴턴 말고도 수십억 명이었을 것이고, 의문을 가졌던 사람도 많았을 것입니다. 그러나 그 많은 사람들 중에, 달을 보고 왜 떨어지지 않는지를 의심하고, 그 의심을 끝까지 파고들어 답을 찾아낸 사람은 오직 뉴턴뿐이었습니다. 뉴턴의 '달은 왜 떨어지지 않는가?'라는 질문에 답을 찾고자 했던 믿음이 인류에게 새로운 진리를 밝혀준 것입니다.

확고한 믿음은 실천할 수 있는 힘이 됩니다.
그 믿음은 원하는 것을 만들고,
바라는 것을 이루게 합니다.
강한 믿음을 가진 사람만이
시작할 수 있습니다.

아무리 좋은 아이디어를 가지고 있어도, 할 수 있다는 믿음이 없다면 결국 상상으로만 끝나고 맙니다. 세상에는 꿈을 꾸고 상상하는 사람들이 수도 없이 많았지만, 실제로 그것을 만들어낸 사람은 극소수에 불과합니다. 확고한 믿음은 아무리 환경이 열악하고 불가능해 보여도 끝내 시작하게 만듭니다. 믿음은 매일 직면하는 고난과 역경, 실패를 이겨내고 목표를 향해 나아가게 하는 힘입니다. 믿음의 위력은 가히 놀랍습니다. 무형을 유형으로, 상상을 현실로 창조해 내는 힘이 되며, 어떤 어려움과 난관도 견디고 이겨낼 수 있게 합니다. 자신을 믿는 만큼, 삶의 실체를 만들어 낼 수 있습니다. 자신을 믿어야 자신을 만들어 낼 수 있습니다. 세상에 신을 제외하고, 믿어야 할 것은 결국 자기 자신뿐입니다.

작은 것이라도 하고 싶은 것이 있습니까? 하고 싶은 것이 있다면, 자신을 믿고 바로 시작하십시오. 지금 이야말로 하늘이 주신 마지막 기회입니다.

27

나 자신을 사랑하는 방법

● 성공도 사랑도 행복도
내가 진심으로 원하고 선택한 것이어야만
내 행복이 됩니다.
자신을 사랑하기 위한 노력,
바로 그것이 행복의 시작입니다.

만약 5만 원짜리 지폐가 낡았다고 해서 그 가치가 1만 원으로 떨어질까요? 아니면 찢어진 지폐를 테이프로 붙였다고 해서 5천 원이 되는 걸까요? 그렇지 않습니다. 지폐는 새 돈이든 헌 돈이든, 찢어졌든 상관없이 본래의 가치를 유지합니다. 사람이 지위에 따라, 있고 없음에 따라, 배움과 배우지 못함에 따라 가치가 달라진다고 생각하는 경향이 있습니다. 주인과 노예, 회장님과 종업원, 직장인과 노숙자, 대통령과 농부는 직책이나 삶의 환경이 다를 뿐 인간의 존엄성 가치가 다른 것이 아닙니다. 부처님도 예수님도 사람으로 태어난 이상 사람의 가치는 동일하다고 말씀하셨습니다. 저는 인간도 지폐와 같다고 생각합니다. 사람으로 태어났다는 그 이유 하나만으로 누구나 동일한 가치를 지닌 존재입니다. 높은 지위에 있든 낮은 지위에 있든, 가진 것이 많든 적든, 배웠든 배우지 못했든, 사람은 사람입니다. 사람처럼 흔한 것도 없지만, 동시에 사람처럼 희귀한 존재도 없습니다. 지구상에 저와 똑같은 사람은 단 한 명도 없습니다. 저라는 사람은 이전에도 없었고, 앞으로도 다시 태어나지 않을 유일한 존재입니다. 단 하나뿐인 존재라는 사실이야말로, 인간이 얼마나 귀한지를 말해줍니다.

세상에서 귀하다고 여기는 것들의 공통점은 '흔하지 않다'는 점입니다. 희귀성은 곧 가치입니다. 하지만 공기, 햇볕, 물처럼 가장 흔하면서도 가장 귀한 것들도 존재합니다. 공기가 만약 30분만 사라진다면, 인간과 동물은 지구상에서 거의 사라질 것입니다. 태양이 잠시라도 사라진다면, 바다 속까지 얼어붙는다고 합니다. 인간도 마찬가지입니다. 가장 흔하지만, 가장 귀한 존재입니다. 그럼에도 불구하고 사람들은 인간의 가치를 동일하다고 생각하지 않습니다. 지위에 따라, 소유에 따라, 배움의 정도에 따라 사람의 가치를 나누려고 합니다. 주인과 노예, 회장과 종업원, 직장인과 노숙자, 대통령과 농부. 이들은 위치가 다를 뿐, 가치는 다르지 않습니다. 찢어졌어도 검은 테이프로 붙였어도 5만 원권은 변하지 않습니다. 왜냐하면 5만 원이라는 이름이 붙여졌기 때문입니다. 부처님도 예수님도 사람으로 태어난 모든 사람은 똑같은 가치를 지닌다고 한결같이 말씀하셨습니다. 우리는 찢어진 돈도 가치를 인정하면서, 왜 자기 자신은 인정하지 않습니까? 왜 스스로를 비하하며 살아갑니까? 그건 바로, 자기 자신의 귀함을 모르기 때문입니다. 명품 옷을 입었다고 명품 인간이 되는 것도 아니고, 남루한 옷을 입었다고 천해지는 것도 아닙니다. 지위와 능력이 인간의 귀천을 나타낸다고 착각하기에, 우리는 자신을 사랑하지 못하고, 타인과 끝없는 비교 속에 자꾸만 자신을 초라하게 만듭니다. 하지만 사람은 진흙탕 속을 뒹굴어도, 신이 주신 존엄성만은 훼손되지 않습니다. '사람'이라는 이름처럼 귀한 명칭은 지구상에 없습니다. 나폴레옹이든 칭기즈칸이든, 그들이 '사람'이 아니었다면 단지 싸움을 잘하는 짐승이거나 괴물일 뿐입니다. 키가 작아서 못생겨서 다른 사람들에게 사랑받지 못할까 봐 고민하십니까? 타인은 전혀 신경 쓸 것 없습니다. 사람들이 타인을 신경 쓸 만큼 한가하지 않습니다. 다른 사람이 나를 지켜보고 사랑해 줄 이유도 없고 관심도 없습니다. 잘나고 잘나가면 시기하고 질투할 뿐입니다. 그런데 왜 타인의 시선을 의식하고 인정받고 싶어 할까요? 인정받아야 자신이 귀한 존재라고 생각하기 때문에 타인이 좋은 평가를 해주기를 갈구하는 것입니다. 사람이기에 가치가 생기는 것입니다. 내가 아무리 부족해도, 내가 사람이기에 나는 만물 중 가장 귀한 존재입니다.

자신을 사랑해야 하는 이유는, 우리가 사람이기 때문입니다. 돈이 구겨져도 그 가치는 변하지 않듯이, 내가 못생겼다고 느끼면 그 못생긴 그대로, 키가 작으면 작은 그대로, 배우지 못하고 가진 것이 없어도 그 자체로 자신을 받아들이고 사랑해야 합니다. 인간의 가치는 외적인 조건으로 조금도 줄어들지 않습니다. 그런데 왜 사람들은 사랑받지 못할까 봐 고민할까요? 사실 타인이 나를 사랑해 줄 이유도, 존경해 줄 이유도 없습니다. 그런데 우리는 왜 그렇게 타인의 인정을 갈망할까요? 타인의 인정을 받아야만 자신이 귀한 존재라고 느끼기 때문입니다. 그래서 누군가가 나를 좋게 평가해 주기를 갈구하는 것입니다.

저는 가난한 집에서 태어났습니다. 하지만 저희 어머님은 저를 지극히 사랑해 주셨고 귀하게 여겨주셨습니다. 어린 나이에 고향을 떠나 객지에서 생활하면서, 저는 깨달았습니다. 어머니처럼 나를 진심으로 사랑해 주고 귀하게 여겨주는 사람은 이 세상에 아무도 없다는 사실을요. 겉으로는 나를 위해주는 것처럼 보여도, 결국은 나를 더 부려 먹고 더 이용하려는 사람들뿐이었습니다. 이 세상에서 나를 진심으로 사랑해 줄 사람은 오직 나 자신뿐이라는 것도 깨달았습니다. 저는 하나밖에 없는 소중한 존재입니다. 그리고 나를 사랑해 줄 사람 역시 나 자신밖에 없습니다. 그 사실을 깨닫고 나니, 나 자신을 사랑하지 않을 수 없었습니다. 내가 나를 사랑하게 되니까, 다른 사람이 나를 평가하는 것도, 비난하거나 욕하는 것도, 전혀 신경 쓰이지 않게 되었습니다. 부모가 자식이 능력이 있어서 잘나서 부모님과 자식을 사랑합니까? 아닙니다. 부모이기 때문에 자식이기 때문에 사랑하듯이 바로 나이기 때문에 나를 사랑해야 합니다. 자신을 바라보지 않고 타인을 바라보고 비교하고 있기에 자신을 사랑할 수 없는 것입니다. 자존감이 사라지고 자신이 초라하게 느껴지는 것은 늘 비교하기 때문입니다. 저는 제 자신을 누구보다 잘 압니다. 우선 그 흔한 고등학교도 못 나왔고, 키도 작고, 가진 것도 없습니다. 하지만 저는 한 번도 그것들을 의식하며 살지 않았습니다. 다른 사람들이 저를 향해 "못한다", "실패했다", "못생겼다", "못 배웠다"는 말을 직접적으로 한 적도 없습니다. 저라는 사람이 굳이 평가할 만큼의 대상이 되지 않았을 수도 있지만, 저 역시 남의 시선을 의식하지 않고 살아왔습니다. 왜냐하면 저는 제가 이 세상에 단 하나뿐인 귀한 존재라는 것을 알고 있었기 때문입니다. 세상에 단 한 대뿐인 자동차만 있어도 사람들이 부러워하며 어깨를 으쓱할 텐데, 내가 바로 그 하나뿐인 존재라는 사실을 아는데, 이보다 더한 자존감이 어디 있겠습니까? 스스로가 세상에 유일한 존재라고 믿는다면, 누구와도 비교하지 않습니다. 비교할 대상이 없기 때문입니다. 여러분 보시기에 제가 보잘것없는 사람이라 느껴지실 수도 있겠습니다. 그러나 제가 죽고 나면 저 같은 사람은 다시는 볼 수 없습니다. 저는 태어나기 전에도 이 세상에 없었고, 죽은 뒤에도 이 세상에 다시 없을 귀한 존재입니다.

자신을 제대로 바라본다면 자신을 사랑할 수 있습니다. 부모가 자식을 사랑하는 이유가 그 아이가 잘나고 똑똑해서입니까? 아닙니다. 부모니까, 자식이니까 사랑하는 겁니다. 마찬가지로, 내가 나이기 때문에 나를 사랑해야 합니다. 그런데 우리는 자꾸 자신은 들여다보지 않고, 남과 비교하고 타인을 바라보다 보니 자기 자신을 미워하게 되는 것입니다. 자존감이 떨어지고 자신이 초라하게 느껴지는 이유도 늘 비교하면서 살기 때문입니다. 저도 한때는 성공, 부와 명예, 사랑과 존경, 권력 같은 것들이 행복의 열쇠라고 믿었습니다. 하지만 다행히도, 그런 것들이 진짜 행복을 주는 것이 아니라는 걸 저는 꽤 어린 나이에 깨달았습니다. 많이 가지고, 많이 배우고, 높은 자리에 오른다고 해서 마음이 편해지는 것도, 행복해지는 것도 아니었습니다. 소금 많이 먹은 놈이 물

컨다고 했습니다. 많이 가질수록, 더 많이 가지고 싶고, 더 올라갈수록 더 높이 올라가고 싶은 게 사람 마음입니다. 욕심이라는 건 바닷물 같아서, 마시면 마실수록 속이 더 탑니다. 욕망에는 적당히가 없고, 사람은 결국 그 무거운 욕망을 가슴에 안고 죽습니다. 욕망을 내려놓아야 마음이 편해지고, 마음이 편해야 행복합니다. 자신을 사랑하는 것, 그것이 행복의 시작입니다. 자신을 사랑하지 못하는 사람은 누구에게도 사랑받지 못하고, 결국엔 행복해질 수도 없습니다. 행복의 시작은 나를 사랑하는 것이고, 불행의 시작은 나를 미워하기 시작하는 것입니다. 저희 어머니는 늘 그러셨습니다. "사람은 제 잘난 맛에 사는 거다. 남이 잘난 척해도 놔두고, 너도 네 잘난 맛에 살아라." 아마도 어머니는 제가 못 배우고, 가진 것도 없으니 이 험한 세상에서 기죽지 말고 살라고 하신 말씀이었겠지요. 지금 생각해 보면, 참 좋은 가르침이었습니다.

세상에 있는 모든 것은 이름이 있습니다. 사람도 마찬가지입니다. 자신을 못났다고 이름 짓는 사람은 스스로 못난 사람이고, 잘났다고 이름 짓는 사람은 잘난 사람이 되는 것입니다. 이왕이면 다홍치마라고, 그냥 나는 잘났다, 멋지다, 귀하다, 나는 나를 사랑한다고 하십시오. 사람들은 매일 아침 거울 앞에 서서 외모는 다듬으면서도, 정작 자신의 내면을 들여다보는 시간은 하루에 얼마나 될까요? 거울을 보며 독백하듯이 세 가지만 말해보세요. 내가 정말 예쁘구나! 멋지구나! 부족함이 없는 얼굴이구나! 부모가 형제가 들어도 미쳤다고 할지 모르지만, 자신에게 미쳐 사는 것이 가장 행복한 것입니다.

IMF 외환위기 때, 미국발 금융위기 때, 그리고 코로나 같은 큰 풍파가 닥쳤을 때, 많은 이들이 외부 환경의 변화에 휘청였습니다. 하지만 세상이 끝난 것처럼 보이는 그 와중에도 흔들리지 않는 사람들이 있었습니다. 내면의 힘이 단단한 사람들은 그런 위기 속에서도 주변 사람들의 나침판이 되었고, 위기 속에서도 새로운 기회를 만들어 냈습니다.

자신을 사랑한다는 것, 그것은 결코 이기적인 일이 아닙니다. 오히려 가장 이타적인 행동이 될 수 있습니다. 왜냐고요? 자신을 깊이 이해하고 사랑하는 사람만이 타인을 진심으로 사랑할 수 있고, 이해할 수 있기 때문입니다.

    기도라는 것도 마찬가지입니다. 기도는 거창한 의식이 아니고, 자신의 욕망을 채우기 위한 것도 아닙니다. 그저 잠시 눈을 감고, 내 안의 소리에 귀 기울이는 시간입니다. 내 양심이 하는 말, 내 욕망이 하는 말, 내 무지가 속삭이는 소리, 그리고 나의 모든 것을 지켜보는 신과 나누는 대화입니다. 자기가 원하는 것을 신께 고하는 것이 기도가 아닙니다. 예수님의 제자들이 기도는 어떻게 하는지 물었습니다. 예수님께서 가르쳐주신 기도문을 짧게 소개하겠습니다. "우리에게 일용할 양식을 주옵시고, 우리가 우리에게 죄 지은 자를 사하여 준 것같이 우리 죄를 사하여 주옵시고" 예수님은 차고 넘치게 가지려는 욕망을 버리고 날마다 꼭 필요한 만큼의 양식. 즉, 절제를 말씀하시며, 신에게 용서를 구하려면 먼저 형제를 용서하라고 하십니다. 거두고 싶다면 심어야 하듯, 받고 싶다면 먼저 주어야 합니다. 일용할 양식이 아니라 창고에 차고 넘치게 쌓아놓을 만큼 구하고, 용서는 안 하고 용서받기를 원하면 욕심쟁이입니다. 내가 세상에 무엇을 줄 수 있는지 고민하는 기도가 되어야 합니다. 그런 기도를 신은 목마르게 원하실 것입니다. 그러나 인간들의 욕망은 끝이 없어서 항상 달라고 애원합니다. 교회 가서 기도를 들어보면, 하나님은 능치 못하실 일이 없으니 사업 잘되게, 자녀 공부 잘하게, 건강하게, 가정이 화목하게 해달라고 수십 가지를 달라고 기도합니다. 절이나 성당 교회를 가 봐도 욕망의 기도뿐입니다. 다 자기들이 할 수 있는 일이고, 자기들이 해야 하는 일입니다. 짐승보다 좋은 머리, 손과 발은 장식품으로 주신 걸까요? 머리 쓰고, 눈으로 보고, 귀로 듣고, 손발 쓰면서 열심히 일하여 먹고살라고 주신 것 아닐까요? 자신들은 하지 않고, 달라고만 합니다. 성경 말씀에는 죽을 때까지 땀을 흘려야 먹고 산다고 하셨습니다. 입에 거미줄 안 치고 먹고살려면 죽으라고 일해야 하고, 건강하려면 운동하고, 아프면 병원 가고, 돈 벌고 싶으면 열심히 일해야 합니다. 열심히 일은 안 하고 부자 되게 해달라고 기도하지 말고, 일터로 나가야 합니다. 기독교든 불교든, 신을 믿는 모든 사람들이 오직 자신만을 위한 기도를 한다면, 신께서 그 기도를 신이 들어주실까요? 신은 인간의 욕망을 채워주려고 존재하지 않습니다. 신의 소리를 듣고 싶다면, 신의 뜻을 위하여, 신께서 원하시는 기도를 할 때 신의 소리를 들을 수 있습니다. 신은 복채를 주고 자신의 문제를 해결 받는 대상이 아닙니다. 신은 절대로 인간과 거래하지 않습니다. 자신의 욕망은 자기 노력으로 채울 수 있습니다. 욕망을 채우며 자신의 미래를 알고 문제를 해결하고 싶다면, 차라리 무당에게 가서 복채를 두둑하게 주고 하소연하는 것이 나을 것입니다. 신은 인간이 좋아하는 어떤 것도 다 필요 없답니다. 그래서 천국 갈 때, 극락 갈 때, 인간들이 좋아하는 돈도, 명예도, 권력도, 몸뚱이마저도 다 필요 없으니 땅에 놔두고 영혼만 가는 것입니다.

아무리 바쁘더라도 가끔은 자신을 돌아보며 성찰하는 시간을 가져야 합니다. 어떤 격식을 갖추거나 별다른 준비를 할 것도 없습니다. 조용히 앉아 고요히 눈을 감고 자신에게 질문해 보십시오. 나는 무엇을 위해서 살고 있는가? 내가 정말 하고 싶은 것이 무엇인가? 내가 올바르게 살고 있는가? 이렇게 살다가 죽어도 좋은가? 혼자 있을 때 스마트폰만 들여다보지 말고, 자신과 대화를 해보면 좋습니다. 날마다 할 수 없다면, 한 달에 한 번이라도, 단 10분 만이라도 자신을 들여다보는 시간을 가지시기 바랍니다. 그렇게 마음이 고요해지기 시작하면, 조금씩 자신이 보이기 시작할 것입니다. 저는 시골에 살아서 이른 새벽에 일어나면 가끔 하늘에 별을 보면서 나 자신과 대화를 합니다. '내가 이렇게 살다 죽어도 되는가?' '그럼 어떻게 살아? 나이도 있는데 더 할 수가 없잖아?' 이런 대화를 하기도 하고, 실없는 상상을 하기도 합니다. 철학이라는 것은 특별한 사람만 하는 게 아닙니다. 이런 자신과의 대화, 이런 생각이 철학적 사고이며 철학의 출발입니다.

짐승은 고민하지 않지만, 인간은 날마다 고민해야 합니다. 고민해야 문제가 해결됩니다. 신의 영역이 있고, 인간이 해야 할 일이 따로 있습니다. 사람이 해야만 하는 일은 천일기도를 드려도 신이 주시지 않습니다. 건

축을 하다 보면, 수도와 전기는 정부에서 포장된 공용도로까지만 연결해줍니다. 자기 땅 안쪽부터는 자신이 돈을 들여서 연결해야 합니다. 이것이 이치입니다.

많은 사람들이 SNS에 매달려 살아갑니다. 타인의 삶을 들여다보고 부러워하며, 남들이 눌러주는 '좋아요(like)' 숫자로 자존감을 측정합니다. 이는 마치 사막의 신기루와 같습니다. 나를 찾기 위해서는 그 스마트폰 화면에서 눈을 떼고, 자신의 내면을 들여다보아야 합니다. 나 자신을 사랑하는 방법은 사실 매우 간단합니다.

외부로 향한 시선을 내면으로 돌려,
나 자신을 바라보고 관찰하는 것입니다.
자신을 사랑하는 첫걸음은
자기 자신을 이해하는 데서 시작됩니다.

신께 일이 잘되게 해달라고 기도하지 말고, 나를 사랑하게 해달라고 기도해 보십시오. 일기를 쓰며 자신의 감정과 생각을 기록하거나, 명상은 마음을 차분하게 하고, 내면의 목소리를 들을 수 있는 강력한 도구가 될 수 있습니다. 그 어떤 것도 집중이 안 된다면, 일단 밖으로 나가서 걸으십시오. 1천 보, 5천 보, 1만 보 일단 걸어보십시오. 걷다 보면 잡다한 생각들이 씻겨 내려갑니다. 한 달만 꾸준히 걸어보십시오. 없던 활력이 생기고 자존감이 살아나는 것을 느끼게 됩니다. 다른 것들에 관심과 집중을 쏟는 것을 멈추고, 이제 그 관심과 집중을 자기 자신에게 쏟아야 합니다. 자신을 사랑하는 것을 너무 어렵게 생각하지 마십시오. 오늘 밤, 잠들기 5분 정도만 시간을 내어, 그날 있었던 일들을 조용히 떠올리며 자신의 감정과 반응을 돌아보는 것입니다. 책을 읽거나, 그저 밖에 나가 동네 한 바퀴를 걷는 것입니다. 운동에 돈 들일 것 없습니다. 아무 생각 없이 걷기만 해도 됩니다.

2019년에 발생한 코로나19 팬데믹은 저에게는 오히려 축복의 시간이었습니다. 외부 활동이 제한되면서 오랜만에 자신과 깊이 마주할 수 있었습니다. 그동안 살면서 생각만 해오고 실행하지 못했던 것들을 차근차근 해보았습니다. 그 시간은 나를 더 확실히 알게 해주었고, 내가 진정으로 하고 싶은 것이 무엇인지 깨닫게 해준 귀한 시간이었습니다. 이제는 외부의 기준을 따라가며 자신을 평가하는 것을 멈추어야 합니다. 타인의 평가에 고귀한 나를 맡기지 마십시오. 자신을 내어놓으면, 세상은 평가하고 폄하고 비평합니다. 타인이 좋아하고 인정한다고 해서, 내 마음까지 편안하고 행복하지는 않습니다. 결국, 성공도 사랑도 행복도 내가 진심으로 원하고 선택한 것이어야만 내 행복이 됩니다. 자신을 사랑하기 위한 노력, 바로 그것이 행복의 시작입니다.

28

어떻게 살아야 하는가

◆ 기뻐하는 마음은 삶을 살맛 나게 하고,
감사는 우리를 겸손하게 하며,
기도는 포기하지 않게 하고
신과 가까워지게 만들어 줍니다.

누구든지 '어떻게 살아야 하는가?'라는 고민은 한 번쯤 해보았을 것입니다. 이제는 의식주를 해결하지 못해 걱정하는 시대는 아닌 것 같습니다. 오늘날 우리의 화두는 '어떤 가치관을 가지고, 어떻게 살아야 하는가? 어떻게 살아야 행복할까?' 하는 것입니다.

짐승은 아무리 사냥을 잘하고, 힘이 세고, 원숭이처럼 나무를 잘 오르내리는 재주를 가졌어도 사람이 될 수 없습니다. 그러나 인간은 언제든지 개처럼 살 수도 있고, 하이에나 박쥐, 사자, 하마 같은 짐승처럼 살 수도 있습니다. 왜냐하면 인간은 그가 하는 말과 행동에 따라 이름이 지어지기 때문입니다. 사람은 누구나 부모가 잘

되라고, 착하고 멋지게 살라고 지어준 이름이 하나 있습니다. 그리고 또 하나의 이름은, 자신이 세상을 살면서 다른 사람들이 붙여준 이름입니다. 이것을 이미지라고도 하고, 평판이라고도 합니다. 친구들 사이에서도 '짠돌이'라고 불리는 사람도 있고, '화끈하다.', '신사다.', '사람 좋다.'라는 평을 듣는 사람도 있습니다. 반면에 '인간성이 더럽다.', '지저분한 놈이다.'라는 소리를 듣는 사람도 있습니다. 특히 우리나라 사람들은 욕을 참 찰지게도 잘합니다. 흔히 쓰는 욕 가운데 개새끼와 숫자 10, 그리고 18이라는 숫자는 아주 인기 종목입니다. 이런 말을 듣고 살아가는 사람들이 정치, 경제, 종교, 사회 어느 위치를 막론하고 도처에 널려 있습니다. 저 역시 내가 개가 되어 사는지, 10이 되었는지, 18로 승진했는지 모르겠습니다. 그런 말을 듣는 사람이 많은 이유는, 사람들 사이의 기대치가 너무 높거나, 실제로 그렇게 살고 있기 때문일 것입니다. 사람답게 살지 못하고 있다는 뜻이기도 합니다. 자신의 목표만을 생각하고 앞만 보고 달리기 때문입니다. 부자가 되겠다는 사람은 돈만 생각합니다. 정치인은 어떻게 하면 권력을 잡을까? 공천을 받을까? 어떻

417

게 하면 많은 표를 얻어서 당선이 될까? 오직 당선만 생각합니다.

학생은 공부 잘하면 되고, 가수는 노래 잘하면 되고, 배우는 연기 잘하면 되고, 목사는 설교 잘하면 되고, 정치인은 정치 잘하면 되고, 검사는 빠짐없이 잘 잡아넣고, 판사는 정확하게 판결하면 되고, 농부는 농사만 잘 지으면 된다고 합니다. 그래서 부모들은 자식들에게 무조건 공부만 잘하면 된다고 가르칩니다. 그렇게들 배워서 노래 잘하고 연기 잘하고 공부 잘해서 성직자가 되고, 정치인·경제인이 되어 사회 각계각층으로 진출한 것입니다. 그런데 우리가 곰곰이 생각해 봅시다. 그렇게 노력해서 사회의 여러 자리에 올라간 사람들이 왜 입에 담지도 못할 욕을 먹고, 감옥까지 가는 일이 생기는 것일까요? 그중에서도 정치 쪽은 특히 더 심각합니다. 어찌어찌 줄만 잘 서고, 시대 흐름이 뒤틀려 기형적으로 국회의원이 되고, 대통령이 된 사람들이 많습니다. 다른 분야는 그나마 노래를 잘하거나 공부를 잘해서, 실력으로 판·검사나 의사, 가수가 되었다면, 정치인들은 뚜렷하게 잘한 것도 없고, 과거에 비서관이나 동네에서 건들건들하며 돈을 벌던 사람들이거나, 감옥을 드나들던 이들도 많습니다. 저는 정치에 관심이 별로 없습니다만, 국회의원들이 국회에서 말하는 것을 보면, 제가 일하던 건설 현장보다 더 거칠고 더 저질스러운 막말들을 아무렇지도 않게 쏟아냅니다. 그래도 전혀 부끄러워하지 않습니다. 저의 부친께서 예전에 읍내를 함께 가셨을 때의 일입니다. 동네 청년들이 서로 말로 다투는 것을 보시더니, "쟤들은 부모가 없는 애들이구나" 하고 말씀하셨습니다. "아버지, 부모가 있는지 없는지를 어떻게 아세요?" 하고 여쭈었더니, "부모가 있으면 저런 짓은 안 한다." 하셨습니다. 왜 이런 현상이 이 나라에 생겨날까요? 성공하겠다는 목적만 생각하고, 앞만 보고 달려가기 때문입니다. 지하철에 앉을 자리가 하나 나면 눈치 빠른 사람이 가서 앉아 버립니다. 옆에 누가 있는지 전혀 상관하지 않습니다. 자리에 앉는 것이 전부입니다. 하지만 그것은 짐승이나 하는 짓입니다. 사람이라면, 옆에 나보다 더 연약한 사람이 있는지 한번 훑어보고, 그런 분이 계시면 기꺼이 양보해야 합니다. 선거철이 되면 후보자들이 길거리에 나와 지지자들과 함께 폴더폰처럼 허리를 굽혀 인사를 하며 표를 구걸하듯이 다닙니다. 저는 평생 노동자로 살아왔지만, 저렇게까지 해서 국회의원이 되어야 하나, 그런 생각이 듭니다. 국회의원 자리가 얼마나 좋고 힘이 있고 권력이 있으면 저렇게까지 할까, 싶습니다. 저는 줄반장 한 번 해본 적이 없어서 권력의 맛이 어떤지 알 수는 없지만, 아무튼 거시기합니다. 먹을 것에는 파리가 꼬이고, 꽃에는 벌과 나비가 날아들듯이, 아마도 그 자리는 먹을 것이 많은가 봅니다. 사람은 권력으로 사는가, 돈으로 사는가, 도대체 무엇으로 살아야 하는가. 어떻게 살아야 하는가. 정의가 무엇이고, 불의가 무엇인지조차 분간하기 어려운 혼란과 혼돈의 시대를 살아가는 우리는, 지금이라도 깊이 자신을 돌아보며 내가 무엇을 위해 살아가는 사람인지 성찰해 보아야 합니다.

러시아가 낳은 세계적인 대문호 레프 톨스토이는 1885년에 『사람은 무엇으로 사는가』라는 단편소설을 발표했습니다. 사람은 무엇으로 사는가? 이 짧은 작품은 인간의 본성과 본질, 도덕적 삶에 대한 깊은 성찰을 이끌어내는 유명한 작품입니다. 이야기는 가난한 구두장이 시몬과 그의 부인 마트료나, 그리고 신의 뜻을 거역한 죄로 인간 세상에 떨어진 천사 미하일의 이야기를 다룹니다. 미하일은 세상에서 다음과 같은 세 가지 질문에 대한 답을 찾기 위해 인간의 삶을 경험합니다. 사람 마음속에는 무엇이 있는가? 사람에게 주어지지 않은 것은 무엇인가? 사람은 무엇으로 사는가? 시몬은 미하일과 짧은 동거를 통해 인간 존재의 핵심은 사랑과 자비라는 사실을 깨닫고, 자신의 이기적인 삶에서 벗어나 진정한 사람으로 거듭나기 위해 결심합니다. 그러면서 사람은 자기 힘만으로 살 수 없고 하나님의 사랑으로 서로 아끼고 도와주는 마음이 있어야 살아갈 수 있다는 것을 깨달아갑니다. 톨스토이는 이 작품을 통해 '부자는 많이 가진 사람이 아니라 많이 베푸는 사람이다. 진정한 소유는 우리가 다른 사람에게 주는 사랑과 친절의 양으로 결정된다.'라는 메시지를 우리에게 던집니다. 우리가 자신을 아낌없이 내어줄 때, 우리는 물질로는 얻을 수 없는 풍요와 성취감을 얻게 됩니다. 사람은 세 부류로 나뉩니다. 받기만 하는 사람, 주고받을 줄 아는 사람, 그리고 주기만 하는 사람. 받기만 하는 사람은 주는 기쁨을 알지 못하고, 주고받는 사람은 그 기쁨을 알고, 주기만 하는 사람은 받는 기쁨을 모릅니다. 음지에서만 살아본 사람은 양지를 모르고, 양지에서만 살아본 사람은 음지를 모릅니다. 지금 이 세상은 무엇이 선이고 무엇이 악인지조차 분간하기 어려운, 혼돈과 혼란의 시대입니다. 이럴 때일수록 『사람은 무엇으로 사는가』라는 책을 한 번쯤 읽어보면 좋겠다는 생각을 해봅니다. 오직 목표만 바라보고 브레이크 없이 내달리는 우리에게, 이 책이 삶을 돌아보게 해주는 좋은 참고서가 되지 않을까 싶습니다.

자신이 그토록 바라던 목표를 이루었다고 해도, 사람들이 "사람이 아니라 개", "18"이라고 부른다면 그게 무슨 소용이 있겠습니까? 다 아는 이야기지만, 사람은 죽으면 빈손으로 가지만 이름은 남깁니다. 높은 명성을 얻은 사람이 죽을 때, "멍멍이 새끼", "18 같은 인간"이라는 말을 듣는다면, 그 명성과 명예가 도대체 무슨 의미가 있겠습니까? 진심으로 연민과 사랑으로 국민을 바라보는 정치인이 없기 때문에, 국민들 사이에서는 "차라리 국회의원이나 대통령도 AI가 뽑는 게 낫겠다"라는 말까지 나옵니다.

어떻게 해야 성공할 수 있을까를 고민하는 사람은 많지만, 어떻게 살아야 사람의 도리와 존엄성을 지키며 품격있게 바르게 살아갈 수 있을지를 고민하는 사람은 드뭅니다. 요즘은 각 분야에서 두드러진 성과로 인류의 발전에 기여한 인물들이 많습니다. 경제인, 정치인, 예술가, 종교인, 과학자 중에는 위대한 공헌을 한 분들도 있습니다. 하지만 그렇다고 해서 그들이 "사람 참 좋다.", "인격적이다."라는 평가를 받는 것은 아닙니다. 성공한 것과 사람이 좋다는 것은 별개의 문제라는 걸 우리는 너무도 자주 목격합니다. 자신의 유익을 위해서라면 그 높은 자리, 그 엄청난 명성과 권력을 가진 사람들이 먹을 것에 모여드는 파리 떼처럼 이리저리 몰려다니는 모습을 보며, 국민은 절망감을 느낍니다. 그런 모습을 볼 때마다 오래전에 돌아가신 아버지의 말씀이 떠오릅니다. 아버지께서는 늘 말씀하셨습니다. "사람이 사람 노릇하고 산다는 게 쉬운 게 아니다. 정신 똑바로 차리고 살아야지, 그래야 겨우 사람으로 살 수 있는 거다. 요즘은 말세라 그런지, 사람 노릇도 못 하고 사는 사람들이 너무 많다." 요즘 들어 아버지 말씀의 깊이가 새삼 와닿습니다. 우리나라 사람은 뒤끝이 장난 아니라는 것을 기억하고 살아야 합니다. 해방되고 80년이 넘었지만 지금도 친일파 후손이라고 잊지 않고 비난과 비판을 합니다. 그렇게 비판하는 사람들이 자신들은 친일파보다 더 지독한 악행을 저지르는 사람들이 많습니다. 우리는 너무도 성공에 목말라 있으며, 성공만 하면 모든 것이 다 용서된다는 착각 속에 살아가고 있는 건 아닌지 돌아보게 됩니다. 짐승은 배가 고프면 아무거나 잡아먹고, 아무 데서나 배설해도 누구 하나 뭐라 하지 않습니다. 부끄러움이 없습니다. 하지만 사람은 다릅니다. 그 다름 때문에 사람인 것입니다.

이 시대엔 성공한 사람이 너무 많습니다. 똑똑하고, 잘생기고, 노래 잘하고, 각 분야에서 능력 있는 사람들이 넘쳐납니다. 저는 유튜브를 보다 보면 감사한 마음이 듭니다. '저렇게 뛰어난 사람들이 많고, 저마다 탁월

한 재능이 있는데, 이렇다 할 재주도 없는 내가 이렇게 살아가고 있다는 것 자체가 감사한 일이다.' 예전 같으면 제 나이쯤이면 죽었거나 병들어 누워 있었을 나이입니다. 그런데도 이렇게 건강하게 살고 있습니다. 저뿐만이 아니라, 저보다 더 나이 많은 분들이 100킬로미터 마라톤을 완주하는 걸 보면 놀랍기만 합니다. 이런 삶은 시대를 잘 만난 덕분이고, 좋은 나라에 태어난 은혜입니다. 제가 만약 20년만 더 일찍 태어났다면, 더 큰 고생을 하며 살았을지도 모릅니다. 타고난 재능도 없고, 능력도 없지만, 그래도 하루 세끼 밥을 먹고 이렇게 살아갈 수 있으니 시대를 잘 만난 은혜입니다. 또 생각해 보면, 제가 만약 20년 더 늦게 태어났다면, 더 복잡한 AI 시대에 살아야 하니 얼마나 고달팠을까 싶기도 합니다. 지금 나이가 일흔이 넘은 것이, 어쩌면 복 중의 복이라는 생각이 듭니다.

어느 날 일을 하는데 같이 일하던 한 젊은이가 물었습니다.

"아저씨. 한 가지 물어봐도 돼요?"

"물어보려면 쉬운 것을 물어봐라."

"아주 쉬운 겁니다. 아저씨는 20대로 돌아간다면 뭐 하며 살고 싶어요?"

"아니. 난 안 돌아가. 내가 지금 20대면, 그럼 또 고생하라고?"

"왜 그렇게 생각하세요?"

"생각해 보면 내가 잘하는 것이 노동밖에 없는데, 노동자로 돌아가고 싶지 않다."

"다른 것 하시면 되지 않습니까?"

"내가 20대로 돌아간다고 해도 이보다 더 나은 삶을 살지 못할 것 같기 때문이다. 인생 한번 산 것으로 족하다."

사람에게 다시 한번 기회를 주면 새롭게 살 수 있을 것 같지만, 제 경험으로는 그렇게 되지 않습니다. 젊은이는 제가 이해가 되지 않는지 다시 말했습니다.

"하지만 다시 20대로 돌아간다면 더 멋지게 살 수도

있지 않을까요?"

"너 학교에서 시험을 보고 나면 '다음에는 더 열심히 공부해서 좋은 성적 받아야지.' 이렇게 생각했을 것이다. 그런데 그렇게 됐냐? 많은 사람이 법정에서 재판을 받는다. 판사는 묵직한 말로 다시 한번 기회를 주겠다고 감형하고 약식으로 처벌하거나, 구속하지 않고 벌금형에 처하기도 한다. 그러나 그렇게 다시 기회를 받은 사람들이 거의 재범을 저지른다고 한다. 사람이 과거로 돌아갈 수도 없지만 만약에 그런 기회를 준다고 하여도 나는 절대 돌아가지 않을 것이다."

"그렇게 생각하니 그런 것 같습니다."

젊은이도 이렇게 수긍하였습니다. 저에게 또 다시 인생이 주어진다면, 단호하게 거절할 것입니다. 못 배웠다, 못 가졌다, 못생겼다며 학연·지연이 없다는 이유만으로도 충분한 대가를 치르면서 고달픈 삶을 살아왔기 때문입니다. 한 번으로 인생이 쓰다는 것, 충분히 경험한 것으로 족합니다. 이대로 살다가 가는 것이 제일 좋다고 생각합니다. 저는 험한 세상을 살면서 인간 존엄성과 인격의 가치를 침해당하기도 했습니다. 그럴 때마다 거칠게 항의하고, 도전하면서 거칠게 살아왔습니다. 내가 인간으로서 신께서 부여하신 존엄성을 스스로 지키기 위해서 노력하며 살았습니다. 많이 부족하지만, 나만의 정체성, 인격을 훼손하지 않고 사람으로 살기 위해서 노력하며 살았습니다. 아버지 말씀처럼, 개처럼 살지 않고 개 같은 인간이라는 말을 듣지 않으려고 많은 노력을 했습니다. 사람답게 살아보려는 노력이 결코 쉽지 않았지만, 저는 그것을 지키려고 지금도 노력하고 있습니다.

사람답게 살기가 무척 어려운 세상입니다. 때로는 저처럼 돈도 인맥도 없는 사람이 자신의 정체성과 주권과 권리를 지키며 산다는 것이 얼마나 어려운지 당해보지 않은 사람은 알지 못합니다. 못 배웠다는 것만으로, 학연이 없다는 것만으로, 가지지 못했다는 것만으로 차별받고 무시당하고 인간을 비참하게 만듭니다. 자신이라는 존재가 얼마나 가치 있고 존귀한지 알지 못하면, 사람은 비참하게 됩니다. 자신이 천하보다 귀한 사람이라는 것을 알고 살면, 공권력이든 돈이든 명예든 높은 지위를 가진 어떤 사람에게도 절대로 굴복하지 않고 비겁하게 살지 않습니다. '너희는 천하보다 귀하다'고 하신 예수님의 가르침은, 내가 지금까지 살아온 내 삶의 가치이자 오늘을 살아가는 최고 목적입니다. 인간은 자신의 눈을 통해서 만물을 보기 때문에, 자신의 눈이 잘못되어 있으면 세상도 이상하게 보이는 것입니다.

부처님의 가르침 중에 어렴풋이 생각나는 말씀이 있습니다. "이것이 있으니 저것이 있고, 저것이 사라지니 이 또한 사라진다."라는 말씀입니다. 밥을 먹을 사람이 없으면 식당이 필요 없고, 술 마시는 사람이 없어지면 술도 자연스레 사라집니다. 학생이 없으면 선생님도, 학교도 사라지고, 믿는 신도가 없으면 종교도 사라지는 것입니다. 세상 모든 것이 연결되어 있다는 말씀입니다. 세상에는 홀로 존재하는 것이 없습니다. 소크라테스는 "너희가 자녀들에게 원하는 만큼만 부모에게 하라."고 말했습니다. 저는 이 말씀이 맞다고 생각합니다. 그래서 저는 자식에게 효도 받을 생각은 전혀 하지 않습니다. 저도 부모님께 효도는 못 했지만, 부모님께 어떤 원망도 하지 않고 감사한 마음을 잊지 않고 살고 있습니다. 부모님께서는 큰 사랑으로 저를 키워주셨습니다. 가난한 현실이었지만 그 속에서 더할 나위 없이 최선을 다해주셨습니다. 어떤 부모님이든 최선을 다하긴 마찬가지입니다만, 누구보다 성실하고 근면하셨습니다. 제가 맨손으로 시작해서 자수성가하며 이렇게 살아올 수 있었던 것은, 부모님께 배운 성실함과 근면함 덕분입니다.

사람이라면 누구나 '어떻게 살아야 하는지', '죽으면 어디로 가는지', '미래는 어떤지'를 고민하게 되어 있습니다. 이런 답을 얻기 위해 인간은 종교를 찾기도 하고, 역술인을 찾기도 합니다. 그러나 저는 성경 속에서 답을 찾았습니다. 성경 말씀에 "항상 기뻐하라. 쉬지 말고 기도하라. 범사에 감사하라." 하셨습니다. 이는 그리스도 안에서 인간을 향한 하나님의 뜻이라고 말씀하셨습니다. 하나님께서 인간에게 엄청난 것을 원하신 게 아닙니다. 그냥 항상 기뻐하고, 쉬지 말고 기도하고, 모든 것에 감사하면서 살기를 원하신 것입니다. '헌금 많이 해라, 복 많이 줄게.' 이런 말씀은 하신 적 없습니다. 신이 바보가 아닌 이상, 작은 돈 받고 큰 복을 주겠습니까? 그런 계산은 사람한테도 안 통하는데 신께 통하겠습니까? 신은 돈과 복을 가지고 인간과 거래하지 않습니다. '지옥 가니 꼭 믿어라.'하고 인간을 지옥으로 위협하는 폭력적인 하나님도 아닙니다. 헌금은 교회를 유지하기 위한 것이지, 하나님이 가져가는 게 아닙니다. 교인들이 하나님의 은혜에 감사해서 헌금을 드려도, 그 돈은 인간이 씁니다. 하나님께서 가져가시는 게 아닙니다. 헌금을 많이 해야 축복받고 천국 간다는 말은, 신의 이름으로 협박하는 것처럼 느껴지기도 합니다. 예수님께서 먼저 탄생하시고, 말씀이 있었고, 그 뒤에 교회가 생겼습니다. 교회가 먼저 있었던 것이 아닙니다. 말씀을 실천하는 것이 신앙이지, 교회를 크게 짓는 것이 목적이 되어선 안 됩니다. 편안하게 예배드리고, 편리하려고 온갖 편의시설을 넣는 것은 사람들을 위한 것이지, 신과는 아무런 관계가 없습니다. 큰 교회를 지으면 목회에 성공했다고 착각해서 짓는 것인지도 모를 일이지만, 그렇게 호화스럽고 큰 교회를 하나님께서 진정 원하시는지는 모르겠습니다. '네 이웃을 네 몸처럼 사랑하라' 하신 말씀을 실천하며 산다면, 층간소음 때문에 다투고 살인을 하겠습니까? 예수를 믿는 사람이 많아지면 사랑도 많아져야 하는데, 사랑하는 사람이 늘어나지 않습니다. 교인이 늘어나도 말씀대로 살지 않기 때문에, 세상은 지금도 사랑이 메말라 삭막한 것입니다. 멋지게 사는 것도 좋고, 부자로 사는 것도 좋고, 성공해서 사는 것도 좋지만, 사람이라는 것을 잊으면 인간 같지 않습니다. 자신이 하나님의 뜻대로 살고 있는지를 확인하려면 이 세 가지를 대입해 보면 됩니다. 항상 기뻐하며 살고 있는가? 쉬지 않고 기도하고 있는가? 모든 것에 감사하며 살고 있는가? 하나님의 뜻대로 사는 사람들은 환경 탓, 부모 탓, 세상 탓, 자신이 못났다고 한탄하지 않습니다. 하나님을 믿는 사람은 항상 기뻐하고, 쉬지 말고 기도하며, 자신에게 닥쳐오는 모든 일에 낙심하지 말고 감사하며 살아야 합니다. 이백만 원 손해를 봤다면, 삼백만 원 손해 안 간 것을 감사하는 것이 진짜 감사하며 사는 것입니다.

어떤 목사님이 말씀하시길, 자기 교회 장로님 아들이 5살에 심장마비로 죽었다고 합니다. 그 장로님은 결혼한 지 17년 만에, 47세에 얻은 아들을 금이야 옥이야 키웠다고 합니다. 그런데 갑작스러운 죽음 앞에 병원으로 달려가니, 장례를 치르러 온 목사님은 무슨 말로 위로해야 할지 몰라 잠시 밖에서 숨을 돌리고 영안실로 들어갔다고 합니다. 그런데 장로님 부부가 아들 영정 앞에서 기도하고 있기에 조용히 뒤에 서 있었더니, 기도하는 소리가 들려왔다고 합니다. "하나님, 진심으로 감사합니다. 부족한 저희 부부에게 이렇게 멋진 아들을 5년 동안이나 키우며 함께 기뻐할 수 있는 시간을 주셔서 감사합니다." 이 기도 소리를 들은 목사님은 자신이 목사지만 절대 그런 감사 기도를 하지 못했을 것 같아 부끄러웠다고 고백했습니다.

> **감사는 정말 자신이 괴롭고 힘든 상황에서
> 감사할 줄 아는 사람만이 할 수 있는 것입니다.
> 감사는 축복받았다는 것을
> 아는 사람만이 할 수 있는 행위입니다.**

'범사에 감사하라'는 말씀은 모든 일에 감사할 수

있음을 말합니다. 내 기준에서 좋은 일, 나쁜 일을 구분해서 감사하는 것은 감사가 아닙니다. 내게 유리하면 감사하고, 불리할 때 감사하지 않는 건 감사가 아닙니다. 돌아보면 인간은 빈손으로 왔습니다. 빈손으로 왔는데, 빈손으로라도 살아만 있으면 손해 본 것이 없는 셈입니다. 살아 있다면 뭐든지 하면 됩니다. 하루 노동판에서 일하면 세금도 없이 15만 원은 받습니다. 감사할 줄 모르는 사람은 진심으로 불행한 사람입니다. '모든 것은 내가 노력해서 이루어낸 것이고, 내가 잘나서 된 것'이라고 생각하니 감사할 게 없는 것입니다. 그러나 조금만 깊이 생각해 보면, 일할 수 있는 것도 일이 있어야 가능하고, 차를 타고 스마트폰을 쓰는 것도 그걸 만든 사람들이 있어서 가능한 것입니다. 이 정도면 충분히 감사할 이유가 됩니다.

살면서 주변에 항상 기뻐하며 웃는 분들을 몇이나 보셨습니까? 기쁘게 사는 사람들보다, 경제가 어렵고 못 살겠다고 말하는 사람들이 훨씬 많습니다. 지금까지 우리가 살아오면서, 언제 경제가 넉넉하고 풍요로웠던 시절이 있었습니까? 항상 어렵고 힘들다는 말을 입에 달고 살았습니다. 그런데도 세계 무역 10위권 국가라는 통계는 또 어떻게 설명해야 할까요? 예전이 좋았다는 말도 많이 합니다. 정말 그랬을까요? 제가 초등학교 다닐 때 담임선생님께서 말씀하셨습니다. "미국은 한 집에 자동차가 한 대씩 있고, 일본은 자전거가 한 대씩 있고, 우리나라는 지게가 네 개씩 있다." 자전거는 이해했지만, 자동차가 한 집에 한 대씩 있다는 말은 도무지 이해할 수 없었습니다.

  제가 살던 면 소재지에는 면사무소, 파출소, 우체국, 막걸리 도가집, 학교까지 다 합쳐도 자전거가 열 대도 안 됐습니다. 그런데 지금은 제가 사는 조그만 농촌 마을에서도 집마다 트럭 한 대, 승용차 한 대는 기본입니다. 어쩌다 우리나라가 이렇게 잘살게 됐는지, 저는 이해가 되지 않아서 그냥 감사할 뿐입니다. 경제가 어렵다는 말도, 힘들다는 생각도 저는 하지 않습니다. 열아홉 살에 맨손으로 서울에 올라와 자수성가해서 지금은 시골에서 잘 살아갑니다. 그때나 지금이나, 노동이라는 건 힘들고 고된 일입니다. 그러나 저는 한 번도 힘들다고 생각하지 않았습니다. 일을 해야 먹고 사니 일할 수 있다는 건 복이고, 일이 있다는 것은 참 감사한 일입니다. 주는 대로, 시키는 대로, 일할 수 있어서 저는 늘 감사했습니다. 일이 복이고 행복입니다. 일이 꿈을 이루게 해줍니다. 젊은 이들이 여행을 가기 위해 편의점에서 아르바이트를 한다면, 그 일을 주신 점주께 감사한 마음으로 일해야 합니다. 그 일 덕분에 여행이라는 꿈을 이루게 되는 것이니 더욱 즐거운 마음으로 해야 합니다. 이런 마음으로 몇 년만 살아보십시오. 어느새 자신도 모르게 주인이 되어 있을 것입니다.

잘나가던 사람들이 무너지는 것을 보면 참 안타깝습니다. 왜 무너질까요? 인건비 아끼려고 직원 줄이고, 질 낮은 자재를 쓰기 때문에 망하는 것입니다. 잘나갈 때 더 잘하려고 노력해야 하고, 더 조심해야 합니다. 어려울 때는 관심도 없다가, 잘나가면 경쟁사들이 시기하고 질투하는 법입니다. 문제가 안 생기려면 질 좋은 상품을 변함없이 만들어야 합니다. 그래야 소비자의 사랑을 끝까지 받을 수 있습니다. 창업할 때 가졌던 절박한 마음을 잊지 않으면 실수도 줄어듭니다. 이런 사람은 혹여 한 번 망한다고 하더라도 다시 시작해서 결국 성공합니다. 왜 환경 탓만 합니까? 환경도 결국 자기 자신이 만든 것입니다. 돈 못 벌게 누가 방해했습니까? 타인에게 사랑받지 못하는 자신을 누가 만들었습니까? 무시당하는 자신을 누가 만들었습니까? 돈 못 벌게, 공부 못 하게, 성공하지 못하게, 사랑받지 못하게 쫓아다니면서 막는 사람 없었습니다. 현재 내 모습은 내가 만든 것입니다. 이 사실을 인정해야, 자신이 무엇을 해야 하는지를 알게 됩니다. 돈이 부족한 건지, 실력이 부족한 건지, 무엇을 해야 하고 무엇을 하고 싶은지를 비로소 알게 됩니다. 변명하고, 원인을 자꾸 외부에서 찾으면 평생 지금 모습 그대로 살게 됩니다. 변명하지 말고, 자신을 자세히 들여다보십시오. 그러면 자신의 모든 것이 보일 것입니다.

나의 욕망이라는 관점에서 타인과 비교하니 비참해지는 것입니다. 아이들이 돈이 많아서, 배운 것이 많아서 웃는 게 아닙니다. 뭔가를 성취하고, 어딘가에서 인정을 받아 기뻐서 웃는 것도 아닙니다. 아이들은 지금에 집중해서 삽니다. 먹을 때는 먹는 게 좋아서 웃고, 놀 때는 노는 게 좋아서 웃고, 잘 때는 자는 게 좋아서 웃습니다. 기쁨은 성취나 환경이 만들어주는 게 아니라 마음가짐에서 오는 것입니다. 기쁨은 선택입니다. 어려운 상황 속에서도 좋은 쪽, 밝은 쪽을 보려고 애쓰는 것. 그게 바로 진짜 기쁨을 찾는 길입니다. 오늘 하루, 아주 사소한 기쁨부터 찾아보십시오. 따뜻한 햇살, 맛있는 커피 한 잔, 스쳐 지나가는 친구의 미소, 그런 것이 삶을 기쁘게 만드는 힘입니다.

사람 사는 게 돈이 전부라면 수백억, 수십조를 가진 CEO나 연예인들은 왜 스스로 목숨을 끊습니까? 그렇게 많은 재산과 명예와 권력을 갖고도 왜 죽음을 택하는 사람들이 끊임없이 나오는 걸까요? 그건 가진 것보다 가지지 못한 것에만 자꾸 초점을 맞추기 때문입니다. 인간은 자신을 스스로 포기할 권리가 없습니다. 자연사할 때까지 살다가 죽어야 합니다. 오늘 하루 감사할 것부터 찾아보십시오. 아침에 눈 떠 살아 있음에 감사하고, 사랑하는 이들이 곁에 있음에 감사하고, 일거리가 있음에도 감사해야 합니다. 우리가 평소에는 당연하다고 여겼던 것들이 사실은 얼마나 큰 축복이었는지, 어느 날 문득 깨닫게 되는 날이 올 것입니다. 내가 지금 가진 것을 당연하게 여기지 마십시오. 거저 생긴 것은 없습니다. 그냥 주어진 것도 없습니다. 우리는 살아가며 몰랐을 뿐, 누구나 끝이 있습니다. 아침에 눈을 뜨고 하루를 시작할 수 있다면 그것보다 더 큰 기적이 어디 있겠습니까? 스스로 목숨을 끊지 않아도 때가 되면 갑니다. 굳이 일부러 먼저 갈 필요는 없습니다.

> **기뻐하는 마음은 삶을 살맛 나게 하고,
> 감사는 우리를 겸손하게 하며,
> 기도는 포기하지 않게 하고
> 신과 가까워지게 만들어 줍니다.
> 이 모든 것이 인간을 행복하게 하는 힘입니다.**

인생이라는 긴 여정 속에서 우리를 지탱해 줄 힘

은 단 하나, '항상 기뻐하고, 쉬지 말고 기도하며, 모든 일에 감사하는 삶'입니다. 이 세 가지를 붙들고 살면, 감사와 기쁨이 곧 기도가 되고, 마음이 편안해지고 행복이 저절로 따라옵니다. 제가 직접 살아서 경험해 본 것이니 틀림없이 그렇게 됩니다.

29

인격의 부재, 성공의 무덤

◆ 약자를 살피고, 정직하게 살아가며,
상대방을 존중하고, 실수를 인정하고,
겸손하게 살고자 애쓰는 것이
바로 인격을 갖추고 산다는 것 아닐까요?

싸움이 벌어질 때 흔히 나오는 말이 있습니다. "너 몇 살이야?" 예전에는 이 말만 들어도 상대방이 깜짝 놀라며 "죄송합니다." 하고 물러섰습니다. 그런데 요즘은 전혀 다릅니다. "많이도 잡수셨네. 왜 그리 많이 드셨나?" 이렇게 되받아치는 시대가 되어버렸습니다. 이제는 나이로 상대를 제압하거나 이해받을 수 있는 시대가 아닌 것입니다. 왜 예전에는 나이라는 말에 다들 수긍하고 물러섰을까요? 아마도 그때는 나이에 걸맞게 행동하는 사람들이 많았고, 집에서도 학교에서도 '효'와 '예절'에 대한 교육을 제대로 받았기 때문일 것입니다. 나잇값을 한다는 것이 말처럼 쉬운 일이 아닙니다. 나이가 들수록 성숙해져야 하고, 더 지혜로워져야 하며, 말과 행동이 깊어져야 합니다. 그렇지 못하면 욕을 먹고, 꼰대 소리를 듣게 되는 것입니다. 벼가 익을수록 고개를 숙인다는 말이 있듯, 나이를 먹을수록 더 겸손해지고, 배려할 줄 알고, 양보할 줄 알아야 사람 구실을 한다는 소리를 들을 수 있습니다. 사회가 마련한 배려를 당연한 권리처럼 요구하면, 지저분해 보이고 추하게 보일 수밖에 없습니다. 예를 하나 들어봅시다. 전철 안에서 한 젊은이가 앉아서 가고 있습니다. 그런데 옆에 선 어른이 말합니다. "어이, 젊은 사람이 늙은 사람에게 자리를 양보해야지. 나는 늙어서 힘도 없고, 살날도 얼마 안 남았네." 이렇게 말하면, 젊은이는 이렇게 말할지도 모릅니다. "어르신은 그동안 많이 타고 다니셨으니 이제 우리한테 양보하셔야죠. 오늘 하루 종일 서 있었더니 너무 힘들어요. 제가 앉아서 가겠습니다." 하지만 반대로, 앉아 있던 젊은이가 어르신에게 자리를 양보할 때 "고맙긴 한데 말일세, 나는 오늘 아무 일도 안 해서 피곤하지 않다네. 젊은이는 하루 종일 일했을 테니 자네가 앉아서 가게." 이런 어른이라면 얼마나 좋을까요? 나이를 먹는다고 해서 누구나 지혜로워지는 건 아닙니다. 성경에 나오는 솔로몬처럼 위대한 지혜를 가질 수는 없어도, 남을 배려할 줄 아는 지혜는 누구에게나 가능한 일입니다. 대단해 보이지 않을지라도 그런 작고 사소한 배려가 세상을 아름답고 따뜻하게 만듭니다. 배려할 줄 아는 사람은 어디서든 잔잔한 미소를 짓게 하고, 자연스레 존중받으며, 이 험한 세상 속에서도 살맛 나는 하루하루를 조금씩 만들어갑니다. 예전에 할머니들은 어린아이가 넘어져 손에 흙이 묻은 채로 울고 있을 때, 가지고 있던 손수건이나 걸치고 있던 옷으로 주저 없이 닦아주셨습니다. 이런 모습이 바로 인격이고, 배려이며, 참된 어른의 모습이 아닐까요? 요즘 세상은 이런 따뜻한 배려들이 점점 사라지면서, 삭막해지고 있습니다.

인격은 기다릴 줄 압니다. 제가 1990년에 미국에 갔을 때, 헬스장에서 러닝머신을 타려고 보니 러닝머신마다 사람들이 전부 뛰고 있었습니다. 그래서 그냥 뒤에 서서 순서를 기다리고 있었더니, 함께 간 후배가 다가와 말했습니다. "형님, 이렇게 뒤에 서 계시면 뛰고 있는 사람들이 신경 쓰이니 멀찍이서 기다리셔야 합니다." 그 말을 듣고 저는 조용히 뒤로 물러났습니다. 그런데 속으로는 '뒤에 줄도 못 서나?' 하고 의아했습니다. 그 후 한국에 돌아와 헬스장에서 러닝머신을 열심히 뛰고 있는데, 제 뒤에 누군가 서 있는 것을 보게 됐습니다. 그 순간, 미국에서 후배가 했던 말이 떠올랐습니다. 뒤에서 사람이 기다리고 있으니, 제가 뛰고 싶은 만큼 뛰지 못하고 저도 모르게 빨리 내려오게 되었습니다. 뒤에서 누가 기다리고 있다고 생각하니 무척 부담스러웠던 것입니다. 그때 깨달았습니다. 지식이 부족하고 지혜가 없는 사람들은 기다릴 줄을 모른다는 말을요. 인격과 지혜가 부족한 사람들은 어려운 일을 풀어내지 못할 때, 먼저 화부터 냅니다. 얽힌 실타래를 풀 때는 인내가 필요한데, 인내심이 없는 사람들은 답답하다고 가위로 잘라버립니다. 순간은 시원할지 몰라도, 잘라버린 짧은 실로는 아무것도 할 수 없고 결국 버려야 합니다. 하지만 지혜로운 사람은 서두르지 않습니다. 늦더라도 조용히, 천천히 풀어서 실을 감아놓고 다음에 쓸 수 있도록 해둡니다. 이런 것이야말로 사람이 갖추어야 할 인격이 아닐까요? 인생이라는 것은 급하게 한다고 되는 것이 아닙니다. 무리 없이, 순리대로 살아가는 것입니다.

젊은 사람들이 어른이 오면 당연히 양보해 주어야 하고, 노인들은 당연히 받아야 한다는 생각 자체가 오히려 자신과 세상을 힘들게 한다고 생각합니다. 나이 먹은 사람들이 젊은이에게 자리를 양보받아야 할 아무런 법적 근거는 없습니다. 단지 나이를 먹었다는 사실이 그렇게 대단한 일도 아닙니다. 저는 아직 누구에게 자리를 양보받아 앉아본 적이 없고, 제 짐을 들어달라고 부탁한 적도 없습니다. 얼마 전 서울역에서 내릴 때였습니다. 나이 지긋한 외국인 여성이 무거운 짐을 힘겹게 열차에서 내리고 있기에 제가 대신 들어서 역 안까지 가져다드렸습니다. 그분은 저를 향해 고맙다는 말을 수십 번이나 하셨습니다. 태어나서 누군가에게 그렇게 많은 감사 인사를 받아본 건 처음이었습니다. 전혀 의도한 건 아니었지만, 기분이 얼마나 좋던지 그 기분이 며칠이고 저를 즐겁게 했습니다.

예수님께서는 사랑하라고 하셨습니다. 그런데 자

식을 사랑하는 것은 당연한 일입니다. 나와 아무런 관계도 없는 이웃을 사랑하는 것이 진정한 사랑이라고 하셨습니다. 부모에게 물려받은 것도 없고, 배운 것도 없고, 특별한 능력도 없는데 이렇게 살아가고 있다는 것이 저로서는 기적 같고 감사할 뿐입니다. 제가 잘해서 이렇게 사는 것이 아니라, 수시로 이웃에게, 그리고 나라의 혜택을 본 덕분입니다. 요즘 뉴스만 봐도 딴 세상 이야기 같습니다. 부모가 똑똑하고 많이 배웠으며, 힘도 있고 높은 자리에 있으니 법 규정도 잘 알고, 좋은 학교에서 좋은 친구들을 사귀었고, 그 안에서 좋은 기회를 서로 주고받습니다. 이들은 자녀를 더 좋은 곳, 더 편한 곳으로 밀어주고 당겨주며 살아갑니다. 이런 풍경을 우리는 지겹도록 보아왔습니다. 물론, 이들은 합법적으로 유익을 취했기 때문에 법적으로 뭐라 말할 수 없습니다. 하지만 만약 약자들을 조금만 더 배려해 주었더라면, 그렇게 많은 비난은 받지 않았을 것입니다. 좋은 제도가 있다는 것조차 모르는 부모 밑에서 자란 자녀들은 알지도 못하는 혜택을 받고 땀도 안 흘리고 앞서가는 사람들을 보고 무슨 생각을 하겠습니까? 저처럼 나이 든 사람들은 이제 와서 그저 그러려니 해서 괜찮지만, 젊은이들은 이런 현실을 보면서 깊은 허탈함을 느낄 수밖에 없습니다. 권력도 있는 대로 다 써버리면, 아무리 법대로 했다고 해도 결국 좋은 꼴을 못 봅니다. 국회의원들이 일등석을 타는 게 법적으로 가능하다고 해도, 매번 그렇게 탄다면 국민들의 눈초리를 피할 수 없습니다. 이코노미석 한 번 탄다고 몸이 부서지지는 않습니다. 국회의원이 되었다고 해서 몸이 약해지거나 귀해진 것도 아닌데, 그걸 법대로 타고 다녔다고 큰소리치니 욕을 먹는 것입니다. 이런 사람들이 국민을 위한다고 떠들고, 국정감사에서 큰 소리로 소리치니 국민들이 화가 나서 욕하는 겁니다. 부정부패를 저지르지 않았다고 자랑하는 사람도 있지만 그것은 잘한 것이 아니라 당연한 일이라 자랑할 일은 더더욱 아닙니다. 그런데 왜 정치인들의 부정부패가 계속해서 이어지고, 수사를 받는 일이 끊이지 않을까요? 자기편끼리는 덮어주다가, 결국 잘못이 드러나면 '정치 탄압'이라는 사드보다 우수한 무기로 방어합니다. 억울하고 오해받았다고 생각하면 응당 조사를 받아서 오해를 풀면 됩니다. 그런데 끝까지 아니라고 버티다가, 시간이 흐르고 힘이 떨어지면 결국 구속됩니다. 버티면 버틸수록 이미지에 타격이 커지고, 다시 일어서는 건 더욱 힘들어집니다. 힘이 있는 정치인들은 조사도 잘 받지 않고 감옥에 가면 금방 특사로 풀려나 버립니다. 정치인뿐 아니라 연예인, 기업인 등 유명한 인사들이 하루아침에 나락으로 떨어지는 모습을 우리는 수도 없이 봐왔습니다. 왜 이렇게 갑자기 공공의 적이 되어 수많은 사람에게 지탄의 대상이 되는 걸까요? 성공하고 유명해지는 만큼 겸손하지 못하고, 인격이 따라가지 못하기 때문입니다.

건물도 사람도 균형이 잘 잡혀야 합니다. 유명인이 되거나 공인이 되어 저 같은 사람들이 우러러보게 되면, 인격도 함께 우러러볼 수 있도록 같이 성장해야 합니다. 인기 연예인이 연기나 노래, 춤으로 박수를 받는다면, 그 박수를 받을 만큼 인격도 성숙해야 합니다. 농사를 지을 때도 요소비료만 주면, 곡식이 웃자라서 바람 한 번 불면 다 넘어져 버립니다. 인격은 사람의 뼈대와 같습니다. 인격이 성숙되지 않은 상태에서 유명해지면, 유명해질수록 그만큼 위험해집니다. 기초가 제대로 되지 않은 건물은 높이 올라갈수록 위험도도 같이 높아집니다. 정치를 하든 장사를 하든 겸손하게 해야 성공할 수 있고, 성공한 것을 오랫동안 유지하려면 겸손해야 합니다. 그렇지 못하면 결국에는 허무하게 끝나게 됩니다.

인격이라고 하는 것은 말과 행동으로 나타납니다. 평소에 "사장님, 여기 주문 좀 받으세요." 하던 사람이, 높은 자리에 앉으면 변합니다.

"야, 사장 어디 갔냐?"
"사장님 주방에 있습니다."
"나 왔다고, 사장 나오라고 전해. 어, 저기 나오네. 사장! 오늘 맛있는 거 뭐 있어?"

동네 강아지 부르듯 말하는 모습을 저는 실제로 많이 봤습니다. 그럴 때마다 저는 속으로 생각합니다. '저런 인간을 누가 찍었을까? 찍은 손가락 무좀 걸리겠다.' 자기 마음에 들지 않으면 막말하고, 거칠게 행동하고, 화를 주체하지 못합니다. 화를 주체하지 못한다는 건 곧 자신의 마음을 다루지 못한다는 뜻입니다. 자신의 분노와 화를 다루지 못하고 폭발하는 것은, 마치 화산이 터지거나 지진이 나는 것과 같습니다. 지진이 나면 땅이 갈라지고, 화산이 터지면 산 정상에 구멍이 뚫립니다. 지질의 형태가 바뀌고, 오랫동안 자연이 키운 나무, 식물, 동물까지 다 죽습니다. 화를 내고 분노를 폭발시키는 일은 결국 자기 자신을 파괴하는 일입니다. 왜 화를 내지 말아야 하느냐고요? 화를 내는 순간, 사람은 더 이상 사람이 아니라 짐승이 되는 것입니다. 화를 참지 못하는 사람은 자신뿐 아니라 타인에게도 큰 피해를 줍니다. 화산재가 멀리 있는 마을까지 덮치듯이, 그 분노는 주변 사람들에게까지 퍼집니다. 그러나 가장 큰 피해는, 결국 자신이 입는 것입니다. 이런 사람들은 국회에서도, 백화점에서도, 직장에서도, 가정에서도, 인간이 있는 곳에는 어디든지 있습니다. 자동차도 제대로 제어하지 못하면 편리한 문명의 이기가 아니라 살인 도구가 됩니다. 음주운전이 위험하다는 걸 알면서도 술을 마시는 사람들은, 결국 자기 욕망을 제어하지 못하는 것입니다. 욕망의 브레이크가 고장 난 것입니다. 자신의 분노와 화를 다루지 못하고 폭발하는 것은, 마치 화산이 터지거나 지진이 나는 것과 같습니다. 지진이 나면 땅이 갈라지고, 화산이 터지면 산 정상에 구멍이 뚫립니다. 지질의 형태가 바뀌고, 오랫동안 자연이 키운 나무, 식물, 동물까지 다 죽습니다. 화를 내고 분노를 폭발시키는 일은 결국 자기 자신을 파괴하는 일입니다. 왜 화를 내지 말아야 하느냐고요? 화를 내는 순간, 사람은 더 이상 사람이 아니라 짐승이 되는 것입니다. 화를 참지 못하는 사람은 자신뿐 아니라 타인에게도 큰 피해를 줍니다. 화산재가 멀리 있는 마을까지 덮치듯이, 그 분노는 주변 사람들에게까지 퍼집니다. 그러나 가장 큰 피해는, 결국 자신이 입는 것입니다. 이런 사람들은 국회에서도, 백화점에서도, 직장에서도, 가정에서도, 인간이 있는 곳에는 어디든지 있습니다.

인격 없는 성공은 모래성과 같습니다. 화려해 보일지 모르지만, 곧 무너져 내릴 운명입니다. 분노하는 사람들의 공통점은 인격의 부재입니다. 인격은 그 사람을 받쳐주는 주춧돌입니다. 실력 좋고, 보기에도 좋고, 듣기에도 좋지만, 결국 본질은 드러나기 마련입니다. 요즘은

AI에다 현란한 마케팅 기술까지 더해져 포장이 참 잘됩니다. 잠깐은 그렇게 성공 가도를 달릴지 몰라도, 끝까지 갈 수는 없습니다. 우리는 이미 그 사례를 너무나 잘 알고 있습니다. 국민 영웅으로 추앙받던 정치인들, 운동선수들, 가수들, 연기자들. 각자의 자리에서 빛나는 실력으로 사랑받았던 이들이 어떻게 무너졌는지를 우리는 똑똑히 목격했습니다. 사기, 도박, 폭력, 마약, 음주, 불법 행위. 그것들로 인해 그동안 쌓은 명성과 권력은 하루아침에 무너졌습니다. 그들은 정점에 있었지만, 인격은 그 높이를 따라가지 못했습니다. 결국 남은 것은 사람들의 분노와 법의 심판뿐이었습니다. 그 화려했던 이름들을 기억하는 이도 이제 드뭅니다. 해외로 도피해 사람들의 눈을 피해 숨어 사는 사람들도 많습니다. 시간이 흘러 잊힐 즈음 슬그머니 유튜브나 SNS로 복귀를 시도하지만, 국민들은 그들을 잊지 않았습니다. 국민 청원이 올라오고 복귀를 반대합니다. 실력이 부족해서 그런 게 아니고, 외모가 출중하지 않아서도 아니며, 열심히 하지 않아서도 아닙니다. 바로 인격이 따라주지 않았기 때문입니다. 화려한 겉모습 뒤에 숨겨진 추한 본질은 언젠가 반드시 드러납니다. 먼저 드러나느냐, 나중에 드러나느냐의 차이일 뿐입니다.

반대로 인격을 갖춘 이들의 성공은 단단하고 오래 갑니다. 주목받지 못하고 화려하지 않아도, 그들이 가진 강인한 의지와 도전 정신, 그리고 사람을 향한 배려와 겸손은 현장에서 함께 일하는 모든 사람에게 긍정적인 영향을 미치고, 세상에 변화를 만들어냅니다. 겉으로 드러나진 않아도, 이들이 주는 울림은 깊고도 묵직합니다. 이것이 진짜 무서운 힘입니다. 젊은 시절 고생만 하다가 뒤늦게 연기력을 인정받아 성공한 무명 배우들이 얼마나 많습니까? 수많은 실패를 거듭하면서도 포기하지 않고 묵묵히 자신만의 길을 걸어가다가, 결국 기회의 때를 만나 자신의 실력을 드러내는 사람들. 세상에 이런 사람들이 얼마나 많습니까? 누가 되었든, 결국 성공할 때가 되어서야 진짜가 드러납니다. 시작할 때의 그 마음이 끝까지 변하지 않고 지속되는 사람, 개구리가 올챙이 적 생각을 잊지 않는 사람만이 그 자리에 서게 됩니다. 처음 시작했을 때의 마음으로 끝까지 갈 수 있는 사람, 초심을 잃지 않고 버텨낸 인격은 반드시 어떤 지점에서 멋지게 드러나게 되어 있습니다. 세상은 사람들을 성공이라는 미끼로 유혹합니다. 하지만 성공은 목표가 아니라 결과일 뿐입니다.

**진정한 목표는 사람답게 사는 것,
사람다운 인격을 갖추는 데 있어야 합니다.**

왜냐하면 인격이 훌륭하게 갖추어져 있을 때, 비로소 그 성공이 오래가기 때문입니다. 인격은 하루아침에 만들어지지 않습니다. 그것은 시간과 노력, 인내 그리고 고난과 역경을 이겨내는 과정을 통해 형성되는 것입니다. 부모님들이 자식에게 가장 속상할 때 하시는 말씀이 있습니다. "너도 결혼해서 자식 낳아 키워봐라." 이 말 속에 인생의 답이 들어 있습니다. 사람은 겪어봐야 압니다. 직접 아이를 낳고 키우는 고통을 겪어봐야 비로소 부모의 마음을 조금이라도 이해하게 되는 것입니다. 자유롭게 살던 후배가 결혼하고 아이를 얻은 후, 첫돌이 지나면서 눈빛이 달라졌습니다. 직장에서 지친 몸을 이끌고 집으로 돌아와 밤새 우는 아이를 달래며 함께 키워가는 과정에서 부모님의 심정을 깨닫게 됐을지도 모릅니다. 그의 얼굴은 지친 모습이었지만, 그전에는 없던 깊은 울림이 느껴졌습니다.

잠시 멈추어 서서 하늘을 올려다보십시오. 우리의 능력은 어디에서 온 것일까요? 우리가 밟고 다니는 이 땅은, 우리가 태어나기 수억 년 전부터 존재해 있었습니다. 우리의 몸은 어디에서 왔습니까? 우리를 낳은 부모는 또 어디에서 왔습니까? 우리는 이미 주어진 것을 가지고 살아가는 것이지, 무(無)에서 무엇을 창조하는 존재가 아닙니다. 그 사실을 알게 되면 교만해질 수 없습니다.

인간은 고통을 겪지 않으면 진정한 인격이 형성되지 않습니다. 인생을 살아간다는 것은 우리에게 다양한 시련을 안겨주는 일입니다. 깨지고, 넘어지고, 밟혀보고 실패를 하며 얻은 경험들이 바로 우리를 단단하게, 사람답게 빚어줍니다. 내가 겪은 고통을 남들도 겪는다는 것을 알아야 합니다. 가슴 아픈 경험은 나를 더 현명하고 겸손하게 만듭니다. 돈의 가치와 노동의 의미, 인간관계의 소중함을 일깨워주고, 무엇이 진정으로 중요한 것인지 성찰하게 합니다. 넘어지고 다시 일어나는 그 과정 속에서 우리는 더 큰 용기와 포용력을 갖게 됩니다. 인고의 세월을 겪으면 겪을수록 인격은 다듬어집니다. 벼가 익을수록 고개를 숙인다는 말처럼, 고생하고 고통을 이겨낸 사람은 쉽게 흔들리지 않습니다. 반대로 험한 꼴 하나 보지 않은 사람들은 아주 작은 일에도 큰일 난 것처럼 난리를 칩니다. 작은 상처에 드러눕고 119를 부르는 격입니다. 어려움이 닥치면 세상이 끝난 것처럼 오열합니다. 어떤 이는 순탄한 길만 걸어왔을지도 모릅니다. 명문대에 입학하고, 사법고시에 합격하고, 엘리트의 길을 걸어온 사람들. 그런 사람들의 부모는, 남의 자식들을 은근히 무시하기 쉽습니다. 어린 나이부터 큰 부를 이룬 사람들 중 일부는 타인의 고통을 이해하지 못합니다. 고통을 모르니 공감도, 배려도 없습니다. 하지만 좌절을 겪어본 사람은 다릅니다. 그들은 남의 고통을 자신의 고통처럼 느낄 줄 압니다. 그래서 소통이 부드럽고, 무난합니다.

무명의 시간이 길었던 만큼, 타인이 보낸 무명의 시간에 박수를 보낼 줄 압니다. 자신이 아파봤기에, 다른 이도 아프리라는 것을 압니다.

> **인격이라고 하면 대단한 것 같지만,
> 사실 인격은 어디에서나
> 발휘될 수 있는 것입니다.
> 이성을 가지고 타인의 아픔과 즐거움을
> 내 일처럼 느끼며 소통하고,
> 사람으로서의 품격을 지키는 것입니다.**

이때 얻어지는 겸손함, 인내, 용기, 그리고 타인을 향한 연민은 당신이 무슨 일을 하든 결국 성공으로 이끄는 근간이 됩니다.

임마누엘 칸트는 인간이 이성을 지니고 도덕적 법칙을 따르는 데 인간의 본질이 있다고 했습니다. 그런 삶의 태도, 그런 성격을 그는 '이성'이라고 불렀습니다. 저는 그것을 인격이라고 생각합니다. 인격이란, 어떤 환경에서도 변함없이 발휘되는 말과 행동입니다. 도덕적 법칙에 따라 환경이 바뀌어도 흔들리지 않고, 유혹이 와도 초심을 잃지 않고, 늘 한결같은 태도로 말하고 행동하는 것이 바로 인격입니다. 반대로, 환경이 바뀔 때 도덕적 가치를 외면하고 자기 출세와 자기 이익에 따라서 움직이는 것은 비인격이라고 할 수 있습니다.

> 빠른 성공에 속지 마십시오.
> 요즘 세상은 빠른 성공이
> 마치 정답인 것처럼 보입니다.
> 때로는 인격을 지키며 살아가는 것이
> 손해처럼 보이기도 합니다.

부정한 방법으로 빠르게 성공하는 이들을 보며 유혹을 느낄 수도 있습니다. 그러나 반드시 기억해야 합니다. 그런 성공은 우리가 생각하는 것보다 훨씬 위험하고, 오래가지 못합니다. 인격을 갖춘 이들의 성공은 단단합니다. 그런 사람들은 위기가 닥쳐도 쉽게 무너지지 않습니다. 혹 무너진다 해도 낙심하지 않고 다시 일어섭니다. 왜일까요? 그들에게는 신뢰와 존경이라는, 인격으로 다져진 지지기반이 있기 때문입니다. 인격은 선택이 아니라 필수입니다. 왜냐고요? 우리는 지금, 모든 것이 실시간으로 공유되는 시대를 살고 있기 때문입니다. 당신이 수십 년에 걸쳐 쌓아 올린 부와 명예, 이미지도 단 한순간에 무너질 수 있습니다. 어디에서든 무슨 일이든, 사진 한 장, 영상 한 장면이면 끝장입니다. 본명, 주소, 출신 학교, 과거의 행적까지 줄줄이 드러납니다. 수십 년 전의 과거조차 낱낱이 드러나는 시대입니다. 지금 이 순간, 자신을 돌아보십시오. 내가 하는 행동은 과연 떳떳한가? 내 말과 행동은 일관성을 지니고 있는가? 아무도 보지 않을 때조차 나는 부끄럽지 않은 삶을 살고 있는가? 나는 타인을 존중하고 있는가? 가정과 사회에 대한 책임을 다하고 있는가? 나의 실수에 대해 진심으로 용서를 구할 용기가 있는가? 눈앞의 이득에 흔들리고 있지는 않은가?

약자를 살피고, 정직하게 살아가며, 상대방을 존중하고, 실수를 인정하고, 겸손하게 살고자 애쓰는 것이 바로 인격을 갖추고 산다는 것 아닐까요? 그렇게 살아간다면 어떤 일이 닥치더라도 결코 흔들리지 않을 것이며, 이웃들의 신뢰와 존중 또한 자연스레 따르게 될 것입니다. 결국 이 모든 것이 든든한 성공의 기반이 되어 줄 것이라는 사실은 자명합니다.

30

상대가 있어야 내가 있다

> 받은 친절이 있다면,
> 사랑이 있다면, 위로가 있다면,
> 그것이 아무리 작을지라도 베풀어야 합니다.

사람들은 자꾸 나누고 편 가르기를 하려는 성향이 있습니다. 나라, 이념, 종교, 철학, 학파, 고향, 학교, 가족, 그리고 나 이렇게 개별적인 존재로 나누고 따로 떼어 생각하려 듭니다. 그렇기에 타인이 잘되든 없어지든 상관없이, 자기만 잘되면 된다고 여깁니다.

제가 중학교에 다니던 무렵, 우리나라 국군이 월남에 파병되었을 때입니다. 그 시절엔 식량을 자급자족하지 못해 정부가 쌀에 잡곡을 섞어서 먹는 혼식과 분식을 장려하던 시기였습니다. 조회 시간, 교장 선생님께서 소련에 흉년이 들었다고 이야기하며 아주 잘된 일이라 말씀하셨습니다. 우리 학생들도 공산당 나라에 흉년이 들었다며 모두 손뼉을 쳤고, 교장 선생님도 흐뭇해하셨습니다. 그런데 얼마 지나지 않아 밀가루 값이 올라 수제비도 못 끓여 먹게 되었고, 짜장면 값도 덩달아 오르기 시작했습니다. 소련이 흉년이 들어 좋다고 생각했는데, 오히려 우리가 수제비 하나조차 마음껏 해 먹을 수 없는 형편이 되어버린 것입니다. 천리만리 떨어진, 보이지도 않는 나라의 일이 이렇게 우리의 삶에 직접 영향을 줄 줄은 어린 저는 미처 몰랐습니다.

젊은 시절, 경찰로 일하던 친구와 함께 식사를 하게 되었습니다. 그 친구는 봉급도 작은데 범죄자들이 많아서 밤새 잠복하고 철야하느라 집에도 못 들어간다고 신세타령을 늘어놓았습니다. 그래서 제가 말했습니다. "친구야, 나는 노동자라 날마다 일을 찾아야 한다. 일이 없으면 쉬어야 하니 일을 하면서도 일거리가 없을까 봐 고민한다. 너는 노동자인 나보다 백배 낫다. 일이 없어 놀 일은 없지 않냐? 만약에 도둑, 강도, 폭력, 사기꾼이 없으면 경찰이 필요하겠냐? 그런 사람들 잡으라고 경찰 봉급 주는 것 아닌가? 너 그 얼굴로 배우를 하겠냐, 가수를 하겠냐? 나처럼 노동을 하겠냐? 목수를 할 것이냐? 범죄자들이 너 밥벌이 해주는 거니, 고맙게 생각해라." 친구는 어이없다면서도, "말은 되네." 하며 웃었습니다.

몸이 천 근이면 눈은 만 근이라 했습니다. 눈이 아무리 중요하다 해도, 볼 것이 없다면 소용이 없습니다. 학생이 없다면 선생도 필요 없고, 환자가 없다면 의사도 필요 없습니다. 나 혼자 세상에 유일한 존재라면 1등도 없고 꼴등도 없습니다. 혼자 있으면 키가 크다 작다 말할 수도 없습니다. 내가 잘생겼다는 말도, 못생긴 사람이 있어야 나오는 것입니다. 세상은 혼자서 개별적 존재로 살아가는 것 같지만, 실상은 모두가 연결되어 있습니다. 나뭇잎 하나하나는 제각각 떨어질 수 있지만, 나무 밑동을 통째로 베어버리면 모든 잎이 함께 말라 죽습니다. 결국 나뭇잎은 나무에 붙어 있어야 살 수 있는 존재입니다.

제가 젊은 시절에 해외에 나간 적이 있습니다. 호텔에서 체크아웃 할 때 침대나 방을 쓴 그대로 어질러진 채 나왔습니다. 공항으로 가는 차 안에서 문득 이런 생각이 들었습니다. '청소하시는 분이 내가 한국 사람인 것을 알 텐데, 이 방을 보고 우리나라 후진국이라며 욕하지 않을까?' 그 후로 저는 지금까지 호텔에서 체크아웃 할 때 침대 이불을 나름대로 정리하고, 쓰레기 하나도 빠짐없이 휴지통에 넣고 정리하고 나옵니다. 나는 5천만 명 중 한 명입니다. 하지만 대한민국 국민으로 연결되어 있습니다. 저 한 명 때문에 '한국인은 다 더럽고 후진국 국민이다.'라는 소리를 들을 수도 있습니다. 개구리 한 마리가 연못 물을 흐리듯, 나 하나의 행동이 국민 전체를 욕먹일 수도 있는 것입니다. 반대로, 외국인이 '한국 사람들은 깔끔하다.'고 말한다면, 이유가 있을 것입니다. 어디 가서 쓰레기를 함부로 버리지 않고, 호텔방을 깨끗이 쓰거나 거리나 식당에서 깔끔하고 매너 있게 행동하시는 분들이 있기 때문일 것입니다.

    잘살고 못사는 것도, 죽이 되고 밥이 되는 것도, 만나고 이별하는 것도 모두 원인이 있습니다. 흥하고 망하는 일이 팔자라고 말하지만, 사실은 필연적인 원인과 결과가 있을 뿐입니다. 기독교를 '개독교'라 부르거나,

국회의원을 '국개의원'이라 부르는 말들이 괜히 생긴 것이 아닙니다. 어떤 이들은 잘했겠지만, 그 역할을 망쳐버리는 소수의 행동 때문에 전체가 무더기로 욕을 먹는 것입니다. 대한민국 국민은 어디에 있던 대한민국이라는 이름 아래 묶여 있고, 기독교인은 누구든 예수님의 이름으로 묶여 있습니다. 그 안에서 누군가 못된 행동을 하면 전체가 함께 비난받게 되는 것입니다.

사람은 올 때도 혼자, 갈 때도 혼자입니다. 이것은 피할 수 없는 인간의 운명이며 필연입니다. 하지만 살아있는 동안은 수많은 관계와 연결 속에서 존재합니다. 가족, 지연, 학연, 사회, 나라, 지구, 나아가 이 우주 속에서 우리는 알게 모르게 모두 연결되어 살아가고 있습니다. 내가 세상에 태어난 것도 단순한 일이 아닙니다. 아버지와 어머니가 만나야 제가 존재하고, 어머니 뒤에는 외할머니가, 그 위로 또 다른 인연이 이어집니다. 점점 거슬러 올라가 보면, 한 사람의 존재는 수많은 원인이 복잡하게 얽힌 결과입니다. 예를 들어, 내가 지나가던 뱀 한 마리를 죽이면, 그 뱀의 가족이 하나 없어지는 것이고, 죽은 뱀은 썩어 식물들에게 좋은 거름이 됩니다. 살아 있을 때는 전혀 쓸모가 없어 보이던 뱀이, 죽고 나면 식물들에게 양식이 되는 것입니다. 사소해 보이는 일도 다른 존재에 영향을 미치게 되어 있습니다. 그래서 나의 행동 하나, 말 한마디가 나와 이웃과 세상에 어떤 영향을 주는지 늘 생각해야 합니다. 예수님께서는 "네 이웃을 네 몸과 같이 사랑하라."고 말씀하셨습니다. 왜 자기 가족을 사랑하라고 하지 않으시고 이웃을 사랑하라고 하셨을까요? 사람은 본능적으로 자신과 가족을 사랑합니다. 사랑하지 말라고 해도 사랑하게 되어있습니다. 아마 예수님께서는 당연하게 사랑하는 가족 사랑을 넘어 더 넓은 차원의 사랑을 강조하신 것이 아닌가 합니다. 가족만 사랑하는 좁은 사랑을 뛰어넘어 민족이나 집단, 타인과 이웃, 의인과 악인까지 구분하지 말고, 모든 인간들을 사랑하라는 말씀일 것입니다. 사랑받기를 원한다면 먼저 이웃을 사랑해야 합니다. 주고 싶으면 먼저 줘야 하고, 인연을 맺고 싶으면 먼저 다가가야 합니다. 싸우고 싶다면 먼저 시비를 걸거나 때리면 싸움이 됩니다. 이 모든 것이 결국은 어떻게 연결되었느냐 하는 관계의 결과입니다.

우리는 누구와 연결되어 살아가는가에 따라 인생의 질이 달라집니다. 나무가 목수를 만나면 집이 될 수도 있고, 의자나 책상이 될 수도 있습니다. 그러나 나무꾼을 만나면 아무리 좋은 나무도 땔감으로 쓰이고 맙니다. 사람과 나무는 서로 다른 성질이지만, 누구를 만나느냐에 따라 전혀 다른 결과를 만들어냅니다. 본래 다른 존재였던 두 사물이 인연이 되어 새로운 무언가를 만들어내는 것, 그것이 좋은 인연입니다. 우리는 오래 사는 것 같지만, 따지고 보면 생일 케이크에 불을 붙이는 성냥처럼 한순간 반짝하고 사라지는 게 우리네 인생입니다. 어떤 인연은 서로 만나 행복을 만들다 가고, 어떤 인연은 만났어도 불행을 만들다 갑니다. 내가 누군가를 만났을 때 그 만남이 행복의 조건이 되면 행복이 만들어지고, 불행의 조건이 되면 불행이 따라옵니다. 각자는 저마다 태어났지만, 그것은 내가 태어날 수 있는 조건이 맞아떨어졌기 때문입니다. 조건이 맞지 않았다면 나는 이 세상에 존재하지 않았을 것입니다. 남자와 여자라는 서로 다른 존재가 인연을 맺어 인간을 낳지만, 인간은 자신의 본래 모습을 알지 못합니다. 제가 어머니, 아버지를 만나기 전의 모습을 알지 못합니다. 어머니 뱃속에서 열 달을 있었지만, 그 열 달 동안의 일을 저는 기억하지 못합니다. 다만 부모님이 결합하면서 조건이 맞아 생겨난 것일 뿐, 저라는 존재는 애초에 없던 것이었습니다.

    우리는 한 인간의 진정한 모습을 잘 보지 못합니다. 자신을 본다고 하지만, 사실은 나보다 타인과 사물을 훨씬 더 많이 바라보며 살아갑니다. 아침에 눈을 뜨는 순간부터 밤에 눈을 감기까지, 우리는 끊임없이 외부의 것을 보면서 정작 자신을 보지 못합니다. 그러니 자신이 누구인지, 무엇이 부족한지, 무엇을 하고 싶은지, 어떤 인간이 되고 싶은지를 모릅니다. 지금 우리가 살아가는 시대는 자신을 돌아보기 힘든 시대입니다. 현대인들은 대중교통 안에서도, 카페나 음식점에서도, 심지어 부부가 마주 앉아 식사하는 자리에서도 각자 휴대폰에 빠져 살아갑니다. 우리는 작은 기계 안에 펼쳐진 소셜 미디어를 통해 타인의 삶을 들여다보며 하루를 보냅니다. 그런데 그 안에서 우리가 마주하는 삶이 과연 진짜일까요? 아니면 필터를 거친 환상일까요? 불교의 연기론은 "모든 것은 조건에 의해 생겨난다."고 말합니다. 내가 보는 타인의 모습도 마찬가지입니다. 그저 하나의 결과일 뿐, 그 안에는 무수한 원인과 조건들이 얽혀 있습니다. 예를 들어 누군가의 냉담한 태도를 보면 우리는 곧장 '저 사람은 나를 싫어하나 보다.' 하고 단정 짓습니다. 그러나 그 사람의 행동 뒤에는 우리가 모르는 사정이 숨어 있을지도 모릅니다. 남편이 음식이 짜다고 짜증을 낸다면, 그건 음식 때문이 아니라 직장에서 권고사직 통보를 받았기 때문일 수 있습니다. 친한 친구가 갑자기 연락이 끊겼다면, 나를 무시해서가 아니라 어떤 개인적인 문제로 혼자 끙끙 앓고 있을지도 모릅니다. 우리는 모릅니다. 상대의 입장에 들어가 보기 전까지는 절대로 알 수 없습니다. 그렇기에 판단을 멈추고 있는 그대로 관찰해야 합니다. 타인의 모든 행동 뒤에는 반드시 보이지 않는 원인과 조건이 있습니다. 일상에서 작동하는 이 '연기의 원리'를 이해해야만 인간관계도 조금은 덜 힘들어집니다. 세상에는 눈에 보이는 것이 많지만, 보이지 않는 세계는 그보다 훨씬 더 많다는 사실을 잊지 마셔야 합니다. 겉으로 드러난 웃음 뒤에 음모가 숨겨져 있을 수 있고, 충성의 말 뒤에 반역의 칼날이 숨어 있을 수도 있습니다. 배신의 아픔을 겪는 사람들은 대개 한 사람만을 맹신하고, 자신에게 반대되는 조언을 하는 사람의 말을 듣지 않았던 경우가 많습니다. 사람은 누구나 좋은 말을 듣기 좋아합니다. 간신은 입에 꿀같이 달고 좋은 말을 많이 하지만, 충신은 바른말을 합니다. 간신의 말을 듣고 충신을 귀양보내 죽이고 나면 결국 왕은 간신에게 죽임을 당하게 되거나 나라를 망하게 만듭니다. 임금이 충신과 간신을 분별하지 못하면 나라를 잃고, 자리를 빼앗기는 것입니다. 지도자는 말보다 그 사람의 마음을 읽을 수 있어야 하고, 묵묵히 자기 일에 최선을 다하는 사람을 곁에 두어야 합니다. 말은 상대를 일시적으로 속일 수 있습니다. 하지만 그 사람의 말과 행동을 자세하게 살펴보면 그 마음속에 숨긴 음모가 보이게 마련입니다. 사기를 당하거나 배신을 당한 사람들을 보면 대부분 상대의 말과 행동을 그대로 믿어버린 경우가 많습니다. 하지만 한 번 생각해 보십시오. 누가 그렇게 큰돈과 값비싼 선물을 아무 조건 없이 주겠습니까? 신께서도 한방에 큰 것을 주시지는 않습니다.

30

신은 언제나 심은 만큼만 거두게 하시고, 땀 흘린 만큼만 주시는 분입니다. 그래서 땀은 정직하고 거짓이 없습니다. 사랑하는 사람 앞에서는 마음을 숨기기 어렵지만, 원수 앞에서는 칼도 총도 음모도 감쪽같이 숨기는 것이 인간입니다. 그렇기에 우리는 언제나 보이지 않는 세계를 생각하고, 상대의 마음을 보려고 애써야 합니다. 나에게 온 어떤 기회가 한방에 부자가 되게 해주겠다거나, 한방에 모든 문제를 해결해 주겠다는 식의 달콤한 말이라면, 그것이 낚싯밥은 아닌지 먼저 의심해 봐야 합니다. 낚싯밥 한 번 잘못 물면 자신은 물론, 가족과 조직, 회사 전체가 거덜 날 수도 있습니다. 무엇이든지 볼 때 좁은 창문으로만 보지 말고, 옥상에 올라가서 보듯 시야를 높이고 넓혀서 왜 이런 기회가 나에게 주어지는지를 냉정하게 이성적으로 따져봐야 합니다. 그러면 편견과 선입견에서 벗어나 자유로워지고, 더 깊고 넓은 세계로 나아갈 수 있습니다. 이는 단순히 타인을 더 잘 이해하는 데서 그치지 않고, 자신을 이해하는 데에도 큰 도움이 됩니다.

코로나19 팬데믹은 중국 우한에서 시작된 작은

바이러스가 전 세계를 뒤흔든 사건이었습니다. 외출이 금지되고, 마스크를 쓰고, 백신을 맞으며 모두가 고립과 공포를 견뎌야 했습니다. 예외는 없었습니다. 전 세계가 난리가 났습니다. 이 사건은 우리가 얼마나 긴밀하게 연결된 존재인지 극명하게 보여준 사건입니다. 바로 연기론의 실제 모습입니다. 극단적인 사례이지만 삶의 본질을 설명하기에 더없이 적확한 예시입니다.

제 아버지께서는 매우 강직하신 분이셨습니다. 어릴 적 우리가 밥을 조금이라도 남기면, 한 톨도 남기지 말라고 호통을 치셨습니다. 다 죽어가는 목소리로 배부르다고 하면 "배 터져 죽는 사람 없다." 하시며, 다 먹으라고 호통을 치셨습니다. 성인이 되어서 아버님께 물었습니다. "그때 왜 그렇게 독하게 말씀하셨어요?" 아버지께서는 말씀하시기를 "밥 한 톨이 밥상에 오르기까지 농부의 수고를 알기 때문이다. 소를 끌고 밭을 갈고, 거름 뿌리고, 씨 뿌리고, 괭이로 덮어야 한다. 보리는 가을에 싹이 트고 잔디만큼 올라오면 겨우내 눈 속에서 견뎌낸다. 봄이 오면 풀을 뽑아주고, 비료 주고, 여름에 비바람

맞고 자란다. 태풍이 오면 쓰러지기도 한다. 무더운 여름에 베어다가 타작해서 방앗간에 가 도정해온다. 보리에 거름 주는 비료도 그냥 얻어오는 것이 아니다. 밥상에 오기까지 엄청난 땀을 흘리고 수고하고 많은 과정을 거쳐서 보리와 쌀이 된 것이다. 네 어미가 씻고 닦고 솥에 넣고 불 지펴 밥을 짓는다. 그렇게 밥상에 올라오는 것이니 먹는 것을 귀하게 여기라는 말이다. 그 밥이 목숨이여. 그렇게 강하게 가르쳐야 밥 귀한 줄 아는 것이다." 그 말이 마음에 깊이 박혔습니다. 지금도 밥을 남기려고 하면 그 말씀이 떠올라 남은 밥을 억지로라도 꾸역꾸역 먹게 됩니다.

우리가 매일 마시는 커피를 생각해 보면 커피 한 잔 안에는 수많은 사람의 손길이 얽혀 있습니다. 농부, 수출과 수입업자, 운송하는 사람, 바리스타, 커피숍을 운영하는 사람까지. 보이지 않는 수많은 사람들이 연결되어 있습니다. 어떤 일을 하더라도 혼자서는 절대 할 수 없습니다. 절간에 들어가서 혼자 수행을 한다고 해도 절이 있어야 하고, 전기도, 밥하는 분들도 있어야지 절대 혼자서는 수행도 못 합니다. 옷은 입고 먹을 것은 먹어야지 벌거벗고 굶은 채 수행할 수는 없습니다. 그렇다면 나의 작은 행동 하나도 세상에 영향을 미칠까요? 물론입니다. 플라스틱을 덜 쓰겠다고 결심하는 순간, 생산량이 줄고 해양 오염이 줄어듭니다. 결국 지구 생태계 전체에 긍정적인 영향을 줍니다. 나 하나의 실천은 작지만, 그것은 지구의 변화를 만드는 출발점이 됩니다. 이 연기법처럼, 우리는 상대의 입장과 상황을 정확히 알 수 없습니다. 작은 생각 하나가 나의 행동과 반응을 바꾸고, 달라진 행동은 인간관계를 바꾸며, 결국 내 인생까지도 바꾸게 됩니다. 이러한 연결성을 이해하게 되면 삶은 훨씬 단순해집니다. 불필요한 오해와 섣부른 판단이 줄어들고, 내 행동에 대한 책임감을 가지게 됩니다. 내가 하는 모든 말과 행동이 나와 가족과 다른 사람들, 그리고 세상에 영향을 미친다는 사실을 알게 되기 때문입니다. 동시에 이것은 아주 강력한 힘이 됩니다. 아주 작은 노력 하나만으로도 세상을 변화시킬 수 있다는 희망을 갖게 되기 때문입니다.

인간의 삶은 단지 한 개인의 고립된 행위가 아닙니다. 우리는 수많은 관계와 경험 속에 살아가며, 이 모든 것들은 서로 밀접하게 연결되어 있습니다. 내가 만나는 모든 사람, 사용하는 모든 물건, 내가 하는 모든 행동이 결국 어떻게 세상과 얽혀 있는지를 생각해 보아야 합니다. 나의 존재는 수없이 많은 생명체의 일부이며, 존재하는 그 자체로 이미 세상에 영향을 주고 있습니다.

어떤 요리사는 이런 말을 했습니다. "진정한 요리사가 되려면, 음식의 원재료가 어디서 어떻게 생산되는지를 알아야 한다." 상추 하나를 대할 때도, 그것이 어떤 과정을 거쳐 내 손에까지 왔는지를 아는 사람은 대함이 다릅니다. 히말라야 꼭대기에서 자란 상추가 있다고 해봅시다. 원산지를 알면 상추를 이곳까지 공수 해온 사람들의 수고를 생각하게 됩니다. 그것을 씻고 자르고 손님 앞에 내어놓는 태도는 달라질 수밖에 없습니다. 어떻게 하면 이 재료의 본연의 맛을 온전히 살려낼 수 있을지, 정성껏 고민하게 됩니다. 손님 역시 그것을 대하는 마음이 달라질 것입니다. 우리의 삶도 마찬가지입니다. 자신을 천하게 대하면 삶은 점점 천해지고, 귀하게 대하면 삶은 귀해집니다. 나를 귀하게 대할 때, 나를 귀하게 여기는 사람들이 찾아오고, 내가 타인을 귀하게 대할 때, 귀한 사람들이 내 삶에 들어옵니다. 이 모든 것이 결국 연결되어 있기 때문입니다.

인간은 외로움과 고립을 두려워합니다. 그래서 누군가와 함께 있기를 갈망합니다. 그러나 철학자들이 말하는 '혼자 살아라.'는 말은 물리적으로 고립된 삶을 뜻하는 것이 아니라, 마음의 중심을 지키라는 뜻입니다. 연꽃이 귀한 이유는 진흙 속에서도 아름다운 꽃을 피우기 때문입니다. 연잎은 아무리 비가 와도 그 물을 머금지 않고 흘려보냅니다. 바람은 그물에 걸리지 않고 자신의 길을 갑니다. 인간도 마찬가지입니다. 세상 한복판에 있으면서도 중심을 잃지 않고, 자신만의 길을 걸어야 합니다.

인간은 세상 속에서 살아가며, 타인을 통해 나를 비추고 깨닫게 됩니다. 나의 자존감, 나의 철학, 나의 의지대로 스스로가 삶의 주인이 되어 쇄신하며 살아가야 합니다. 인간은 결코 혼자 살아갈 수 없습니다. 이것이 있기에 저것이 있고, 낮이 있기에 밤이 있으며, 죽음이 있기에 삶이 존재합니다. 기쁨이 없으면 슬픔도 없고, 불행이 있어야 비로소 행복도 느껴집니다. 아침에 일어나 가족에게 친절하게 인사를 건네고, 직장 동료에게 존중을 표하는 것. 길에서 주운 지갑을 주인에게 돌려주고, 지쳐 보이는 이에게 짧은 격려의 말을 건네고, 무거운 짐을 든 노약자를 도와주는 것. 욱하고 올라오는 성질을 잠시 눌러 앉히는 것, 하루를 마치며 고마웠던 사람에게 문자를 보내고, 사소한 칭찬 한마디를 더하는 것. 이런 평범해 보이는 행동 하나하나가 나에게도, 타인에게도 긍정적인 영향을 줍니다. 이 작은 친절과 배려는 곧 나를, 내 주변, 우리가 속한 사회와 환경을 변화시킵니다.

'순환의 법칙'을 이해한다는 것은 내가 받은 좋은 대우나 긍정적인 경험이 다시 다른 사람에게 흘러 들어갈 수 있다는 사실을 아는 것입니다. 그렇기에 아무리 작은 일이라도 감사의 마음을 표현하고, 좋은 에너지를 나누려는 태도는 세상을 더 따뜻하고 건강하게 만드는 긍정적인 순환을 만들어냅니다. 작은 도움의 손길은 누군가의 기분을 좋게 하고, 일터의 분위기와 가정의 공기를 따뜻하게 바꿉니다. 그리고 결국, 그 모든 긍정적인 변화는 다시 나에게 되돌아옵니다. 내가 한 것은 결국 나에게 돌아옵니다. 내가 할 수 있는 것은 타인도 할 수 있다는 것을 알아야 합니다. 내가 갑질하면 타인도 언제든지 나에게 갑질할 수 있다는 것을 기억해야 합니다. 우리 몸 안의 모든 핏줄이 서로 연결되어 있듯, 삶의 모든 관계 역시 그러한 순환 속에 존재합니다. 순환이 중요한 또 다른 이유는, 사람이 부족해서 무너지는 경우도 있지만, 넘쳐서 무너지는 경우도 많기 때문입니다. 지난여름, 중국의 담수호인 둥팅호의 제방이 무너졌다는 소식을 들었습니다. 무너진 이유는 물이 없어서가 아니라, 물이 너무 많았기 때문입니다. 댐이 넘치는 물을 감당하지 못해 결국 터져버린 것입니다. 흘려보내야 했는데 그러지 못했기 때문에 문제가 생긴 것입니다. 사람도 마찬가지입니다. 먹기만 하고 배설하지 않으면 병이 납니다. 들어오고 나가고, 주고받고, 순환이 되어야 생명이 지속됩니다.

비워야 삽니다. 받은 은혜가 있다면, 아무리 작은 것이라도 반드시 흘려보내야 합니다. 받은 친절이 있다면, 사랑이 있다면, 위로가 있다면, 그것이 아무리 작을지라도 베풀어야 합니다. 그것이 순환의 원리이며, 순리대로 살아가는 길입니다. 베푸는 것은 특별한 조건이나 여유가 있어야만 가능한 것이 아닙니다. 받기 위해서 베푸는 것도 아닙니다. 물이 흐르듯 자연스럽게, 삶의 본성에 따라 흘려보내는 것입니다. "베풀고 살라."고 하면 많은 이들이 "베풀 돈이 없다."라고 말합니다. 그러나 웃어주는 것도, 격려의 말을 해주는 것도, 무거운 것을 들어주는 것도, 떨어진 쓰레기를 조용히 줍는 것도, 바르게 행동하는 것도 모두 '베풂'입니다. 그것은 세상에 좋은 에너지를 퍼뜨리는 일이며, 받는 사람보다 주는 사람이 더 행복하답니다.

31

덫에 걸리는 가장 큰 이유

◆ 나는 그 덫을 만든 장본인이지만,
동시에 그 덫이라는 죽음의 감옥에서
벗어날 수 있는 유일한 존재이기도 합니다.

덫에 걸린 동물을 본 적이 있습니까? 동물들이 왜 덫에 걸리는 걸까요? 간단합니다. 바로 미끼 때문입니다. 유혹적인 미끼를 보고, 그것을 얻기 위해 다가가다가 그만 덫에 걸리는 것입니다. 우리 인생도 별반 다르지 않습니다. 이렇게 단순한 동물의 비극이 인간의 삶에서도 반복됩니다. 그렇다면 인생에 펼쳐진 이 수많은 덫은 도대체 누가 만든 것일까요? 놀랍게도 답은 간단합니다. 내가 만든 덫입니다. 내 욕심과 욕망이 만든 덫입니다. 누군가가 만들어 놓은 것처럼 보이지만, 결국은 내 욕심이 나를 그 덫 속으로 끌고 들어간 것입니다. 낚시할 때도 고기를 낚으려면 고기가 좋아할 만한 미끼를 달아 물속에 던집니다. 사기도 똑같습니다. 사기를 치려면 상대가 혹할 만한 것을 미끼로 던집니다. 한 방에 인생 역전 하겠다고 생각하는 사람은 결국 '한 방'이라는 낚싯밥을 물고, 한 방에 갑니다. 한 방에 모든 것이 해결된다는 생각은 버려야 합니다. 모든 일의 결과는 지루하고 단조로운 반복 속에서 만들어집니다. 바닷가의 모래도 한 알 한 알 모여 아름다운 해변이 된 것입니다. '열 배 오른다, 열 배 남는다.'는 상식적으로 맞지 않는 이야기를 한 방이라는 욕망에 눈이 멀어 덥석 물고 맙니다. 세상에 그런 일은 없습니다. 마약, 매춘, 무기 밀거래 같은 불법적인 일 외에는 수십 배의 수익률이 있을 수 없습니다. 만약에 정말로 그렇게 좋은 사업이 있다면 부모에게, 형제에게, 친구에게 주지, 왜 일면식도 없는 사람에게 주겠습니까?

뉴스를 보면 기획부동산에 속아서 난리가 난 사람들의 이야기를 종종 접합니다. 주식도 마찬가지입니다. 투자라기보다는 투기에 가까운 방식으로 접근하다가 패가망신하는 경우가 많습니다. 요즘 유튜브만 켜면 수많은 사람들이 주식 투자 강의를 하고 있습니다. 그런데 생각해 보면 정말 주식 투자를 잘하는 사람이라면, 과연 강의할 시간이 있을까요? 그 시간에 투자에 집중하면 훨씬 더 많은 수익을 낼 수 있을 텐데 말입니다. 어떤 유튜버는 이렇게 말합니다. "워런 버핏은 주식 투자 강의 같은 건 하지 않습니다. 강의하는 사람들은 정작 주식 투자로 돈을 벌지 못했기 때문에 강의로 돈을 벌려고 하는 것입니다. 그런 강의에 속지 마십시오." 맞는 말입니다. 다른 사람 돈 벌어주려고 친절하게 강의해 주는 사람은 없습니다. 결국 전부 자기 이익을 위해 사는 것입니다.

주식도 더 많이 벌려고 욕심을 부리다가 결국 100%를 잃는 경우를 봤습니다. 코인 열풍이 불었을 때도 마찬가지였습니다. 코인 사기로 인한 피해가 속출했고, 실제로 코인 관련 범죄의 63%가 '상장 예정'을 미끼로 한 사기였습니다. 투자 한 번 잘못하면 몇 년, 어쩌면 몇십 년을 고생하며 살아야 합니다. 이런 수법은 이미 수십 년, 수백 년 동안 반복되어 온 것들입니다. 언론을 통해, 주변 사람들의 경험을 통해, 또 역사를 통해 우리는 이 사기들이 어떻게 작동해 왔는지 충분히 알고 있습니다. 그런데도 불구하고 왜 사람들은 여전히 스스로 희생

양이 되는 걸까요? 첫째는 욕심 때문입니다. 노력하지 않고 쉽게 얻으려는 유혹에 빠지기 때문입니다. 눈앞에 뻔히 보이는 이득 앞에서 평상심을 잃고 냉철한 판단을 하지 못하게 됩니다. 둘째는 조급함 때문입니다. 빨리 무언가를 이루고 싶은 조급한 마음은 이성을 마비시키고, 감정에 휘둘리게 만듭니다. '이번이 마지막 기회일지도 모른다.'는 걷잡을 수 없는 불안감은 사람을 덫으로 몰고 갑니다.

하지만 돈이 있는 사람은 자랑하지도 않거니와, 있다고 자랑해서도 안 됩니다. 돈이 있다고 자랑하면 주변 사람들의 시기를 받게 되고, 돈을 빌려 달라거나 기부하라는 요구에 시달리게 되기 때문입니다. 그저 자신보다 더 많이 가졌다는 사실 하나만으로도 가슴 아파하고 괴로워하는 것이 사람입니다. 그러니 돈 좀 벌었다고 쉽게 말하는 사람들의 말에 현혹되어서는 안 됩니다.

행복하다고 말하는 사람 중에 진짜 행복한 사람이 몇이나 될까요? 아마 불행을 감추기 위해서 행복하다고 말하는 것일지 모릅니다. 이 세상은 남에게 쓸 만하고 돈 벌 만한 정보를 거저 나눠주는 아름다운 세상이 아닙니다. 대부분은 쓸모없는 낚싯밥을 던져 어리석은 고기를 낚으려는 것입니다. 낚시꾼이 고기에게 좋은 낚싯밥을 달아주는 이유는 고기를 살리려는 것이 아니라, 고기 목숨을 빼앗기 위함입니다. 동물은 사람을 물어 죽이지만, 인간은 머리가 좋아서 피 한 방울 흘리지 않고도 상대의 전 재산을 송두리째 빼앗아 갑니다. 사람에겐 따로 사냥터가 필요 없습니다. 정치, 경제, 사회, 교회, 사찰, 경찰, 군대, 교도소까지 사기꾼이 없는 곳이 없습니다. 이들은 단지 돈만 빼앗는 것이 아니라, 사람의 정신까지 혼란스럽게 만듭니다. 그러니 어떤 말에도 쉽게 흔들리지 말고, 무엇보다 자신을 잘 다스려야 합니다.

사람들은 자기가 쓸 만한 정보는 절대 남에게 알려주지 않습니다. 하다못해 폐차 직전의 자동차조차도 공짜로 남에게 주지 않습니다. 인터넷에 떠도는 정보는 이미 다 알려져서, 더는 쓸모가 없는 것들입니다. 진정한 정보란 다른 사람들은 모르는 것, 나만 알고 있는 것이어야 합니다. 예전에 제가 자주 가던 풀빵 장사 아주머니에게 장난삼아 반죽 비법을 물어본 적이 있습니다. 그랬더니 시어머니가 반죽해서 주기 때문에 자기도 모른다고 했습니다. 저는 그 말을 곧이곧대로 믿었는데, 나중에 알고 보니 시어머니는 아예 없었습니다. 이처럼 하찮은 풀빵 반죽 하나도 남에게 알려주지 않는 세상에서, 한 방에 인생을 바꿔주는 귀한 정보를 그냥 내어줄 리가 없습니다. 절대 아닙니다. 자신이 차근차근 노력해서 스스로 길을 찾아야 합니다. 한 방에 인생을 바꾸는 헛된 정보는 애초에 보지도, 듣지도 말아야 합니다. 이것뿐이 아닙니다. 뉴스에 나올 법한 대형 사건·사고가 아니어도, 우리 삶에는 무수히 많은 덫이 즐비합니다. 더 많은 돈, 더 높은 지위, 더 좋은 차, 더 큰 집. 이런 욕망은 사회적 성공을 위해 과도한 경쟁을 부추깁니다. 높은 직급과 물질적 성공을 좇으며 타인과 자신을 비교하게 되고, 조급해지며 불안해집니다. 이런 조급함과 압박은 스트레스와 불안으로 이어지고, 결국에는 '성공'이라는 미끼에 집착하게 됩니다. 진짜 행복이나 만족은 외면한 채, 눈앞의 목표에만 집중하게 되는 것입니다. 나를 행복하게 해줄 것 같았던 이 욕망은, 결국 지금 누리고 있던 작은 행복마저 사라지게 만듭니다.

신께서는 어떤 것도 공짜로 주시지 않고 심은 대로 거두게 창조하셨습니다. 신께서 선물을 주신다고 해도 고통이라는 포장지에 단단히 싸서 주십니다. 큰 선물일수록 포장도 더 단단해서, 그만큼 큰 고통을 견뎌야 비로소 받을 수 있습니다.

돈, 지위, 차, 큰 집이 나쁜 것이 아닙니다. 다만 그것들이 행복해지기 위한 수단이 되어야 하는데, 사람들은 그것들을 행복의 목적으로 착각하고 쫓다 보니 문제가 생깁니다. 욕망에서 벗어난다는 건 모든 걸 포기하라는 말이 아닙니다. 그것은 진정한 필요와 일시적인 욕구를 구별할 수 있는 지혜를 갖추라는 의미입니다. 주변을 둘러보십시오. 얼마나 많은 사람들이 자신이 만든 덫에 갇혀 살아가고 있습니까? 높은 연봉을 위해 건강을 해치며 무리하는 직장인, 아름다워지고 싶다는 이유로 성형에 중독돼 더 이상 자신을 알아보지 못하는 사람들, 더 큰 집을 갖기 위해 평생 빚에 시달리는 가장, 인기를 얻고자 본모습을 잃어가는 연예인, 부모에게서 벗어나려고 결혼을 탈출구 삼았다가 또 다른 탈출구를 찾고 있는 사람들, SNS 속 완벽한 삶을 연출하느라 매일 연기하듯 사는 사람들 이런 사람들 모두 자신이 만든 덫에 갇혀 있는 것은 아닐까요? 삶은 현실이지 연극이 아닙니다. 삶을 연극처럼 살다 보면, 마지막 무대에서 내려올 때 허전함만 남습니다. 인생의 끝자락에서 "참 허무하다."고 말하지 않으려면, 연극 같은 삶과 가면을 벗고 현실에 집중해 살아야 합니다. 과거는 이미 지나갔고, 미래는 아직 오지 않았습니다. 지금 이 순간, 현실만이 우리가 살아갈 수 있는 유일한 터전입니다. 그러니 흘러간 과거에 얽매이지 말고, 아직 오지 않은 미래를 걱정하지 마십시오. 살아 있는 사람에게는 오직 오늘만이 주어져 있습니다. 오늘에 집중하며 살아야 합니다. 예수님께서는 말씀하셨습니다. "내일 일을 위하여 염려하지 말라. 내일 일은 내일이 염려할 것이요, 한 날의 괴로움은 그날로 족하니라." 우리는 왜 과거와 미래를 그렇게 걱정하면서, 스스로 흘러간 과거와 오지 않은 미래라는 덫을 만들며 살아갈까요? 그건 자기 본질을 잊어버렸기 때문입니다. 내가 누구인지, 어떤 존재인지 모르기 때문입니다. 인간은 미래를 자기 마음대로 계획할 수 있는 존재가 아닙니다. 많이 배웠다고, 많이 가졌다고 해서 인간의 존엄성과 존귀함이 생기는 것이 아닙니다. 사람이라는 존재 자체가 소중하고 귀한 것인데, 그걸 잊고 살기 때문에 우리는 끊임없이 무언가를 더 가지려고 합니다.

그렇다면 우리는 어떻게 이 욕망의 덫에서 벗어날 수 있을까요? 자기 욕심과 욕망을 정직하게 바라봐야 합니다. 욕심이 나쁜 건 아닙니다. 문제는 그 욕망 때문에 나의 철학, 종교, 가치관, 존엄성, 자존감이 흔들릴 때입니다. 내가 이루어 낼 수 있는 욕망은 희망이 되지만, 내가 이루지 못할 희망은 고문이 되고 무거운 짐이 됩니다. 희망을 위한 희망, 배우기 위한 배움, 돈을 벌기 위해서 돈을 버는 삶은 무슨 유익이 있겠습니까? 나는 왜 배우려는가? 돈은 왜 벌려고 하는가? 내가 지금 하는 걸 왜 하는지 그 이유를 알아야 합니다. 돈을 벌어서 어디에 쓸 것인지, 배워서 무엇을 할 것인지, 삶의 방향이 있어야 합니다.

제 친구 중에 돈이 많은 사람이 하나 있습니다. 그런데도 지나칠 정도로 아끼고 검소하고 악착같이 돈을 모으기에, 제가 물었습니다. "너는 돈을 어디에 쓰시려고 그렇게 악착같이 모으냐? 이제 좀 쉬면서 자신을 위해서도 좀 써야지."

그러자 친구가 말했습니다. "놀면 뭐 하냐. 한 푼이라도 더 벌어서 자식들한테 물려주려고 하는 거지."

맞는 말이지만 저는 놀랐습니다. 부모로서 자식을 잘 키우고 가르치는 건 의무고 책임입니다. 그런데 돈 버는 목적이 자식에게 물려주기 위해서라니, 저는 그 말에 동의도 이해도 할 수 없었습니다. 그래서 다시 물었습니다.

"네가 물려주는 그 돈, 자식들이 몇 년이나 유지할 수 있을까?"

"나야 모르지. 지들이 알아서 하겠지."

속에서 답답함이 치밀어 올랐지만, 저는 차분하게 말했습니다.

"일 끝나고 동네 사우나 가서 거울에 너 몸뚱이 전체를 한 번 비춰봐. 세상 짐 다 짊어진 듯한 구부정한 허리, 서리 맞은 허연 머리, 지팡이처럼 가늘어진 장딴지, 깊은 계곡처럼 패인 얼굴… 70년 넘게 가족 먹여 살리느라 네 몸도 마음도 늙지 않았냐? 이제 네 자신을 한번 생각해 보지 그러냐? 너를 위해서 무엇을 얼마나 투자했는지 생각해 봐라. 주름진 얼굴에 좋은 화장품 한 번 발라봤냐? 호텔 가서 폼 좀 내고 잠자고 밥은 먹어봤냐? 남들 다 가는 해외여행은 몇 번이나 다녀봤냐? 지식과 지혜를 얻겠다고 책은 얼마나 읽어봤냐? 죽음 이후를 위해 종교는 가져봤냐? 네가 죽어라 일하는 동안, 자식들은 뭘 했는지 생각해 봤냐? 너는 돈 아끼려고 값싼 짜장면으로 끼니 때울 때, 자식들은 고급 식당에서 잘 먹고 있었을 것이다. 이제 좋은 옷도 한 번 입어보고, 좋은 곳도 가보고,

좋은 화장품도 발라보고, 좋은 식당 가서 밥도 한 번 먹어봐라. 돈 버는 맛도 있지만, 돈 쓰는 재미도 알고 살아야지. 안 그런가? 친구야."

세상만사는 두 가지만 알고 살면 편안합니다. 음지가 있으면 양지가 있다는 것, 이 세상은 항상 두 가지 면을 가지고 있다는 사실을 아는 것입니다. 이 두 가지 세상을 적당히 경험하면서 살면 삶이 훨씬 수월해집니다. 돈 버는 재미가 있다면 돈 쓰는 재미도 알고 살아야 하고, 배우는 재미가 있다면 가르치는 재미도 알아야 합니다. 쓴 것이 있으면 단 것이 있는 것처럼 사랑도 달콤한 것만 있는 것이 아니라 곰쓸개보다 쓴 이별도 있는 것입니다. 충성만 있는 것이 아니라 가장 비열한 배신도 있고 올라가면 필연적으로 내려와야 하는 것을 알아야 합니다. 돈에 취해 권력에, 재미에 취해서 한쪽 면만 보고 살면 필시 후회하는 법입니다. 제 친구는 돈 버는 재미, 저축하는 재미는 아는데 돈 쓰는 재미는 전혀 모르고 삽니다. 그래서 저는 그 모습이 참 딱하게 보였습니다.

31

신에게 가까운 사람은 욕심이 없는 사람이라고들 합니다. 욕심을 줄이면 고통이 사라지고 마음이 편안해집니다. 욕심을 줄이는 것이 대단한 것이 아닙니다. 욕심을 내려놓는 것이 힘든 것 같지만 실제로 해보면 그렇게 어렵지는 않습니다.

마라톤에 출전하려고 연습할 때 이야기입니다. 3시간대에 완주하겠다고 결심하고 연습을 하다 보니 너무 힘들어서 4시간 30분에 맞추어 연습하니 한결 가볍고 쉬웠습니다. 생각해 보면 4시간에 완주하나 5시간에 완주하나 인생에 무슨 큰 의미가 있겠습니까? 인생은 무거운 짐을 지고 가는 길고 긴 나그네 길입니다. 길고 긴 인생길 끝에는 죽음이 있고 죽음 앞에 행불행이 무슨 의미가 있겠습니까?

구약성서 전도서에는 "헛되고 헛되며 헛되고 헛되니 모든 것이 헛되도다. 사람이 해 아래서 수고하는 모든 수고가 자기에게 무엇이 유익한고."라는 구절이 있습니다. 인생은 이렇게 꿈으로 시작하여 꿈으로 허무하게 끝나는 것인지도 모릅니다. 1억을 벌고 죽으나 10억을 벌고 죽으나 결국 빈손으로 돌아갑니다. 나이를 먹을수록 나의 욕심이 나를 진짜 행복하게 만들어주는 것인지, 아니면 단지 욕망에 휘둘리는 것인지, 내가 무엇을 위해서 사는 것인지 내적 성장과 성찰을 위함인지, 고민해 봐야 합니다. 마냥 욕심을 부릴 일은 아닙니다.

어쩌면 우리는 욕망이라는 감옥을 스스로 만들고 그 안에 자신을 가두는 감옥의 건축가이자 죄수인지도 모릅니다.

**나는 그 덫을 만든 장본인이지만,
동시에 그 덫이라는 죽음의 감옥에서
벗어날 수 있는 유일한 존재이기도 합니다.**

내가 만든 덫이기에, 걷어낼 수 있는 사람도 결국 나 외에는 없습니다.

32

집착의 사슬

◆ 소유하려는 마음이 문제입니다.
소유적 삶은 결국 부작용을 낳습니다.

사람이 아는 것은 참 많습니다. 태어날 때부터 배우고 성장하며, 죽는 날까지 배우고 느끼고 깨닫습니다. 엄청난 발명품을 만들어 내고, 우주의 비밀을 밝혀내며, 수명을 연장할 방법까지 찾아냅니다. 상상할 수 없던 기술로 지구를 하나로 묶어내고, 불가능을 가능하게 만들며, 매번 기존의 한계를 뛰어넘습니다. 그런데 인간이 아무리 많이 안다 해도, 가장 두려워하면서도 궁금해하는 핵심을 모릅니다. 그것은 누구도 알지 못하는 '죽음'입니다.

신을 믿는 사람들 중에 사람은 영혼이 있어서 영원한 세계에 간다고 믿지만 실제로 죽은 사람의 영혼이 죽은 다음 어디로 갔는지 물리적으로 보여준 사람은 아무도 없습니다. 그냥 영혼이 있다고 믿는 것입니다. 80년대만 해도 화장터에서 시신을 소각하는 데 두 시간이 걸렸습니다. '소각 완료'라는 글씨가 뜨면, 가루가 되어 나옵니다. 대략 1리터 정도 됩니다. 어린아이들은 그보다도 시간이 더 짧게 걸립니다. 그 모습을 보고 있노라면, 인생이란 것이 얼마나 기구한지를 절실히 느끼게 됩니다. 저의 아버지, 어머니도 모두 돌아가셨습니다. 그분들이 떠나신 후 유품을 정리하려 서랍을 열어볼 때마다 느낀 것이 있었습니다. 아직 부모님이 살아 계신 분들은 모를 수 있겠지만, 이미 떠나보낸 사람들은 알 것입니다. 장을 열고 하나씩 꺼내어 정리하다 보면, 쓸 만한 것이 아무것도 없습니다. 그저 쓰레기일 뿐입니다. 그렇게 고이고이 간직했던 것들이, 결국 남은 이들에게는 의미 없는 물건이 되어버립니다. 우리도 언젠가는 떠나야 합니다. 그러니 가끔은, 내가 떠난다는 생각을 하며 한 번쯤 자신의 장롱과 서랍장을 열어보아야 합니다. 안방에 놓인 서랍장뿐 아니라, 각자 마음속 서랍장도 함께 열어보아야 합니다. 거기엔 쓸데없는 생각, 불필요한 행동, 고

집, 집착, 미움, 증오 같은 것들이 가득 들어 있을지도 모릅니다. 죽기 전에 그 모든 것을 소각장에 넣어 태워버려야 합니다. 그 온갖 잡동사니를 내 안에 쌓아두고 살아가니 인생이 무겁고, 삶이 깔끔하지 못하며, 생각도 둔해질 수밖에 없습니다. 무언가 결정하려 해도 판단이 흐려지는 이유가 바로 여기에 있습니다.

여러분은 연애편지를 주고받아 본 적이 있습니까? 수십 년이 지난 그 편지들의 사연은 누구나 구구절절합니다. 그 안에는 한때 진심으로 전하려 했던 사랑과 정성이 담겨 있습니다. 그 시절에는 그 편지 한 장에 감정이 롤러코스터를 탄 듯 요동치고, 그것이 인생의 전부인 양 여겼을지도 모릅니다. 그러나 20년, 30년, 40년이 지난 뒤에 다시 들춰보면 낯 간지러워 도무지 눈 뜨고는 읽기 힘들 것입니다. 다산 정약용 선생은 자녀들에게 편지를 쓸 때 이렇게 당부하셨습니다. "편지를 쓰더라도, 그 편지가 땅에 떨어져 어떤 사람이 주워 읽게 되더라도 부끄러움이 없도록 써라. 수백 년이 지난 후에라도 누군가 그 편지를 읽고 명문이라고 느낄 수 있어야 한다." 역시 다산 선생님입니다.

물론 인생 속에서 지금은 쓸모없어 보이는 것들이 사실은 깊은 의미와 가치를 지니고 있기도 합니다. 그러나 그것 또한 시간이 지나면 의미가 바래고, 전혀 쓸모없는 과거의 기억으로 퇴색되기도 합니다. 우리는 많은 것들을 쌓아두고 살아갑니다. 때로는 그 속에 파묻혀 오늘의 나를 잃어버릴 때가 많습니다. 정작 중요한 것을 간직하기보다는, 삶에 쫓겨 필요 없는 것들만 끌어안고 사는 경우가 허다합니다. 바쁘고 치열한 일상 속에서 정리는 뒷전이고, 필요 없는 것들로 가득 찬 서랍장처럼 지내왔습니다.

제가 처음 시골에 내려와서 일할 때의 일입니다. 철물점에 가서 전지가위를 달라고 했습니다. 그런데 한참을 지나도 찾아오지 않는 것입니다. 제가 주인에게 "가위 하나 찾는데 한나절을 기다려야 합니까?"하고 물었습니다. 주인이 말하기를 "이게 잘 찾는 물건도 아니고, 물건이 많다 보니 찾기가 힘드네요."라는 답을 하는 것입니다. 정리를 잘해놓지 않은 것입니다. 도시의 큰 철물점에 가면 모든 물건이 일목요연하게 정리되어 있어서 손님이 직접 찾을 수도 있고 말하면 바로 찾아줍니다. 인생도 마찬가지입니다. 마음속이 정리되고 분류되어 있어야 말도 행동도 단정해지고 삶도 명료해집니다. 인생을 살면서 자기 삶이 정리가 되지 못한 사람들은 어디 가서 말해도 핵심이 없고, 쓸데없는 말을 주절주절 늘어놓거나 현실에 맞지 않는 말을 늘어놓습니다. 말하자면 분위기 파악을 못 하는 것입니다. 저의 부친께서 늘 말씀하시기를 "사람은 맺고 끊는 걸 잘해야 한다."라고 하셨습니다. 인간관계든 일이든 깔끔하게 정리할 줄 알아야 하는데, 그렇지 못하니 일이 꼬이고 관계가 피곤하기만 합니다. 하루 장사를 마치면 결산하듯이, 삶도 그날그날 깔끔하게 정리하고 결산할 줄 알아야 합니다. 인간관계도 마찬가지입니다. 대추나무에 연줄 걸리듯 여기저기 다리 걸치고 살다 보면 언젠가는 가랑이 찢어집니다.

우후죽순이라는 말처럼 대나무는 순식간에 자랍니다. 그런데 그렇게 가늘고 빠르게 자라면서도 잘 부러지지 않는 것은, 마디가 있기 때문입니다. 적당한 간격마다 단단한 마디가 있기 때문에 곧게 서 있을 수 있는 것입니다. 마디 없는 대나무는 금세 부러지듯, 사람도 맺을 건 맺고 끊을 건 끊어야 하며, 시작했으면 마쳐야 할 때가 있는 법입니다. 끊어야 할 것을 끊지 못하면 결국 그것이 나의 짐이 됩니다. 자식도 마찬가지입니다. 독립하게 만들지 못하면 결국 부모의 짐이 됩니다. 자식이 옆에 있는 것이 위안이 된다고 자꾸 붙들고 있으면 자식도 부담이고, 부모도 힘들게 됩니다. 아무리 가깝고 좋은 사이도 적당한 거리를 두어야 관계가 오래갑니다. 물과 불이 함께 있을 수 없듯, 사람도 너무 가까우면 탈이 나게 되어 있습니다.

어느 날 제가 이사를 하려고 이삿짐센터를 불렀는데, 비용이 너무 비쌌습니다. 너무 놀라 "너무 비싸네요." 하고 말했더니, 이삿짐 기사님이 이렇게 말하더군요. "먼저 쓸모없는 것들을 좀 버리고 다시 불러보세요. 그러면 비용이 꽤 줄어들 겁니다." 그 말이 맞았습니다. 버릴 것들을 정리하고 다시 불렀더니, 비용이 30%나 줄었습니다. 이사하고 나서 짐을 정리하는데 버릴 것이 또 있었습니다. 사실 집이라는 곳은 편안해야 합니다. 그런데 잡동사니로 가득 차서 창고가 되어버린 집, 꽃과 나무로 아름다워야 할 정원이 온통 잡초로 뒤덮여 있다면, 짜증이 날 수밖에 없습니다. 지금 당장 집안을 한 번 살펴보십시오. 버릴 것이 얼마나 많은지 깜짝 놀랄 겁니다. "이건 언젠가 쓸 일이 있을 거야." 하며 쌓아두는 물건들, 절대 쓰지 않을 것들입니다. 집은 편히 쉬어야 할 공간인데, 물건을 쟁여놓은 창고처럼 만들어 놓으면 쉬어도 쉰 것 같지 않고, 몸은 늘 피곤하기만 합니다. 사람도, 물건도, 사연도, 사업도 뭐든지 때에 따라 정리할 것은 정리해야 합니다. 사람과의 관계도 마찬가지입니다. 다다익선(多多益善)이라는 말이 있지만, 사람이나 물건은 많을수록 복잡하고 피곤해집니다. 가족과 사는 것도 쉽지 않은데, 인간관계가 많아질수록 정신적으로는 더 지치게 마련입니다. 가지 많은 나무가 바람 잘 날이 없듯이 인간관계도 과감하게 정리해야 합니다. 그래야 비워진 자리에 새로운 인연이 들어옵니다. "이 사람을 놓치면 외로워지면 어쩌나." 하고 걱정하지 마십시오. 가는 사람

붙들지 말고, 물 흐르듯 흘려보내십시오. 흘려보내야 그 자리에 맑은 새 물이 채워지게 마련입니다. 외로운 나를 외롭지 않게 해줄 사람은 이 세상에 없습니다. 친구가 있고, 이웃이 있다고 해도, 결국 자신의 외로움을 채울 수 있는 사람은 자기 자신뿐입니다.

어느 날 제 친구가 푸념하듯 말했습니다. 자식이나 친구나, 다 자기들 필요할 때만 연락한다고요. 퇴직하고 나니, 오랜 시간 함께했던 동료며 부하직원들 중에 전화 한 통 하는 놈이 없다는 겁니다. 저는 말해주었습니다.

"너 아직도 철이 없냐? 화장실은 필요해서 가는 거다. 아무 때나 가는 게 아니잖아. 인간은 서로 화장실 같은 존재야. 언제든 같이 있고 싶다는 건 착각이야. 화장실은 좋아서 가는 게 아니라, 필요해서 어쩔 수 없이 가는 거야."

잠자코 듣는 친구에게 이어서 계속 말했습니다.

"명절에 자식들, 며느리랑 와서 제사 지내고는 금방 떠나잖아. 바쁘다는 핑계 대고. 사실 볼일 봤으면 빨리 떠나고 싶은 게 사람 마음이야. 외상값 받았으면 바로 가는 것처럼. 너도 예전에 부하직원이나 상사한테 먼저 연락 잘 안 했잖아. 너나 나나 다 똑같은 거야. 뭘 그리 불만이냐? 네 전화기 속에 적혀있는 사람들이 아침저녁으로 매일 문자 한 통씩 보낸다고 생각해 봐라. 너 귀찮아서 살겠냐? 그러니까 정신 차려. 칠십 넘어 외롭다고 친구 찾지 말고, 옛날 어른들처럼 네 고향 내려가서 너 편히 누울 못자리나 찾아둬."

친구는 제 말을 듣고 "맞는 말이긴 한데, 삭막하고 쌀랑하네." 하며 웃었습니다.

인생의 서랍장을 열고 무엇이 진정 중요한 것인지, 무엇을 간직하고 무엇을 버려야 할지 스스로 물어봐야 합니다. 이때 중요한 것은 단순히 물질을 정리하는 것이 아닙니다. 내 삶의 의미와 가치가 무엇인지, 무엇을 해야 하는지 무엇을 위해서 사는지 깊이 돌아보는 일입니다. 공부를 잘하는 사람은 머릿속이 정리되어 있어, 필요한 정보를 그때그때 꺼내어 쓸 수 있습니다. 반대로 공부를 못하는 사람은 머릿속이 뒤죽박죽이라서 답을 찾지 못합니다. 내 마음의 서랍장에는 지금 무엇이 들어 있습니까? 내가 소중히 여긴다고 여기는 그것들이 정말 나를 위한 것인지, 아니면 단지 일상의 잡동사니인지도 되짚어야 합니다. 무엇이든 쓰일 때 빛이 납니다. 하얀 도자기 안에 개똥을 넣고 냉장고에 두는 말도 안 되는 상황처럼, 귀한 듯 보이나 실은 내 삶에 독이 되는 것을 품고 살고 있는 건 아닌지 돌아봐야 할 때입니다. 버리지 못하니 정작 하고 싶은 것도, 해야 할 일도 하지 못하고 나이 들어 후회하는 겁니다. 물건이든 사람이든 이념이든 버릴 것은 과감하고 단호하게 버려야 합니다. 버려야 새것을 쓸 수 있습니다. 그렇지 못하면 결국 쓰레기를 안고 사는 것과 같아서, 늦든 빠르든 반드시 고통이 오게 마련입니다. 삶을 돌아보면 그때는 꼭 필요한 것 같았지만, 시간이 지나고 나면 쓸모없는 것들이 많습니다. 자식이 수능을 잘 보았느니 못 보았느니 하며 한바탕 울고불고 화를 내지만, 수능 끝난 지 한 달도 지나지 않아 그 감정은 흔적도 없이 사라집니다. 헤어지면 죽을 것 같던 연인도 헤어지고 나면 잊히기 마련입니다. 화장실 갈 때 다르고 올 때 다르다고 비난 섞인 말을 하지만, 인생이란 게 원래 그런 겁니다. 지나간 일이 화려했다고 되뇌지 말고, 잘못했다고 너무 후회할 것도 없습니다. 버림은 단절이 아니라 순환입니다. 자연의 큰 틀에서 보자면 새로움을 맞이하는 순환이 끊기면 반드시 병이 납니다. 순환이 안 되어 썩어버린 정치로 민심이 터져 폭동이나 혁명이 일어나는 것도 그런 이치입니다.

배를 타고 바다를 건너다보면 태풍을 만나기도 하고, 잔잔한 물결을 만날 때도 있습니다. 비 오는 날도 있고, 햇살 좋은 날도 있으며, 갑작스레 풍랑이 몰아치는 날도 있습니다. 태풍이 왔다고 불평할 것도 없고, 바다가 잔잔하다고 마냥 기뻐할 것도 없습니다. '좋다', '싫다' 따질 것 없이 '모든 것이 내가 선택한 인생이구나.' 하고 순응하면, 마음이 편안해집니다. '행복해야 되겠다.', '즐겁게 살아야 되겠다.'라는 생각 자체를 내려놓아야 합니다. 이렇게 해야겠다고 마음먹는 순간부터 마음의 부담이 생기기 시작합니다. '건강하게 살아야지 행복해야지.' 하고 결심하는 그 순간부터, 행복하지 않은 모든 상태는 곧바로 고통으로 인식되기 때문입니다. '행복해야 한다.'라는 생각을 내려놓으면, 더 이상 행복과 불행의 경계를 판단하지 않게 됩니다. 무조건적인 행복을 추구하는 순간, 그 기대에 미치지 못하는 모든 순간은 불행이 되어버립니다. '사랑해야겠다'는 생각도 마찬가지입니다. 스스로 만든 틀 안에서 사랑이 구현되지 않으면, 그것은 사랑이 아니라 실망이 되고, 나아가 미움이 될 수 있습니다.

살아 있는 동안에 '어떻게 하면 지금 내게 주어진 일에 최선을 다할 수 있을까.'라는 생각 하나면 충분합니다. 바람이 불면 바람이 부는 대로, 원하지 않는 비가 내려도, 구름이 해를 가려도 그대로 받아들이며 살아가면 됩니다. 문제는 대부분 인간이 원하는 대로 이루어지기를 갈망한다는 데 있습니다. 그러나 인간의 욕망대로 자연이 흘러간다면, 이 세상은 이미 파괴되었을 것입니다. 신을 믿는 사람들은 자신이 원하는 것을 달라고 기도합니다. 하지만 인간이 원하는 대로 신이 다 주셨다면, 이미 이 지구는 천 개도 넘고, 열 번은 멸망했을지도 모릅니다. 천만다행입니다. 인간들이 신에게 "제가 미워하는 원수를 죽게 해주세요." 이렇게 기도할 때마다 신께서 원수를 죽이셨다면 아마도 지구에는 살아 있는 사람이 없을 것입니다. 아마 저 역시 열 살도 안 돼서 죽었을 것입니다. 신께서 인간의 욕망대로 해주지 않기 때문에 오히려 저는 신을 믿습니다.

인간은 욕심도 많고 미련도 많습니다. 무언가 투자에 실패했을 때, 멈출 줄 알아야 하는데 대부분 본전 생각에 발이 묶입니다. 결국에는 가진 것까지 다 잃게 됩니다. 없어진 돈을 만회해야 한다는 집착에 빠져, 없는 돈까지 빌려 쓰다 결국 사고를 치고 맙니다. 저도 작은 회사를 운영하다가 부도를 맞은 적이 있었지만, 그 지점에서 '여기까지구나.' 하고 스스로 멈췄기에 손해를 최소화할 수 있었습니다. '여기까지만 해야지.' 하고 마음을 먹으며 멈추는 법을 배워야 합니다. 문제는 대부분 생각한 대로 되지 않으면, 끝까지 가보려 한다는 데 있습니다. 사랑도 같습니다. 우리는 모두 자신이 원하는 방식의 사랑을 받길 원하지만, 자신이 원하는 대로 사랑해 줄 사람은 세상에 존재하지 않습니다. 서로 원하는 방식이 다르기 때문에 다투게 됩니다. 싸움을 하더라도 멈출 줄 알아야 하는데, '적당히'를 못하고 끝까지 가버리니 결국은 험한 꼴 보다가 헤어지게 됩니다. 심지어 이미 이별한 후에도 미련이 남아 그 사람을 놓지 못하고 머뭇거립니다. 그러나 떠나겠다고 마음먹은 사람을 붙잡는다고 해도, 결국은 보기 싫은 꼴, 듣기 싫은 말만 남고 떠나게 됩니다.

보내야 할 때는 보내줄 알아야 하고,
멈춰야 할 때는 멈출 줄 알아야 합니다.
그것이 자신을 위한 일입니다.

놔주지 못하고 싸움의 원인을 돌아보지도 않은 채, 좋았던 기억에만 매몰되어 집착하다가 더 큰 문제로 커지기도 합니다. 하나만 생각하지 말고, 세상을 넓게 보고 생각을 바꾸어야 합니다. 세상에 남자, 여자가 한 명뿐인 게 아닙니다. 지구 인구의 절반이 남자이고 절반이 여자입니다. 싫다고 가는 사람, 잡지 마십시오. 썩은 이빨을 그대로 두면 고통뿐입니다. 차라리 시원하게 뽑아내고 임플란트하는 게 낫습니다. 잃어버린 돈 생각에 열불 나서 화병이 생기고 우울증이 올 수도 있으니, 절대 돌아보지 마십시오. 미련은 병이 됩니다.

돈이 돌고 돌 듯, 인생도 돌고 돌아 자연으로 흘러갑니다. 그러니 인생을 소풍 온 듯이 가볍게 살아야 합니다. 어릴 적 소풍을 떠났을 때를 떠올려 보십시오. 아이들은 가지고 있는 걸 다 쓰고, 걱정 하나 없이 신이 나서 온종일 실컷 놉니다. 다음에 쓰겠다고 용돈을 아껴두는 아이는 없습니다. 젊으나 늙으나, 땅 꺼지게 한숨 쉬며 살 이유가 없습니다. 목숨이 붙어 있는 동안은 소풍 온 아이처럼, 하고 싶은 걸 하면서 신나게 살아야 합니다. 내 몸, 내 환경, 내가 가진 물질, 내 안에 있는 잠재력까지 다 꺼내어 나를 위해 쓰고, 좋은 데 쓰고, 나눌 것은 나누고, 그렇게 살다 가는 겁니다. 아낄 것 없습니다. 자식에게 물려준다고 해서 그 자식이 보람 있게 쓸 거란 보장도 없습니다. 어차피 우리는 한정된 존재입니다. 우리는 인생의 주인이 아니라, 결국 아무것도 가져갈 수 없는 손님일 뿐입니다. 그러니 쌓아둘 이유도 없습니다.

목표 없는 사람은 없습니다. 다들 각자의 목적을 가지고 살아갑니다. 하지만 그 모든 목표와 목적에 대해 앞서 반드시 알아야 할 것이 있습니다. 인간은 모든 것이 영원할 것 같은 착각에서 벗어나지 못해, 허황된 기대 속에 붙들려 살아가는 것입니다. 아무리 좋은 비행기를 타고 왔어도 내릴 때가 되면 내려야 하고, 아무리 소풍이 즐거웠어도 미련 없이 자리를 정리하고 집으로 돌아와야 합니다. 소풍 가서 가지고 놀던 막대기에 집착하는 사람은 없습니다. 풍선을 고이 간직하겠다고 집에 들고 오는 사람도 없습니다. 쓰고, 버리고, 그 순간을 누리고, 웃고, 놀고, 돌아오면 그걸로 된 겁니다.

자식들은 돌아가신 부모님 유품을 정리하면서 종종 말합니다. "어머니는 왜 이런 걸 여기에 넣어두셨을까? 왜 용돈 드린 거 하나도 안 쓰고 모아두셨을까?" 있을 때 사용하지도 못한 그 돈 몇 푼 가지고 자식들은 다툽니다. 200만 원 정도면 "형, 너 가져라." 하겠지만, 2,000만 원, 2억이 되면 싸움이 납니다. "형은 매달 100만 원밖에 안 드렸잖아. 나는 한 달에 200만 원씩 드렸어." 하며 시작됩니다.

소유하려는 마음이 문제입니다. 소유적 삶은 결국 부작용을 낳습니다. 만약에 자신이 오늘 죽는다는 걸 안다면, 많이 가진 사람이 편안하게 죽을 수 있을까요? 아니면 아무것도 없는 사람이 더 편히 눈 감을까요? 산더미처럼 쌓아놓았다고 해서 마음까지 평안한 건 아닐 겁니다. 오히려 더 많이 가질수록 더 많이 집착하게 되고, 더 쉽게 떠나지 못할 것입니다. 마치 바닷물을 마시면 마실수록 더 갈증이 나듯, 소유의 갈망은 채울수록 더 허기집니다. 저마다 정도의 차이는 있겠지만, 욕심이 없는 사람은 없습니다. 어떤 이는 적게 가지고도 욕심을 부리고, 어떤 이는 많이 가지고도 집착합니다. 중요한 것은 양이 아니라, 마음입니다. 가진 것에 만족하고 살아가는 사람이 가장 부유한 사람입니다. 가장 인간답게, 가장 멋지게, 자연의 섭리에 따라 살아가는 사람입니다.

> 집착과 욕심에서 벗어나려면
> 먼저 자신의 마음을 잘 다루어야 합니다.
> '이걸 가져서 무엇을 하려는가?
> 지금처럼 살다가 죽어도 후회는 없을까?'
> 이런 질문을 스스로에게 던져봐야 합니다.

이것도 저것도 잘되지 않을 때는 '죽음'을 떠올려 보는 것도 도움이 됩니다. '죽을 때 가져갈 것도 아닌데, 그렇게 애탈 필요가 있는가.'라는 근원적인 질문 하나가 마음을 정리해 주고, 욕심과 집착에서 벗어나게 될 길을 열어줍니다.

사람이 살아가는 데 학연, 지연, 인맥 같은 복잡한 관계가 반드시 필요한 것은 아닙니다. 지금까지 살아온 삶을 돌아보세요. 인생에 꼭 필요했던 사람은 과연 몇이나 되었습니까? 무수히 스쳐 간 대부분의 인연은 그저 바람처럼 지나간 사람들일 뿐입니다. 이루지 못할 사랑, 헛된 희망, 끝없는 욕심을 끌어안고 살아가면 평생 고달픕니다. 득이 되지 않는 사람, 이루지 못할 욕망과 애욕을 품고 살아봐야 아무런 이로움이 없습니다. 많이 가지고 있어서 버리는 것이 아니라, 지금의 나에게 더 이상 쓸모없는 것이기 때문에 버리는 것입니다.

부자나 가난한 자나 버릴 것은 다 있습니다. 가진 것에 만족하고 살면 아쉬울 것도 없습니다. 누가 그러더군요. "돈이 없지, 가오가 없느냐"라고. 소풍 갔다 오는데 뭐 아쉬울 게 있습니까? 있는 것 다 쓰고 돌아오는 아이가 제일 잘 노는 아이입니다. 엄마가 준 용돈을 남겨오면 오히려 엄마가 싫어한답니다. 일할 때도 놀 때처럼 신나게 일하다 보면 피곤하고 지쳐서 집에 가 쉬고 싶습니다. 인생도 그렇습니다. 언제든지 쓰러져 잠자고 싶을 만큼 열심히 살아야 하지만, 그렇다고 힘들다 생각해서는 안 됩니다. 일이 힘들다고 인생을 자꾸 어렵게 여기면, 같은 일도 더욱 어렵게 느껴질 수밖에 없습니다. 결국 그 어려운 직장 생활이 인생을 더 풍요롭게 만드는 것입니다. 직장도 소풍 온 것처럼, 있는 힘 다 쏟아부으면서 살아야 오히려 인생이 재미있습니다. 이건 어디까지나 제 경험에서 우러나온 이야기입니다. 길어야 백 년 사는 인생입니다. 너무 깊이 고민하지 말고, 주어진 현실 속에서 하루하루 즐겁게 일하며 살아가면 됩니다. 저도 살다 보니 어느덧 70을 넘었다는 게 믿기지 않습니다. 이제는 자연으로 돌아갈 날을 생각하며, 마라톤할 때처럼 천천히, 제 페이스대로 조절하며 살아가고 있습니다.

제가 시골로 내려와 집을 짓겠다고 하니까, 지인들이 황토집을 지으라고 하더군요. 그래서 제가 "죽으면 황토에 들어갈 건데, 벌써 황토방 사느냐"라고 했습니다. 저는 지금 죽는다고 해도 조문 온 사람들이 호상이라며 술잔을 기울일 나이입니다. 그래서 요즘은 아파서 병원에 가긴 가지만, 건강에 대해서는 별로 신경 쓰지 않습니다. 호상이라 불릴 만큼은 살았으니까요.

집착이 생기면 반드시 그쪽으로 무게 중심이 쏠리면서 삶이 힘들어지기 시작합니다. 그냥 아이들이 노는 모습을 한 번 보세요. 놀이터 모래밭에서 두꺼비집을 만들고 성도 쌓습니다. 어떤 아이는 공들여 두꺼비집을 만들고, 어떤 아이는 대충 파고 물 붓고 신나게 막 놉니다. 그러다가 엄마가 부르면, 온 정성을 쏟아 만들던 아이는 좀처럼 가지 않습니다. 반면 대충 만들고 신나게 놀던 아이는 미련 없이 홀라당 뛰어가 버립니다. 인생은 그런 아이처럼 사는 것이 잘 사는 겁니다.

지나간 과거에 대해 잘살았다 못살았다 후회도 미련도 갖지 말아야 합니다. 미래를 알기 위해서 점집이나 주역 궁합을 찾을 것 없습니다. 감나무를 심으면서 사과가 열리기를 기대하면 사과가 열리지 않듯이 오늘 하는 일이 자신의 미래입니다.

33

지금 당장 미래를 위해
단 한 가지만 준비해야 한다면

> 지혜로운 나를 만들어 가는 것이
> 사람이 가야 하는 평생의 여정입니다.
> 지금 당장 필요한 것은
> 지혜로운 나를 만들어 가는 것입니다.

내 과거가 어떠했든, 현재가 어떠하든, 앞으로의 미래를 통째로 바꿀 수 있는 단 한 가지가 있다면 바로 '지혜'입니다. 이유는 간단합니다. 아무리 많은 돈을 가지고 있어도 지혜가 없으면 그 돈을 지켜낼 수 없습니다. 아무리 완벽한 이상형을 만나도 지혜가 없으면 그 사람을 잃게 됩니다. 아무리 젊고 건강해도 지혜가 없으면 그것을 유지할 수 없습니다. 힘이 아무리 많아도, 지혜 없는 힘은 무용지물입니다. 아무리 열심히 일해도 지혜가 없으면 몸만 고달파질 뿐입니다. 아무리 좋은 환경에서 태어났어도 지혜가 없으면 그 유익을 온전히 누릴 수 없습니다. 지혜가 없으면 닥치는 대로 합니다. 미래를 예상하지 못합니다. 내일 호우주의보가 내렸는데 강으로 낚시를 가고, 포크레인으로 산을 파고 있는 격입니다. 지혜가 없으니 본인이 본인 무덤을 파고 있는데도 모릅니다. 지혜가 없으면 방향을 잡지 못하고 열심히 뛰기만 합니다. 열심히 뛰기 전에 먼저 올바른 방향을 잡는 것이 지혜입니다.

그렇다면 지혜는 무엇일까요? 이 시대를 정보의 시대라고 합니다. 서점에는 수천수만의 책들이 쌓여 있고, 인터넷에는 인류가 지금까지 이루어온 거의 모든 정보들이 무한대로 쌓여있습니다. 요리하는 법, 농사짓는 법, 의학, 법학, 철학, 정치, 경제, 사회, 종교, 철학, 수도 없이 많은 정보와 지식들이 흘러 다닙니다. 그야말로 인류는 정보의 바다에 질식할 지경입니다. 인류는 정보의 시대에 많은 것을 습득하여 지식은 머리에 쌓아갑니다. 그러나 머리에 쌓아놓은 지식들 중 정작 사용하지 못하는 것들이 너무나 많습니다. 인터넷으로 요리하는 법을 배우고 주식 투자를 배웠지만 실제로는 요리를 제대로 하지 못하고 투자를 잘못하여 손해를 보게 됩니다. 성공하기 위해서 수도 없이 많은 성공에 관한 강의를 듣고 설교나 설법을 들어도 정작 성공하거나 삶이 바뀐 사람은 흔하지 않습니다. 머리에 쌓아놓은 지식은 삶 속에서는 무용지물이 됩니다. 기독교인들의 머릿속에 '네 이웃을 사랑하라.'는 예수님의 말씀을 모르는 사람은 없지만 정작 이웃을 사랑하지는 못합니다. 그렇기 때문에 세상도 자신도 변하지 않는 것입니다. 사랑을 외치고 성공을 외쳐도 구호로 끝나는 것입니다. 그러나 지혜가 작동되면, 배운 대로 요리를 제대로 만들어 냅니다. 빨간 신호등에 건널목을 건너지 말라는 것을 배웠으면 건너지 않는 것이 지혜입니다. 지혜는 단순한 지식의 축적이 아니라 배운 것을 올바르게 실천하는 것입니다. 성공하는 방법을 모르는 사람은 없습니다. 일찍 일어나서 남보다 더 노력하고 성실하게 수도 없이 반복하여 될 때까지 노력해야 한다는 것을 모르는 사람은 없습니다. 그러나 아쉽게도 지식은 있으나 제대로 실천하지 못하기 때문에 원하는 것을 얻지 못합니다. '물이 무섭다.'라는 것을 안다면 물에 가까지 하지 말아야 하고 물놀이를 가고 싶다면 수영을 배우고 가는 것이 지혜입니다. 성공도 지혜도 의외로 간단합니다. 돈을 벌고 싶다면 일을 해야 하고 무지를 벗어나고 싶다면 배우면 됩니다. 이것이 지혜라고 생각합니다. 종교적 관점에서 본다면 성경에서는 "여호와를 경외하는 것이 지혜의 근본이요 거룩하신 자를 아는 것이 명철"이라고 하였습니다. 불교에서는 '모든 것을 서로 연결되어 있고 원인과 조건에 의해서 생겼다가 사라진다.'는 '연기(緣起)'의 지혜와 '세상의 모든 것은 변한다.'는 '무상(無常)'의 지혜 그리고 '실체적 자아는 없다.'라는 '무아(無我)의 지혜가 있습니다.

공자께서는 지혜를 얻는 길에 대해 이렇게 말합니다.

첫째, 좋은 사람을 보면 그를 본보기로 삼아 따르려 하고, 나쁜 사람을 보면 내게도 그런 흠이 있는지 돌아보고 고쳐라. 둘째, 화가 치밀어 오를 때는 그 결과를 먼저 생각하라. 셋째, 비겁함이란 해야 할 일을 알면서도 하지 않는 것이다. 넷째, 내가 원하지 않는 일은 남에게도 시키지 말라. 다섯째, 가장 위대한 영광은 한 번도 실패하지 않는 것이 아니라, 실패할 때마다 다시 일어서는

데 있다.

이렇게 지혜는 단순한 지식의 축적이 아니라, 자기 잘못을 인식하고 그것을 개선하려는 태도에서 비롯된다고 강조했습니다. 지혜는 그냥 얻어지는 것이 아니라 노력해야 합니다. 배우고 자신을 성찰하고 배운 것을 실천하고 경험함으로써 점점 지혜가 자라납니다.

명상을 통해 자기 성찰을 하다 보면, 자신이 무엇을 잘못했는지, 무엇이 부족한지 알게 됩니다. 성찰이 없으면 자신이 무엇을 잘못했는지조차 알지 못합니다. 성찰은 어려운 일이 아닙니다. 마치 하루 장사를 마친 후 그날그날의 매출을 정산하는 것과 같습니다. 원가가 얼마나 들어갔는지, 노임과 필요한 경비를 다 빼고 얼마만큼의 이익이 남았는지 계산하듯, 하루하루 자신이 살아온 삶을 돌아보는 것입니다. 성찰하는 것은 자신을 돌아보고 더 나은 삶을 살아가기 위한 최고의 방법입니다. 깊은 성찰을 하게 되면 자신이 무엇이 부족한지, 마음에 어떤 상처가 있는지, 어떤 사랑과 미움이 자리하고 있는지 알 수 있습니다. 깊은 수양은 자신의 잘못을 먼저 아는 것입니다. 수양은 몸과 마음을 갈고 닦아, 품성이나 도덕, 지식수준을 높은 경지로 끌어올리는 것입니다. 내가 가진 마음의 상처와 부족한 점, 개선해야 할 점에 대해 정립이 되어 있어야 합니다.

　　마음에 상처가 있고, 미움과 한이 맺혀 있는 사람은 정상적인 생활을 할 수 없습니다. 피해의식에 찌들어 모든 것을 남 탓하고 후회하면서 살아가면 되는 일이 없습니다. 만약에 원수가 있으면 그 사람만 탓하게 되니 일이 제대로 풀릴 리 없습니다. 자기 잘못은 돌아보지 않고 늘 원수 때문이라고 생각하니 잘못은 고쳐지지 않고, 같은 실수를 반복하게 됩니다. 상처 입은 마음은 새로운 것을 받아들일 수 없고, 거부감만 키워냅니다. 아픈 손가락으로는 일은커녕, 가려운 곳조차 긁어줄 수 없습니다. 옆에서 이제는 용서하라고 권하면, "너도 당해봐라." 하며 화를 버럭 냅니다. 그러면 그럴수록 자신은 초라해지고, 곁에 있던 사람들도 하나둘 떠나갑니다. 결국 남는 건 원수와 자기 자신뿐입니다.

> 우리는 서로를 용서하고
> 화해하는 법을 배워야 합니다.
> 상대를 용서하는 것은
> 곧 자신을 용서하는 일이기도 합니다.

　이 세상에 한 번도 잘못을 저질러 본 적 없는 인간은 없습니다. 타인을 용서하고 관용을 베푸는 저축을 해두어야, 언젠가 자신도 용서받을 수 있습니다. 우리는 언제든지 서로에게 실수할 수 있습니다. 인간의 삶은 실수의 연속이기에 실수를 용서하고 다시 시작하는 것이 중요합니다. 용서와 화해는 관계를 더욱 견고하게 만들고, 서로에게 신뢰를 심어줍니다. 소크라테스에게도 이런 일이 있었습니다. 어느 날, 누군가 소크라테스를 모욕했습니다. 제자가 이를 듣고 분노하며 스승에게 물었습니다. "선생님처럼 훌륭하신 분이 그런 모욕을 받고 왜 가만히 계셨습니까?" 그러자 소크라테스는 이렇게 대답했습니다. "내가 개에게 물렸다고 해서 그 개를 발로 걷어차고 두들겨 팼다고 하면, 사람들이 나에게 훌륭한 일을 했다고 하겠느냐?" 용서는 내가 약해서 하는 것이 아닙니다. 약한 사람은 용서할 수 없습니다. 가진 자가 베풀 수 있는 것처럼, 진정한 강자만이 용서할 수 있는 법입니다. '나는 강자다. 강하니 용서한다.'는 생각을 가질 때 비로소 용서할 수 있게 됩니다. 용서는 타인을 위한 것이 아니라, 나 자신을 위해서 하는 것입니다. 내가 용서하지 않아도 타인은 잘 살아가지만, 나는 그 원한을 품고 마음속에 담아두니 결국 내 마음만 답답하고 화가 나는 것입니다. 예수님은 모든 것을 용서함으로써 세상을 품으신 분입니다. 용서를 못 하고, 미워하고, 증오를 품은 채 살아가는 사람은 정상적인 삶을 살기 어렵습니다. 마음에 상처가 있기 때문에, 누군가 위로의 말을 건네도 마음이 아플 수밖에 없습니다. 인간관계에서 상처를 받지 않고 살아가는 사람은 없을 것입니다. 손가락 하나만 다쳐도 일상이 불편해집니다. 마음의 상처는 더욱 오래갑니다. 상처를 끌어안은 채 잊으려고 한다고 잊히는 것이 아닙니다. 나에게 상처를 준 사람에게 "왜 내 아픔을 알지 못하고 나에게 상처를 줬느냐."고 따져본들 해결되지 않습니다. 결국 스스로 치유하고 일어설 수밖에 없습니다. 용서는 아픔이라는 무거운 짐을 강물에 던져 흘려

보내는 것입니다. 마음의 상처는 자신이 용서해야 치유될 수 있지 타인은 치유하지 못합니다. 이것이 인간이 살아가는 데 가장 중요하게 생각해야 할 지혜입니다. 지혜 있는 사람만이 용서할 수 있고 사랑할 수 있습니다. 만약 예수님께서 용서하지 않고 저주를 퍼붓고 돌아가셨다면, 아마도 그분은 오래전에 흔적도 없이 사라지고, 오늘날 예수라는 이름조차 남아 있지 않았을 것입니다. 진정으로 지혜 있는 사람은 용서하고, 용서를 빌고, 사랑할 줄 압니다.

사람은 나이가 들면 저절로 지혜로워진다고 생각할 수 있습니다. 그러나 나이만 먹는다고 다 지혜로워지는 것은 아닙니다. 나이를 먹어도 지혜롭지 못하기 때문에 꼰대 소리를 듣는 것입니다. 지혜로운 사람은 꼰대 소리를 듣지 않습니다. 나이도, 환경도, 조건도, 역경도 문제가 아닙니다. 내가 지혜롭게 되느냐 안 되느냐는 결국 자신에게 달려 있습니다. 어떤 어려움 앞에서도 더 나은 방법을 찾고 선택할 수 있는 것은 지혜가 있어야 합니다.

지혜는 홀로 쌓을 수 있는 것이 아니고 타인들과의 관계 속에서 자라납니다. 가족, 친구, 동료, 심지어 낯선 이와의 경험, 그들의 관점과 지식은 내 지혜를 풍성하게 만듭니다. 어떤 사람이 지혜로운 사람일까요? 겸손해야 합니다. 자신이 모든 것을 안다고 생각하는 순간, 우리는 더 이상 배우지 못합니다. 지혜자가 되려면 자신이 먼저 자신이 부족하다는 것을 인정해야 합니다.

『*지혜는 자신이 무지하다는 것을 아는 데서 시작된다. 내가 알고 있는 것은, 내가 아무것도 모른다는 것뿐이다.*』 - 소크라테스

소크라테스는 "너 자신을 알라."라는 말로 잘 알려져 있습니다. 그는 지혜란 자기 자신과 자신의 무지를 아는 데서 비롯된다고 믿었습니다. 지혜는 단순히 '아는 것' 그 자체가 아니라, '지식을 넘어서는 그 무엇'이기 때문입니다.

자신이 모른다는 것을 안다는 것은 앞으로 배울

가능성이 있다는 뜻입니다. 배가 고픈 사람은 밥을 먹어야 하듯이, 자신이 모른다는 사실을 아는 사람은 결국 배우게 됩니다. 하지만 자신이 잘 안다고 생각하는 사람은 평생 배우지 못합니다. 많이 배웠다고 해서 존경받을 만한 대상은 아닙니다. 그 지식을 어떻게 사용하는지에 따라 평가해야 합니다. 사기를 치더라도 많이 배운 사람이 수천억 사기를 치고 남의 땅을 팔아먹지, 못 배운 사람은 도둑질을 해도 고작 남의 집 담을 넘어가 물건이나 훔칩니다.

돈은 한순간에 사라질 수도 있지만, 지혜는 영원히 내 것이 됩니다. 지혜는 마치 시간의 연금술사가 만든 보석과도 같습니다. 돈은 사람을 빛나게 하지 못합니다. 돈을 많이 가졌다고 해서 부러워하거나 존경할 것 없습니다. 그 사람이 돈을 어떻게 쓰는지를 보고 부러워하거나 존경해야 합니다. 많이 배웠는데도 돈을 제대로 쓰지 못하면, 결국 부러움이나 시기, 질투의 대상이 될 뿐입니다. 사람을 진정 빛나게 하는 것은 지혜입니다. 지혜는 결코 하루아침에 생겨나는 것이 아닙니다. 수많은 지식과 경험, 성찰을 통해 서서히 만들어집니다. 왜 지혜롭게 살아야 할까요? 지혜롭게 산다는 것은 어떤 일을 해결할 때 최상의 선택을 한다는 것입니다. 한 가지 문제가 있으면 해결 방법은 열 가지일 수도 있지만, 그중 가장 좋은 것을 구분해 내 선택하는 것이 지혜입니다. 성경 속 솔로몬왕은 두 여인이 한 아이를 두고 서로 자기 자식이라고 주장하자, "그럼 아이를 잘라서 두 사람에게 나누어 주겠다."고 했습니다. 그러자 한 여인은 "그래도 반쪽이라도 내게 달라."고 했고, 다른 여인은 울며 "저 여자에게 아이를 주라."고 말했습니다. 솔로몬은 이처럼 지혜롭게 진짜 어머니를 찾아주었다고 합니다. 말이 쉽지, 참 어려운 이야기입니다.

지혜롭게 산다는 것은 어려운 일입니다. 저 역시 부족하지만, 나름의 생각을 몇 가지 적어봤습니다. 지혜로운 사람은 말이나 가진 것으로 자신을 드러내지 않고, 행동과 삶으로 보여줍니다. 세상의 모든 사람을 존중하며, 타인을 함부로 평가하지 않습니다. 인간은 무대 위 배우처럼 가면을 쓴 채 약점은 숨기고 장점은 보여주며 살아가는 존재입니다. 지혜로운 사람은 그 가면을 벗은 진짜 모습을 볼 줄 알고, 자신은 떳떳하기에 가면 없이 삽니다. 자기 약점을 드러내지도 않지만, 장점을 자랑하지도 않습니다. 자기 자랑은 백해무익하다는 것을 알기 때문입니다. 화를 내야 할 상황에서도 침묵하지만, 말해야 할 때는 짧게 말합니다. 말이 얼마나 위험한지 알기 때문입니다. 타인과 비교하지 않고 자신과 경쟁합니다. 남과의 비교는 자신을 불행하게 만들 뿐임을 알기 때문입니다. 사람을 맹목적으로 믿거나 추종하지 않습니다. 무엇보다 건강을 더 중히 여깁니다. 지혜자는 배운 것과 생각한 것, 말한 것을 그대로 실천해 냅니다. 마음먹은 대로 말하고, 마음먹은 대로 행동하며, 결심한 대로 끝까지 해내는 사람입니다.

그림을 가장 잘 그리는 사람은 누굴까요? 자신이 머릿속에 생각한 대로 그려낼 수 있는 사람입니다. 음악도 마찬가지입니다. 본인이 소리 내고 표현하고 싶은 대로 소리를 낼 수 있는 사람이 잘하는 사람입니다. 운동은 어떻습니까? 축구는 공을 보내고 싶은 대로 보내는 것이 최고입니다. 공부를 못하고 싶은 사람은 없습니다. '잘해야지, 잘해야지.' 다짐하지만, 우리 생각대로 다 이루어졌다면 모두가 장학생이 되고, 모두 원하는 대학에 갔을 것입니다. 골프 치는 사람 중에 홀인원을 하는 사람 몇 명이나 보셨습니까? 골퍼 중에 팔을 어디까지 올리고, 언제 팔을 접고, 다리의 무게중심이 어디서 어떻게 옮겨야 하는지, 공을 어느 각도에서 어느 강도로 쳐야 하는지 모르는 사람은 없습니다. 머릿속에는 있는 게 그대로 몸으로 나오지 않는 것이 문제입니다. 어깨에 힘을 빼는 데만 몇 년이 걸린다고 합니다. 우리가 몰라서 안 하는 것이 아닙니다. 이미 알고 있음에도 머릿속에 있는 것을 현실에서 실천하지 못하기 때문입니다. 셀 수 없이 무수히 많은 연습과 반복의 과정이 있어야만 숙련되어 능숙해질 수 있습니다. 불교에서는 벽만 보고 10년, 20년씩 참선을 하는 사람도 있습니다. 지혜를 쌓는 과정에서 실수와 실패는 피할 수 없는 동반자입니다. 하지만 그 실수를 통해 배웁니다. '내가 이런 상황에서 이렇게 반응하는구나, 내 마음에 이런 것이 있었구나.' 깨달아가며 자신 안에 지혜의 씨앗을 심고 키워야 합니다.

혹 똑똑함을 지혜라고 착각하는 분들이 있습니다. 학창 시절부터 우리는 높은 점수를 받고, 빠르게 문제를 해결하는 능력을 칭찬받아 왔습니다. 똑똑함은 즉각적인 문제 해결에 집중하지만, 지혜는 장기적인 결과까지 고려하여 판단합니다. 예를 들어, 똑똑한 사람은 빠르게 돈 버는 방법을 찾지만, 지혜로운 사람은 돈을 벌어 어디에 어떻게 쓸 것인지 장기적인 계획까지 세웁니다. 똑똑함만으로는 윤리적 딜레마를 해결할 수 없습니다. 율법만으로 구원을 얻을 수 없고, 계율을 지키는 것만으로 해탈할 수 없습니다. 법을 지킨다고 세상을 따뜻하게 할 수 없습니다. 이웃이 슬플 때 같이 슬퍼해 주고 기쁠 때 같이 기뻐해 줘야 세상은 살 만한 것입니다. 노약자에게 자리를 양보하지 않고, 넘어져 피 흘리는 사람을 놔두고 그냥 지나친다고 해도 법에 저촉되지는 않습니다. 하지만 법질서만 지키면 된다는 생각을 가지고 나라 전체가 살아간다면 그 나라는 짐승의 나라가 될 것입니다. 법의 문제가 아니고 똑똑함의 문제가 아닙니다. 지혜로운 사람이 진정한 윤리와 도덕적으로 살 수 있습니다. 지금 우리가 사는 세상이 삭막한 것은 어른들이 똑똑한 사람만 키우려고 노력한 결과입니다. '학생은 다른 것 필요 없다, 공부만 잘하면 된다'고 가르쳤습니다. '선생님께 할 말 다 하고 어른에게도 잘잘못을 따지면 똑똑한 아이라고 칭찬하고 돈이 최고다.'라고 가르쳤습니다. 이렇게 배운 아이들이 돈 없는 사람이면 부모도, 형제도, 친구도, 이웃도 다 무시하는 것입니다. 너나 할 것 없이 모든 부모가 이렇게 키운다면 결국에는 온 나라가 연민도 자비도 사랑도 없는, 아주 살벌한 세상이 됩니다. '법대로 하자,'고 하는 사람이 많아지니 변호사가 많아지고, 변호사가 많아질수록 다툼은 늘어나고 세상이 어지럽고 복잡하고 괴상한 논리가 성행합니다. 조금 손해를 보더라도 양보하고 어른에게 싫은 소리를 들어도 참을 줄 알고 돈보다 사람을 우선시 할 줄 알고 사랑할 줄 아는 아이들을 키워야 했습니다. 아무리 사회가 바뀌었다고 하더라도 학생이 선생님께 막말하며 폭행하고, 부모가 선생님을 찾아와 뺨을 때리는 막장 영화 같은 일들이 실제 벌어지고 있습니다. 기성세대들이 자녀들을 돈 벌고 성공하는 기계로 키운 탓입니다. 할 말은 해야 한다고 가르쳤으니 참을 줄 모르고 어른에게도 선생님에게도 따지고 달려드는 것입니다. 따지는 것이 똑똑한 것이 아니고, 법대로 하는 것이 좋은 것은 아닙니다.

지혜는 우리에게 올바른 것을 바라보게 합니다. 역사상 진정으로 '지혜로운' 이들은 항상 더 많은 이들에게 유익을 주는 더 큰 선을 위해 노력했습니다. 똑똑함이 개인의 능력을 향상시킨다면, 지혜는 타인과의 관계를 풍요롭게 만듭니다. 지혜로운 사람은 다른 이의 입장에서 생각할 줄 알고, 갈등을 해결하며 화합을 끌어냅니다. 지혜로워지고 싶다면 남을 바꾸려 하기보다 자신을 먼저 성찰하고 변화시켜야 합니다. 모든 일에 앞서 자신의 행동과 반응을 먼저 살펴야 합니다. 내가 어떤 점이 부족했는지, 또 상대방의 입장에서 나의 모습을 어떻게 보았을지를 숙고하는 것이 중요합니다. '똑똑한 사람'은 따지고 계산하고 편 가르기에 능합니다. 하지만 '지혜로운 사람'은 네 편, 내 편을 가르지 않고 모두가 따뜻하고 화목해지도록 만듭니다. 세상에서 가장 쉬운 일은 나누는 것이고, 가장 어려운 일은 합치는 일입니다. 예수님께서는 "네 이웃을 네 몸과 같이 사랑하라"고 하시며, 이웃과 나를 나누지 않으셨습니다. 또한 "나는 포도나무요, 너희는 가지다"라고 말씀하시며 진리를 가르쳐주셨습니다. 모든 인간은 하나이며 똑같은 존엄성을 지니고 있습니다.

> **지혜로운 사람은 꿈보다 해몽을 잘합니다.**
> **독사는 이슬을 먹어도 독을 만들어내고,**
> **벌은 같은 이슬을 먹어도**
> **맛있는 꿀을 만들어냅니다.**
> **지혜로운 사람은 환경을 탓하지 않고**
> **자기 모습대로 살아갑니다.**

지혜는 단순한 지식이 아니라, 그 지식을 삶에 활용하여 더 차원 높은 삶을 만들어 갑니다. 지혜로운 사람은 자신의 감정을 잘 관리하고 중요한 결정을 내리기 전에는 감정적이고 즉흥적인 반응을 하지 않습니다. 충분한 여유를 가지고 여러 관점에서 상황을 바라보고 가장 현명한 선택을 합니다. 지혜는 지식과 경험을 먹고 자라며 언제나 인내를 요구합니다. 그렇기 때문에 지혜를 얻기 위해서는 끊임없는 학습을 해야 합니다. 끝까지 하는 사람이 성공을 가져가고, 될 때까지 반복하는 사람이 성공의 주인공이 됩니다. 지혜로운 나를 만들어 가는 것이 사람이 가야 하는 평생의 여정입니다. 지금 당장 필요한 것은 지혜로운 나를 만들어 가는 것입니다. 저 역시 남은 여생을 지혜로운 늙은이로 살고 싶습니다.

**EPILOGUE
새로운 시작**

올해로 일흔을 넘기고도 두 해를 더 살았습니다. 나름대로 열심히 산다고 살아왔습니다. 내 얼굴의 주름과 나의 거친 손과 병든 몸이 내가 걸어온 험난한 인생길을 고스란히 증언해 주고 있습니다. 칠십여 년을 살며 참으로 많은 일을 겪고 많은 사람을 만났습니다. 인생이란 아름답다고만 할 수도, 고통스럽다고만 할 수도 없습니다. '어떻게 생각하느냐.'에 달려 있다는 사실을 깨달았습니다. 다양한 사람들을 만나 함께 일하고 헤어지며, 사람으로부터 많은 배움과 깨달음을 얻었습니다. 은혜를 입기도 했고, 상처를 받기도 했습니다. 일은 나에게 꿈을 이루게 해준 귀한 존재였습니다. 일터와 삶 속에서 만난 사람들은 좋은 스승이기도 했고, 깊은 상처를 남긴 존재이기도 했습니다. 일은 꿈을 이뤄가는 여정에서 최고의 동반자였고, 지금도 나와 함께하는 가장 훌륭한 친구이며 동반자입니다. 나는 일에서 희망을 얻었습니다. 일터에 나가면 행복했고, 집에 있거나 놀고 있으면 오히려 불안했습니다. 일은 내게 꿈과 기쁨을 안겨주었지만, 동시에 냉혹한 전쟁터이기도 했습니다. 총탄이 날아들지 않았을 뿐, 창과 칼처럼 무서운 말들이 나를 찌르고 상처 입혔습니다. 하고 싶은 말을 참지 못하고 뱉어 버리면 일터를 잃기 때문에 입이 있어도 말하지 못하고, 눈이 있어도 못 본 척하고 들어도 못 들은 척하고 살았습니다. 반세기 넘게 험한 세상을 살아오면서 사람들에게 배우고 깨달았습니다. 때로는 인간이 호랑이보다 무섭고, 천년 묵은 불여우보다 교활하며, 하이에나보다 잔인하고 추악하다는 것도 알게 됐습니다. 쓰레기 중에 가장 더럽고 냄새나고 추한 것이 인간쓰레기라는 것도 알게 되었습니다. 그러나 세상에는 좋은 사람들이 훨씬 더 많기 때문에 그래도 아직 살 만하다는 것도 알았습니다.

어느 날 어머니께서 말씀하셨습니다.

"사람이 하고 싶은 말, 하고 싶은 것 다 못하고 산다. 나도 아버지에게, 자식들한테 하고 싶은 말 못 했고, 하고 싶은 거 못하고 살았다."

"어머니! 아버지께 말을 못 하셨다면 자식들에게라도 속 시원하게 한번 말해보시지요?

어머니께서 고개를 저으며 말씀하셨습니다.

"아니다. 마음속에 담고 가야지. 말한다고 해결될 것도 아니고 서로 상처만 될 뿐이다. 말하란다고 하고 싶은 말 다 해봐라. 너희들 가슴에 못 박는 거란다."

저는 숙명처럼 받아들이고 살아오신 어머니의 숭고한 삶 앞에 고개를 숙였습니다. 요즘 들어 어머니 생각이 자주 납니다. 대나무숲에서 "임금님 귀는 당나귀 귀!"라고 외치던 동화도 떠오르고, '남자라는 이유로 묻어두고 지낸 그 세월이 너무 길었다.'는 어느 유행가 가사도 귀에 맴돕니다. 남자라서, 아버지라서, 약자라서, 배우지 못해서 해야 할 말들을 참고 가슴에 묻어두고 살아온 이야기들을 이제야 글로 옮겨봅니다. 시원하게 한마디 하고 싶었습니다. 참고 견디며 쌓아온 이야기들을 속이 후련할 만큼 마음껏 털어놓고도 싶었습니다. 그러나 들어줄 사람도, 이야기할 곳도 저에게는 없습니다. 배우지도 못했고, 뚜렷하게 내놓을 것도 없는 칠십 넘은 촌로의 이야기를 누가 들어주겠습니까? 이 책을 누가 읽기나 하겠습니까. 저는 전문 작가도 아닙니다. 그저 일흔 해 동안 가슴에 담아두었던 삶을 털어놓고 싶었습니다. 행복하고 즐겁고, 때로는 억울하고 서럽고, 답답하고 비참하기도 했던 내 삶의 이야기들을 토해내고 싶었습니다. 이 이야기는 그래도 잘 버텨주었다고, 잘 견뎌왔다고 나 자신에게 들려주는 독백입니다.

저는 일이 축복이라고 생각하며 지금도 살아가고 있습니다. 일이 없을 때는 지옥이었고, 일거리를 찾았을 때는 천국이었습니다. 일이 제 인생에 유일한 즐거움이었기에 일터는 제 인생의 낙원이었습니다. 만약 일을 의무라고 생각했다면 아마 제 인생은 지옥이었을 것입니다. 오늘도 희망을 안고 열심히 사시는 분들이 많을 것입니다. 희망을 마냥 기다린다는 것은 마치 감이 익어 내 입으로 들어오기를 바라는 것과 같습니다. 희망은 기다리기만 한다고 이루어지는 것이 아니라 내 손발이 움직였을 때 다가왔습니다. 행복하고 싶다면, 희망을 이루고 싶다면 먼저 일을 찾아야 합니다. 아무리 작은 희망이라도 이뤄내려면 내 손발이 부지런하게 움직여야 합니다. 하고 싶은 것이 있다면 먼저 먹고 사는 것을 해결해야 합니다. 그림을 그리고 싶고 음악을 하고 싶다면 먼저 의식주를 해결해야 하고 싶은 것을 합니다. 그러므로 일이 희망을 이루는 유일한 길입니다.

저는 평생을 성실과 근면을 무기 삼아 살아왔습니다. 지금도 작은 나무농장에서 나무 키우는 일을 하지만 농장이라고 부르지 않고 놀이터라고 부릅니다. 친구들이 하는 말이 놀이터라고 해서 편안하게 노는 줄 알았더니 일터냐고 하면서 그만 쉬라고 했습니다. 저에게 일은 놀이이자 취미이며 생존입니다. 남들이 많이 하는 계획도 제대로 세우지 않았습니다. 하루하루 노동일을 했기 때문이고 계획을 짠다고 그대로 되지 않았기 때문입니다. 현장의 일이란 계획대로 되지 않습니다. 일하러 오라고 해놓고 일하러 가면 일 없다고 가라고 하기도 하고, 일 없다고 집에서 쉬고 있는데 일 있으니 오라고 하기도 합니다. 제 놀이터에서도 마찬가지입니다. 저녁에 생각하기를 '내일 새벽에는 물을 주어야지.' 하면 비가 오기도 하고, '농약을 뿌려야지.' 하면 바람이 붑니다. 현장은 변화무쌍하고 인생살이는 바다보다 변수가 많습니다. 저는 험난한 세상에서 몸을 부딪치며 살아왔습니다. 그 덕분에 많은 것을 경험했고, 몸도 많이 약해졌지만 지금도 마라톤을 하고 있으니 감사하며 살고 있습니다.

다른 사람들이 보면 인생 재미없고 별로 한 것 없이 살았다고 하찮게 보기도 합니다. 그런데 따지고 보면 제가 대단한 일을 하였습니다. 제 몸으로 노동해서 번 돈으로 집, 자동차, 스마트폰, 옷, 신발, 수도 없이 많은 곳에 소비하였습니다. '평생 돈을 벌어서 어디에 썼을까.' 하고 생각해 봤습니다. 배를 채우기 위해 식당에 가고, 문화생활 한다고 영화도 보고, 음악회도 가고, 책, 휴대폰, 여기저기 많은 곳에 나누어 소비했다는 것을 알았습니다. 대기업, 중소기업, 작은 식당까지 제 돈이 안 들어간 곳이 없었습니다. 정부에 세금까지 냈습니다. 저는 놀랐습니다. '세상에 내가 이렇게 대단한 사람이었나?' 하는 생각이 들었습니다. 삼성, 현대, 엘지, 나이키, 애플, 마이크로소프트 등 내가 보태준 기업들이 수도 없이 많습니다. 내 배만 채우고 산 것이 아니었습니다. 그렇게 열심히 땀 흘려 번 돈을 나누며 살고 있었습니다. 누가 시키거나 말하지 않아도 세상은 이렇게 연결되어 있었습니다.

제가 태어난 곳은 차도 다니지 않고, 전깃불도 들어오지 않는 산골이었습니다. 일하고 싶어도 일거리가 없었고, 농사를 짓고 싶어도 땅이 없었습니다. 이런 곳에서 사는 것은 죽기보다 싫었습니다. 하지만 환경을 바꾸는 것은 불가능했습니다. 결국 저는 살기 위해서 고향을 떠났습니다. "이렇게 살다가 죽어도 좋은가?" 이 질문이 매일 저를 따라다녔고, 마침내 고향을 떠나게 했습니다. 배운 것이 없어 직장을 구할 수 없었습니다. 가장 쉬운 것이 신문 배달이었고, 노동이었습니다. 저는 끊임없이 노동을 하면서도 저 자신에게 "이렇게 노동만 하다가 죽어도 좋은가?"라는 질문을 던졌습니다. 환갑이 넘은 어느 날이었습니다. '이제는 못 하겠다. 그만하고 쉬어야겠다.'는 생각을 하였습니다. 그런데 제가 죽을 때까지 일하게 만든 사건이 있었습니다. 길을 걷고 있는데 어떤 어른이 손수레에 박스를 잔뜩 싣고 가는데 오르막길을 힘들게 끌고 가고 있었습니다. 저는 고개까지 밀어주었습니다. 그 어른은 뒤돌아보면서 고맙다고 인사할 때야 얼굴을 보았습니다. 저는 얼굴을 보고 충격을 받았습니다. 주름진 얼굴이 나이가 너무나 많아 보였기 때문입니다. 저는 어르신께 "실례지만 연세가 어떻게 되시나요?" 하고 물었습니다. 그분은 "부끄럽지만 80을 막 넘겼습니다."하고 대답했습니다. 저는 그때 결심했습니다. '인생은 쉬는 게 아니구나. 죽을 때까지 해야 하는구나.' 지금도 일하다가 힘들 때 쉬고 싶을 때 그분이 생각납니다. 나도 박스를 줍고 무거운 수레를 끌지 않으려면 일을 더 해야겠다. 일은 나의 모든 것을 바꾸어 놓았습니다. 70이 넘은 지금도 20대에 던졌던 똑같은 질문을 합니다. "이렇게 살다 죽어도 좋은가?" 이 같은 질문과 대답을 반복하며 70년을 살아냈습니다. 저는 한결같은 생각으로 살고 있지만 이제는 저도 주위 환경도 많이 달라지고 있습니다. 제 옆에 있던 사람들이 하나둘 떨어져 나갑니다. 가을이 되면 나뭇잎이 하나둘 떨어지듯이, 이렇게 저렇게 연결되어 있던 사람들이 하나둘 끊어지기 시작했습니다. 먹을 것이 있으면 파리가 꼬이고 쥐가 꼬여드는 법입니다. 먹을 것이 없으면 파리도 쥐도 떠나가는 법입니다. 때가 되면 철새가 왔다가 때가 되면 떠나듯이, 사람도 쓸모가 없고 힘이 없어지면 친구도, 형제도, 가족도 떠나는 것입니다. 손님이 물건을 샀으면 떠나듯이 내가 필요 없어질 때 떠나는 것입니다. 여름 내내 붙어있던 나뭇잎이 하나둘 떨어지다 갑자기 후드득 떨어져 언젠가는 한 잎도 남아있지 않듯이, 내 옆에 아무도 없을 날이 점점 다가오는 것이 느껴집니다. 나뭇잎이 한 잎도 없이 떨어져야 온전한 나무의 모습이 보이듯, 모든 사람이 떨어져 나가야 온전한 내 모습이 보이는 것입니다. 이것은 아주 자연스러운 현상이고 자연스럽게 받아들여야 하는 것입니다. 나를 필요로 하는 사람이 없다고 두려워하고 슬퍼하지 마세요. 인간은 본래 그렇게 살다 가는 것입니다. 죽은 짐승은 주워다 먹어도, 죽은 사람은 거들떠보지도 않고 달아나는 법입니다. 아무도 관심 없는 나의 몸뚱이는 자연으로 돌아가고, 내가 믿는 신은 저를 찾아오십니다. 외로움은 타인으로 해결할 수 없고 오직 나 자신이 극복하는 것입니다. 모두 자신을 위해서 사는 것이지 타인을 위해서 살지는 않습니다. 사랑한다면서 죽을 때까지 내 옆에 함께 하겠다는 것도 부담스러운 일입니다. 조용히 눈을 감고 있으면 언제 가는 줄 모르게 죽음이 찾아오는 것이 인생입니다. 이렇게 가는 인생인 줄 알면서도 몸부림치면서 살았습니다. 나 자신을 바꾸고 싶고 새로워지고 싶었습니다. 그러나 자신을 바꾼다는 것은 세상을 바꾸는 것보다 어렵습니다. 월급은 오르고 집은 넓어지고 삶의 질은 높아졌을지 몰라도, 사람은 변하지 않았습니다. 저는 세상을 바꾸겠다는 생각은 하지도 못했습니다. 제가 부족했고 제가 바뀌어야 할 대상이었기 때문입니다. 지금 이대로 살다가 죽고 싶지 않아서 변하고 싶지만, 현재도 변화 없는 삶을 살고 있습니다. 성공하고 싶었지만 성공하지 못했다고 생각하며 살았습니다. 그런데 놀라운 일이 벌어졌습니다. 타인이 정한 성공을 기준으로 삼았을 때, 저는 성공하지 못한 사람이었습니다. 그러나 내가 정한 기준으로 바꿨더니, 제가 성공한 사람이 되었습니다. 타인과 비교하지 않고 마음을 바꾸면 세상이 달리 보입니다. 세상은 나에게 맞도록 바뀌지 않습니다. 내 마음을 바꾸는 것이 더 쉽습니다. 기도한다고 부자가 되고 산이 옮겨지는 기적이 이루어지지 않습니다. 세상이 어둡다고 아우성치지 말고, 눈을 떠야 합니다. 눈을 떠도 어둡다면 자신의 등불로 밝혀야 합니다. 같은 길을 가면서 지루하다고 불평한다면 어리석은 짓입니다. 머리를 조금만 돌리면 새로운 풍경이 보입니다. 사람은 환경에 따라서 바뀌고, 만나는 사람에 따라서 바뀌고, 읽는 책에 따라서 생각이 바뀔 수 있습니다. 자신이 바뀌고 싶다면, 사는 것이 지루하다면, 만나는 사람도 바꾸어보고 읽는 책도 바꿔 읽어보고 다니는 곳도 바꾸어보십시오. 그 작은 노력으로 삶에 변화가 일어날 것입니다.

어느 날 저는 외국에 가게 되었습니다. 카운터

에서 비행기표를 받는데 라운지 티켓을 주는 것입니다. "웬 횡재인가?"하고 받아서 비행기표를 살펴봤더니 100만 마일이 넘었습니다. "100만 마일을 타고 다녔구나. 이 촌놈이 이게 말이 되나? 비행기 많이 탔다고 라운지 티켓을 주었나 보다. 이 정도면 내가 성공했구나. 버스도 100만 마일 타기는 힘들 텐데." 저는 스스로 놀랐습니다. "열심히 일하고 열심히 돌아다녔구나." 저는 그날부터 성공했다고 자부하며 살고 있습니다. 참 웃기지요? 비행기 100만 마일 탄 것을 가지고 성공했다고 자부하는 사람은 지구상에 처음일 것입니다. 나는 내가 만든 성공의 기준입니다. 지금 이대로도 좋습니다. 다른 사람이 정한 기준에 나를 맞추고 싶지 않습니다.

큰 변화는 항상 작은 시작에서 비롯됩니다. 이 작은 변화가 또 다른 나를 만들어가고 있습니다. 변화와 성장은 하루아침에 이루어지지 않습니다. 이제는 행동의 시간입니다. 양심도 행하지 않으면 양심이 없는 것입니다. 아는 것도 행하지 않으면 모르는 것입니다. '스스로 하는 것만큼 강력한 것은 없다.'는 말을 항상 기억하며 살고 있습니다. 이미 알고 있는 것들을 일상에 적용해 보면 매일매일 재미가 있습니다. 매일 새벽에 일어나면 하루를 주신 신께 감사드립니다. 저는 자신에게 "오늘도 즐겁게 일하자. 일이 행복이다." 이렇게 다짐합니다. 모든 일은 현장에서 이루어집니다. 현장은 해결해야 할 일들이 산처럼 쌓여있습니다. 이런 일들을 두려워하지 말고, 하나하나 풀어나가다 보면 지혜가 생기게 마련입니다. 하나를 해결하면 반드시 더 좋은 미래가 기다릴 것입니다. 인생살이 힘들다는 것은 맞는 말입니다. 그러나 바람 없는 바다를 항해한다는 것은 참으로 따분한 일입니다. 바람이 불고 태풍이 온다고 해서 배가 난파되어 부서지는 일은 거의 없고 파도친다고 마음이 부서지는 것은 아닙니다. 그저 혼란스러울 뿐입니다. 혼란이 지나고 나면 배는 항구로 돌아오는 것입니다. 파도도 태풍도 물이 흘러가듯이 흘러갑니다. 잡고 싶어도 잡을 수 없는 것이 바람과 파도이듯이 인간의 고통을 잡고 싶어도 잡을 수 없고 그냥 왔다가 때가 되면 세월이 흐르듯이 흘러갑니다. 흘러가는 고통을 잡고 괴로워할 것 없습니다. 노동을 하더라도 정신이 맑으면 신선이 따로 없습니다. 삶이 고

달프고 어렵고 고통스럽고 참기 힘든 것이라고 입을 모아 말합니다. 그러나 고달프지 않은 인생은 재미가 없습니다.

오늘도 힘들다 하지 말고 자신에게 주어진 삶에 충실하면 일이 즐겁고 좋은 미래가 다가올 것입니다. 오늘 만나는 사람을 세상에서 가장 귀하고 멋진 최고의 사람이라고 생각하며 만나고, 오늘 주어진 일을 최고의 행복이라고 생각하며 내 일처럼 하고, 마주한 사람을 최고로 귀한 사람이라고 생각하고, 오늘 마주한 사물을 금처럼 다룬다면 인생은 달라질 겁니다. 일에 빠지면 행복하지만 일에 빠지지 않고 행복한 사람은 없습니다. 꿈을 이루고 성공하는 사람은 시작할 때의 마음으로 끝까지 일하는 사람입니다. 인생은 생각보다 짧습니다. 고난과 고통의 시간이 닥쳐온다고 낙심해서는 안 됩니다. 바람은 그냥 불 듯이 사람도 그냥 사는 것입니다. 바람은 불고 싶은 대로 불게 놔두고 친구는 친구대로 가게 놔두고 나는 나대로 가면 됩니다. 인간이 살면서 고통이 없다면 지루하지 않겠습니까? 차를 타고 가다 보면 오르막도 있고, 내리막도 있고, 굽이굽이 돌고 도는 곳도 있습니다. 때로는 좁은 길도 나오고 막다른 길도 있는 법입니다. 인생이 다 이런 것입니다. 제 나이 19살에 "눈 감으면 코 베어 간다."는 서울로 와서 말할 수 없을 만큼 어려운 일도 많이 겪었습니다. 경험한 것을 이야기하면 믿을 사람이 별로 없기에 그저 가슴에 묻고 삽니다. 그러나 분명한 것은 인간은 마음먹기 달렸습니다. 한 가지 일을 놓고서도 죽겠다고 생각하면 죽을 것 같고 살 만하다고 생각하면 살 만한 것입니다. 요즘 경제가 나쁘다고 하지만 우리나라 경제 좋은 때가 있었습니까? 저는 지금이 가장 좋다고 생각합니다. 오늘이 가장 좋은 날입니다. 오늘만 내 마음대로 살 수 있는 시간이기 때문입니다. 지나간 과거를 아쉬워 말고 다가올 미래를 걱정하지 말고, 현재를 충실하게 살아야 합니다. 오지 않은 미래를 기대하거나 믿지 마세요. 오늘만 당신의 것입니다. 제가 끄적거린 것들은 그동안 잘 버텨주었다는 저의 독백입니다. 부족했지만 인생이 힘들다고 느껴질 때 위안을 삼았던 이야기들입니다. 꿈이 없다면 꿈을 가지시고, 꿈이 있다면 실천이라는 무기를 가지고 움직여야 합니다. 살아있다는 것은 움직이는 것입니다. 진정한 꿈은 움직이게 하는 원동력입니다. 방향이 맞다면 느려도 멈추지 않고 움직이면 목적지에 갈 수 있습니다. 그 꿈을 향해 한 걸음씩 걷다 보면 분명히 꿈꾸던 그 자리에 서 있을 것이라고 믿습니다. 저는 아직 꿈을 이루지 못하고 걸어가고 있습니다. 내 삶의 역사책에 날마다 새로운 역사를 써 내려가고 있습니다. 아름답든 추하든 내가 사랑하는 나의 삶의 이야기입니다. 신이 주신 나의 잠재력을 오늘도 깨워가고 있습니다. 만에 하나 이 책을 접하는 분들이 있다면 고달픈 인생에 조금이나마 위로가 되기를 원합니다. 당신이 최고입니다.

70대의 독백

초판 1쇄 발행 2025년 10월 25일
지은이 정범석
발행인 장문정
발행처 문예바다
등록번호 105-03-77241
주소 서울 중구 삼일대로 30길 21, 종로오피스텔 611호
전화 02-744-2208
메일 qmyes@naver.com

ⓒ 정범석, 2025. Printed in Seoul, Korea
ISBN 979-11-6115-301-8

· 이 책의 판권은 지은이와 출판사에 있습니다. 양측의 서면 동의 없는 무단복제를 금합니다.
· 책값은 뒤표지에 있습니다.